DESCARTES

SON HISTOIRE DEPUIS 1637, SA PHILOSOPHIE,

SON ROLE DANS LE MOUVEMENT GÉNÉRAL DE L'ESPRIT HUMAIN

PAR

J. MILLET

DOCTEUR ÈS-LETTRES

AGRÉGÉ DE PHILOSOPHIE

Historique, Analyse et Examen critique
des Méditations, des Principes,
des Travaux de Physique et de Géométrie,
des Œuvres physiologiques, du Traité des Passions,
des Opuscules de Morale.
Ensemble de la philosophie de Descartes,
son importance historique.

PÁRIS | CLERMONT-Fd
Ch. DUMOULIN, LIBR.-EDITr | Fd THIBAUD, IMPR.-LIBR.
Quai des Augustins, 15. | Rue St-Genès, 8-10.

1870.

DESCARTES

SON HISTOIRE ET SA PHILOSOPHIE

Du même Auteur :

HISTOIRE DE DESCARTES

AVANT 1657

Ouvrage couronné par l'Académie française.

Chez Didier et Cie, libr.-édit., quai des Augustins, 35, à Paris.

Pour paraître prochainement :

ŒUVRES DE LA JEUNESSE DE DESCARTES

(ANTÉRIEURES A 1657)

Premier volume d'une édition complète
des OEuvres de Descartes.

PRÉFACE.

Le *Saturday Review* : Achèvement de notre travail. — M. *Frédérik Morin* : Le progrès de l'humanité s'accomplit-il par révolution ou par évolution ? — M. *Paul Janet* : Y a-t-il deux hommes en Descartes ? Comment faut-il écrire l'histoire des savants et des philosophes ?

L'Académie française a décerné l'une de ses couronnes au premier volume de cette histoire. Le suffrage de l'éminente Compagnie est pour l'ouvrage une marque de distinction, et pour l'auteur un encouragement auquel il a été profondément sensible, et dont il remercie publiquement ici ses juges bienveillants. Les lecteurs jugeront si les efforts qui ont été faits pour que ce second volume fût digne de son aîné ont été couronnés de succès.

La presse, à en juger du moins par ce qui est arrivé à notre connaissance, n'a pas témoigné moins de sympathie à ce premier essai que l'Académie elle-même. Parmi les articles dont notre travail a été l'objet ou l'occasion, nous signalerons, comme pouvant être particulièrement utiles à consulter, celui du *Saturday Review*, du 3 avril 1869, celui de M. Frédérik Morin dans l'*Avenir national*, et surtout, pour la force et l'éclat de la pensée, le travail de M. Paul Janet, publié dans la *Revue des Deux-Mondes* en janvier 1868. Nous dirons quelques mots seulement des deux premiers, et nous demanderons la permission d'examiner de plus près, et un peu plus longuement l'étude de M. Janet, à cause de son importance, et de l'autorité du nom dont elle est signée. Les observations que nous aurons à présenter nous serviront de préface.

Le *Saturday Review* apprécie en termes bienveillants (1), quelquefois flatteurs, notre modeste volume, en faisant remarquer toutefois qu'il ne contient pas un travail complet et achevé sur Des-

---

(1) His (M. Millet's) History will be found extremely interesting to those who have already taken a comprehensive view of the system of Descartes, and are anxious to know his earlier trainings... We have a fascinating picture of a man who, of gentle blood, and always in a state of opulence, chose to study truth for its own sake without any thought of emolument... M. Millet is also entitled to gratitude for his copious description of those earlier productions which, although they are no longer *ouvrages inédits*, are not to be found in the ordinary collections of Descartes' works.

cartes, comme l'est celui du docteur Kuno Fisher. C'est ce travail complet et achevé, autant du moins que cela a dépendu de nous, que nous livrons aujourd'hui au public.

M. Frédérik Morin pense que, malgré une étude sérieuse de notre sujet, nous ne nous sommes pas placé au vrai point de vue pour juger Descartes. Selon lui, pour bien apprécier les grands génies et leurs œuvres, l'historien doit les regarder à la lumière de cette idée, que le progrès de l'humanité s'accomplit « non par évolution, mais par révolution. » — Cette idée est-elle parfaitement juste? Sans doute l'évolution, contrariée, s'accomplit en silence et éclate un certain jour, à une certaine heure, sous forme de révolution. C'est là un fait réel, visible et palpable. Mais le philosophe ne se contente pas de la réalité sensible : il perce et pénètre au-delà ; et sous l'apparence, au fond des choses, il retrouve ici, comme partout, l'évolution lente et la continuité. La révolution est une accumulation de mouvement continu. Ainsi comprise, et contenue dans une autre plus large, la pensée de M. Frédérik Morin n'est pas absente de notre œuvre. Descartes, en un sens, a été un grand révolutionnaire ; mais il a achevé une révolution, il ne l'a pas faite tout entière, et nous avons dû rechercher ses précurseurs.

M. Paul Janet a cru apercevoir deux hommes en Descartes : un gentilhomme d'imagination ardente, d'humeur romanesque, ayant le goût de la guerre, des voyages et des aventures, et un métaphysicien profond ; un contemporain des héros de la guerre de Trente Ans et des héroïnes de la Fronde, digne représentant d'une époque orageuse et remuante, et un *méditatif* qui n'est d'aucun temps. Celui-ci, sans l'autre, n'en eût pas moins été, selon M. P. Janet, tout ce qu'il a été, n'en eût pas moins fait tout ce qu'il a fait ; ses voyages n'ont servi qu'à prouver son goût pour les voyages et son humeur romanesque, et à rien autre chose. — Selon nous, c'est parce qu'il était doué de cette grande imagination et de cette humeur remuante que Descartes a frappé ce grand coup que M. Frédérik Morin, non sans raison, appelle une *révolution;* selon nous, encore, c'est parce qu'il a fait campagne et couru le monde, qu'il est devenu le philosophe libre de préjugés et profondément sensé que nous connaissons ; ses voyages ont été une préparation utile à sa philosophie, et, dans une certaine mesure, une initiation à sa Méthode.

C'est ce dernier point surtout que conteste M. P. Janet. Et cependant Descartes a pris soin de le mettre dans la plus vive lumière. Il raconte qu'il a parcouru le monde pour y trouver la vérité, si elle y était; pour se préparer à la chercher en lui-même et par lui-même, si elle ne s'y rencontrait pas; enfin pour achever l'éducation de son esprit. « Sitôt que l'âge, dit-il dans le *Discours*, me
» permit de sortir de la sujétion de mes précep-
» teurs, je quittai entièrement l'étude des lettres,
» et, *me résolvant de ne chercher plus d'autre*
» *science que celle qui se pourrait trouver en*
» *moi-même, ou dans le grand livre du monde,*
» j'employai le reste de ma jeunesse à voyager. »
— « Mais, dit M. P. Janet, Descartes, comme il arrive souvent, aura, très-innocemment sans doute, mais un peu arbitrairement, arrangé après coup sa vie intellectuelle; lorsqu'il est arrivé à avoir pleine conscience de son entreprise philosophique, il a cru, possédé de l'idée qui le dominait, que toutes ses pensées avant ce temps avaient dû rentrer dans ce cadre; il a fait de ses voyages mêmes une préparation, une initiation à sa Méthode; il a systématisé toute sa vie. » — C'est là une idée ingénieuse sans doute, mais à coup sûr aussi, une assertion hypothétique et sans preuves, qui

est détruite, je ne dirai point par vingt passages du *Discours*, dont M. P. Janet récuse ici, un peu arbitrairement, l'autorité, mais par l'examen des événements de la vie de Descartes et par l'étude des œuvres de sa jeunesse (1). D'ailleurs, quand même l'intention qui inspira les voyages de Descartes serait incertaine, le résultat n'en saurait être contesté. Par la fréquentation de toutes sortes de gens de diverses humeurs et conditions, il se délivrait peu à peu, comme il le dit lui-même, de beaucoup d'erreurs qui peuvent offusquer notre lumière naturelle, et nous rendre moins capables d'entendre raison. L'esprit ainsi purgé de tous les préjugés et de tous les fantômes qui hantaient l'imagination ténébreuse des docteurs d'alors, il se mit à étudier en lui-même : « Ce qui me » réussit beaucoup mieux, ce me semble, ajoute- » t-il, que si je ne me fusse jamais éloigné ni de » mon pays, ni de mes livres. » — Mais, réplique M. P. Janet, c'est un fait curieux que l'on ne puisse signaler dans sa philosophie aucune trace de cette fréquentation du monde. — Il nous semble que l'on peut en signaler tout d'abord une, à savoir, l'ab-

---

(1) Nous prenons la liberté de renvoyer ici le lecteur à notre premier volume, particulièrement aux chapitres III et IV.

sence de préjugés; n'est-ce rien? — « Cette philosophie, ajoute notre éminent contradicteur, est toute abstraite, toute spéculative, toute intérieure; elle ne se ressent en aucune manière de ce contact avec la réalité, et elle semble absolument contradictoire avec sa vie. Après avoir tant vu, tant expérimenté, n'est-il pas étrange que la première pensée de notre philosophe ait été que peut-être tout cela n'existe pas. — Descartes a répondu d'avance à ce dernier reproche. « Il m'a objecté un doute
» trop grand et trop général; mais j'ai en cela
» suivi l'exemple des médecins qui décrivent les
» maladies dont leur dessein est d'enseigner la
» cure. » (Vol. IX, p. 18). — « Il semble, poursuit M. P. Janet, que cette expérience aurait dû porter ses fruits d'une manière quelconque et se manifester quelque part. Il a vu les cours, les armées; il a étudié les hommes de toutes les conditions et dans toutes les classes de la société; mais nulle part il n'a songé à nous apprendre ce qu'il pensait des mœurs des courtisans, des militaires, des bourgeois, du peuple, des grands. »

Nous montrerons, particulièrement en analysant le *Traité des Passions* et les lettres à la princesse Elisabeth de Bohême, et le lecteur peut s'en assurer dès maintenant en relisant ces œuvres, que la philosophie de Descartes s'est ressentie de ce contact intime avec la réalité, que cette expérience du monde a porté ses fruits non-seulement dans la conduite de la vie, mais dans les œuvres écrites ; qu'il y a en Descartes un observateur attentif du monde et de la nature humaine, qui nous a appris, en termes excellents, ce qu'il pensait non-seulement des militaires, des courtisans, du peuple, des grands, des bourgeois, mais encore des rois, des érudits, des philosophes et de bien d'autres ; un *moraliste*, enfin, qui a observé, qui a jugé, et même qui a été directeur de conscience. Cette philosophie n'est donc pas « toute abstraite et toute intérieure. » Elle n'est pas non plus « toute spéculative : » elle est très-pratique d'intention et de fait. Nul philosophe, peut-être, n'a eu plus souci que notre Descartes de soulager l'homme dans ses souffrances, « ses » maladies et ses travaux », et surtout de lui apprendre « par quels moyens il peut parvenir à » la sagesse, à la perfection de la vie et à la fé- » licité. » *(Principes, — Préface)*. L'une des raisons principales qui le détournent de la philosophie scolastique, c'est précisément qu'elle est purement spéculative. Selon lui, toute philosophie tend à la mécanique, à la médecine et à la morale, c'est-à-dire, aux sciences pratiques; elle doit produire des fruits utiles ; c'est à ces fruits qu'il veut qu'on la juge en dernier ressort; et le *bien* est à ses yeux comme un critérium supérieur qui sert à contrôler le *vrai* lui-même (1). Dans le fait, si on consulte la *géométrie*, la *dioptrique*, les *météores*, et les *lettres*, aucun philosophe ne se présente au jugement de l'histoire avec autant d'inventions utiles. Nous avons déjà fait voir et nous aurons occasion de rappeler, de compléter et de résumer les titres de notre philosophe à la reconnaissance de la postérité ; et ainsi s'achèvera la réponse que nous avons à faire à l'observateur ingénieux, qui a voulu voir deux hommes dans Descartes. On nous permettra sans doute de le dire ici en passant, Descartes a le droit de se plaindre de l'éclectisme : tous les maîtres de cette école, Victor Cousin, Emile Saisset, M. Paul Janet, pour ne citer que les plus illustres, ont tenu à diviser ce vaste génie, tous ont prononcé et tenté d'exécuter sur lui le jugement de Salomon.

Nos réserves une fois faites, il ne nous en coûte pas de remercier M. P. Janet de sa brillante et vi-

---

(1) V. Desc., I, p. 192, sqq., et Préf. des Principes. vol. III.

goureuse étude. Les deux personnages qu'il a distingués et vivement mis en relief se trouvent d'une certaine manière en Descartes. M. P. Janet n'a pas vu ce qui les unit; mais son analyse, sa *division*, nous a été utile en ce qu'elle a appelé notre attention sur ce qui fait cette unité. Nous tâcherons donc de montrer que les deux personnages ne font qu'un seul homme qui est le philosophe sensé, expérimenté et pratique, autant que hardi, entreprenant et profond, qui s'appelle René Descartes.

Mais c'est notre faute sans doute, qu'un esprit aussi judicieux, après nous avoir lu, se soit trompé sur ce point; nous n'avons peut-être pas assez fortement relié l'exposition des œuvres aux détails biographiques et aux particularités du caractère. Nous tâcherons de faire mieux dans le présent volume.

Ceci nous conduit à dire un mot d'un reproche qui nous a été fait ailleurs. On nous a blâmé d'avoir continuellement rapproché, au détriment de l'unité de notre travail, la biographie et l'analyse des œuvres. Nous avons pesé cette critique et aussi l'apologie contraire, présentée par M. Janet lui-même (1). Tout examiné, nous persistons

---

(1) Soutenance de la thèse sur les *travaux de Descartes avant 1637*, le 4 novembre 1867, et Rev. des D. M., art. cit.

à trouver bonne, avec notre bienveillant apologiste, cette manière d'écrire l'histoire des penseurs et des savants. Le philosophe n'est pas un esprit pur, ni un esprit isolé, solitaire, sans attaches avec le monde extérieur ; Descartes lui-même, que Gassendi appelait l'*esprit*, est autre chose. Cet *esprit*, cette *pensée*, est dans un homme qui a son tempérament et son caractère particulier, et cet homme est dans un milieu déterminé, participe de l'esprit général de son pays, de la vie générale de son siècle, et subit l'influence des circonstances particulières dans lesquelles il vit. On ne peut comprendre une œuvre qu'en retrouvant, par une étude attentive et patiente, l'état de l'âme d'où cette œuvre est sortie. Or cet état ne dépend pas seulement de l'activité propre de l'esprit, mais encore du caractère de l'homme, et aussi du milieu qui agit sur lui, le modifie et l'inspire. Nous continuerons donc, comme par le passé, et mieux encore si nous le pouvons, à replacer chacune des œuvres de Descartes dans ce que nous pourrions appeler son milieu intérieur et psychologique, et, par conséquent, à étudier et à faire connaître toutes les circonstances qui ont contribué à modifier ce milieu. C'est en effet l'histoire psychologique de Descartes que nous avons voulu écrire ; et c'est là qu'est l'unité de notre œuvre. Pour parvenir à notre but, nous avons vu de plus en plus clairement qu'il ne suffisait pas d'avoir avec ce grand esprit cette « conversation étudiée, dont il parle, et dans » laquelle les auteurs ne nous révèlent que les » meilleures de leurs pensées ; » mais qu'il fallait lire, étudier, relire avec soin cette vaste correspondance où il se dévoile lui-même tout entier avec son génie et aussi avec son caractère d'une élévation et d'une beauté égales à la beauté et à la hauteur de son génie : recueillir les pensées qu'il avait jetées sur le papier et qui n'étaient point écrites pour le public ; interroger ses amis, comme Clerselier et Mersenne, ses admirateurs comme le naïf et consciencieux Baillet, à qui nous craignons de n'avoir pas assez rendu justice dans notre premier volume, ses ennemis et ses envieux comme Voet, Sobière, Roberval ; tâcher de le suivre de solitude en solitude, jour par jour, s'il se pouvait, et pour ainsi dire heure par heure et pas à pas. Nous avons donc essayé d'entrer et de vivre dans son intimité ; nous nous sommes assis à son foyer, dans son laboratoire, à sa table de travail, l'observant, le questionnant avec l'assiduité et l'indiscrétion d'un ami. C'est ainsi que nous avons suivi cette belle vie si bien remplie, trop tôt tranchée; que nous avons étudié cette âme ardente et noble qui s'élevait naturellement et de plein vol vers les hauteurs de la passion généreuse et de la pensée sublime. Nous livrons donc avec quelque confiance au public cette seconde et dernière partie de l'histoire de Descartes. De quelque manière, du reste, que notre travail soit accueilli, il aura porté pour nous un fruit doux et précieux : on sent, en effet, qu'on devient plus éclairé, meilleur et plus heureux à fréquenter, à connaître et à aimer de telles âmes.

Clermont, le 6 janvier 1870.

MILLET.

HISTOIRE DE DESCARTES

SECONDE PARTIE.

CHAPITRE IER.

Les Méditations.

Plan des travaux de Descartes. — Histoire des Méditations, des Objections et des Réponses. — Analyse et pensée fondamentale des Méditations. — Analyse des Objections et des Réponses. — Bourdin et le Scepticisme bigot. — Hobbes et le Matérialisme. — Gassendi et le Sensualisme. — Mersenne, les Géomètres et la Géométrie. — Caterus et la Métaphysique. — Arnaud, la Métaphysique et la Théologie. — Conclusion.

Ce qui frappe dans Descartes, et ce qui fait oublier parfois l'atmosphère qui le soutient, c'est ce vol libre, puissant et solitaire. Tout, chez lui, paraît l'œuvre de la volonté souveraine servie par la raison.

Néanmoins, comme nous l'avons dit, et comme nous avons essayé de le montrer, il est redevable de plus d'un service au milieu intellectuel dans lequel il a été nourri ; il doit en particulier au xvie siècle, outre des connaissances étendues, l'audace du doute et l'audace de la reconstruction. Il doit aussi à quelques-unes des personnes avec lesquelles il a été en contact, dans la première et plus encore peut-être dans la seconde partie de sa vie, des inspirations fécondes et, parfois aussi, de ces vives secousses qui arrachent à l'âme, et lui font apercevoir à elle-même ses idées intimes et profondes. La pensée de Descartes, qui semble être coulée en bronze et avoir la rigidité de l'airain, a, dans un cadre limité par les lois de l'évolution psychologique, la souplesse et la plasticité de la vie : elle se développe et grandit ; et même, sur certains points elle se modifie, et se fût modifiée sans doute encore davantage, si la mort cruelle ne l'eût enlevé dans toute la force de son génie. Mais quelle que soit sur l'évolution organique de sa pensée l'influence du dehors ou de ses propres réflexions, il n'en poursuit pas moins d'une volonté persévérante le but que, dès le principe, il a marqué à l'activité de son esprit : ce but, c'est la restauration complète de la philosophie.

Marquons ici le point où il est arrivé et le chemin qu'il lui reste à parcourir.

I. Révision et abrégé d'œuvres déjà écrites. — *La Métaphysique et les trois premières parties de la Physique.*

En 1629, il avait arrêté ses principes métaphysiques et écrit ses *Méditations*. Il se proposait de revoir et de publier ce traité, après l'avoir soumis à la critique des théologiens et des philosophes, et d'y ajouter les objections qui lui seraient adressées et les réponses qu'il ferait à ces objections.

De 1629 à 1634, il avait composé le *Monde* qui contenait sa Physique. Il allait être amené bientôt à faire connaître cette Physique, non avec les développements qu'elle avait reçus dans le *Monde*, toujours soigneusement caché, mais sous une forme abrégée, et c'est ce qu'il fit en mettant au jour les *Principes* où la philosophie naturelle, la mécanique céleste et la physique terrestre sont précédées de la métaphysique qui leur sert de base.

II. OEuvres nouvelles à écrire. — 4ᵉ *et* 5ᵉ *parties de la Physique.* — *Sciences pratiques.*

La connaissance qu'il avait de la nature, à l'époque où il écrivait le *Monde* n'embrassait pas encore tout l'ensemble des phénomènes naturels :

il lui restait à expliquer d'abord les fonctions vitales et la génération même de l'animal par les seules lois de la mécanique, et c'est ce qu'il devait essayer de faire dans les traités de l'*Homme et de la formation du fœtus*; en second lieu, la nature de l'âme et ses relations avec le corps, et ce sera là l'objet principal de l'ouvrage sur les *Passions*.

Enfin, pour achever l'œuvre grandiose dont il portait le plan dans sa pensée, il devait écrire des traités de mécanique appliquée, de médecine et de morale : chercher, en mécanique, les moyens de soulager l'homme dans ses travaux en lui donnant comme auxiliaires l'eau, l'air, la chaleur, l'éther et les astres eux-mêmes; en médecine, — et c'est de la médecine surtout qu'il songea d'abord à s'occuper, — l'art de prévenir les maladies, et de prolonger indéfiniment la vie humaine; en morale, celui de rendre les hommes meilleurs et plus heureux.

Mais le temps devait lui manquer pour couronner l'édifice de sa philosophie. Néanmoins, il nous a laissé sur la morale des études importantes que nous analyserons avec soin, et, nous l'espérons, avec fruit.

Le plan que se proposa Descartes et qu'il

exécuta en grande partie, sera celui que nous suivrons nous-même dans notre exposition. Arrivé aux termes de la carrière du grand philosophe, nous terminerons par un chapitre où nous essaierons d'apprécier son caractère et son génie, et ensuite, le rôle qu'il a joué dans l'histoire de la philosophie française et dans l'histoire générale de l'esprit humain.

———

Pour se distraire des ennuis que lui avaient causés la publication et la distribution de ses *Essais*, Descartes fit, pendant l'automne de 1637, une excursion dans la Flandre française. Puis, à l'entrée de l'hiver, il alla se fixer, pour quelque temps, à Egmond de Abdie (l'Abbaye), ou Egmond de Binnen, l'un des plus charmants villages de la Nord-Hollande, situé à une lieue et demie au sud-ouest d'Alkmaer et à un quart de lieue de Egmond de Hoef où il demeura aussi plus tard.

C'est pendant qu'il réside à Egmond qu'il commence à apprendre par les lettres qu'on lui écrit, l'impression que ses *Essais* font sur le public lettré. Les éloges qu'il reçoit sont payés par bien des critiques. Plusieurs savants attaquent sa physique : l'un, comme Fromond, ne peut admettre que tout se fait mécaniquement dans la nature; l'autre, comme Plempius, repousse la circulation du sang; le P. Bourdin attaque, dans sa classe à Paris, la *dioptrique* et les *météores*. Fermat dédaigne la *dioptrique* et déclare sophistique le raisonnement par lequel Descartes établit la démonstration de la loi de la réfraction. La géométrie même n'est pas épargnée : le même Fermat reproche à son auteur une omission des plus importantes dont il sera parlé plus tard, et Roberval, qui ne la comprend pas, pense que Descartes n'a pas même résolu le problème de Pappus. La Métaphysique, esquissée à grands traits dans la quatrième partie du *Discours*, commence à faire gronder sourdement autour de lui les partisans de la tradition, qui voient avec jalousie et avec terreur la philosophie nouvelle, prête à détrôner l'ancienne, pénétrer, sous leurs yeux et malgré eux, dans les universités, principalement dans celle d'Utrecht, par l'enseignement des disciples de Descartes, Reneri et Leroy (ou Regius). Au mois de juin 1639, « Voet, ce gladiateur toujours prêt à l'attaque ou à la riposte » (Sorbière), ouvre les hostilités contre Descartes, en l'attaquant dans des thèses où, sans le nommer, il le désigne clairement comme auteur et fauteur d'athéisme. Descartes jugea qu'au lieu de répondre il valait mieux faire connaître complétement sa Métaphysique, et il résolut de faire paraître ses *Méditations*. Pour revoir cet ouvrage il chercha la solitude et le calme d'une de ces provinces du Nord dont il aimait les mœurs tranquilles et les habitudes peu visiteuses. Il choisit la Gueldre, voisine de la Frise où l'ouvrage avait été écrit d'abord, et en novembre 1639, se retira à Harderwick. Là, pendant quelques mois, il s'enferma dans un silence absolu qui inquiéta ses amis de France. Mersenne se fit l'écho de leurs plaintes et de leurs reproches; il fit connaître à Descartes « les inquiétudes et les craintes qu'il causait à ses amis et à des personnes d'un grand mérite lorsqu'il était plus de quinze jours sans donner de ses nouvelles. » Il le priait d'épargner, à l'avenir, ce chagrin à tous ceux qui l'aimaient, qui s'intéressaient à ses travaux et les admiraient. En même temps que lui parvenait la lettre de Mersenne, Descartes en recevait une autre de Leroy par laquelle il apprenait l'estime qu'on faisait de lui en Hollande. Leroy était allé à Leyde pour assister à la soutenance des thèses de droit d'un de ses parents. Au dîner que le nouveau docteur donna aux professeurs et à plusieurs personnes de distinction, on parla de Descartes, comme du plus rare génie du siècle, et comme d'un homme extraordinairement suscité pour ouvrir les voies de la véritable philosophie. Les plus ardents à publier son mérite furent Golius, que nous connaissons déjà, et Heidanus, ministre et célèbre prédicateur que l'école cartésienne, qui ne faisait encore que de naître, dit Sorbière, révérait déjà comme son principal protecteur. Golius et Heidanus ne se lassaient pas de faire admirer à la compagnie la grandeur de l'esprit de Descartes et la beauté de ses découvertes.

C'est sous l'impression heureuse de ces témoignages d'estime et d'admiration que, pendant l'hiver de 1639-1640, dans la calme solitude de la Gueldre, animée sans doute pour lui par la présence de sa fille, Descartes revit et recopia son traité de Métaphysique. L'ouvrage achevé, il songea, avant de lui donner une publicité plus grande, à en faire imprimer une trentaine d'exemplaires, dans le but de le soumettre à l'examen des philosophes et des théologiens les plus distingués. Mais il craignit ensuite que son éditeur n'en imprimât un plus grand nombre, et il en fit lui-même deux copies, l'une pour la Hollande, l'autre pour la France. La première fut envoyée à ses amis Bloemart et Bannius, prêtres catholiques de Harlem qui, après l'avoir lue pour leur propre satisfaction, la firent parvenir au savant Caterus, docteur en théologie de la faculté de Louvain. Caterus résidait à Alkmaer, et travaillait, ainsi que son plus jeune frère, à ramener autour de lui les réformés hollandais à la foi catholique. Il fit parvenir ses observations ou objections à Descartes à la fin de l'été de 1640. Il présentait ces objections avec modestie; sous une forme polie et courtoise. Descartes ne se laissa pas vaincre en politesse et en témoignages d'estime et se fit de Caterus un ami pour le reste de ses jours. Celui-ci consentit à laisser imprimer ses objections, à la condition qu'il ne serait nommé ni au titre des objections ni dans la réponse.

La seconde copie, après avoir passé par les mains de Zuylichem, revint à notre philosophe qui l'envoya à Mersenne au mois de novembre 1640 avec les objections de Caterus et la réponse qu'il avait déjà faite à ces objections. Le tout était accompagné de l'épître dédicatoire à messieurs de la Sorbonne. Dans le titre qu'il indiquait à Mersenne, *Meditationes de primâ philosophiâ*, il faut remarquer qu'il introduisait la mention de l'immortalité de l'âme, qu'il effaça plus tard. Sa fille Francine venait de mourir (à Amersfort, le 7 septembre 1640). Il l'avait vue s'éteindre sous l'étreinte d'une maladie cruelle et rapide, la petite vérole ou la scarlatine, qui l'avait enlevée en trois jours « toute couverte de pourpre », au moment où il allait la conduire en France et la faire élever par une préceptrice éclairée et pieuse, sous les yeux de madame du Tronchet, sa parente. Cette enfant était née avec les plus heureuses dispositions : Descartes l'adorait, et, selon son propre témoignage, elle lui laissa le regret le plus douloureux qu'il ait éprouvé de sa vie. Ces petites âmes tiennent à la nôtre par tant de liens étroits et mystérieux que Descartes avait besoin d'espérer qu'il serait réuni à celle qu'il avait tant aimée. En même temps que sa fille expirait sous ses yeux, il apprenait par Mersenne la mort de son père, que M. Descartes de la Bretaillière lui avait laissé ignorer pendant un mois; et peu de temps après, celle de sa sœur aînée. Ces coups répétés expliquent pourquoi il mit et laissa alors dans son titre les mots qui annonçaient la preuve de l'immortalité de l'âme. Il reconnut plus tard et montra lui-même que, si l'immortalité peut se conclure de la spiritualité, c'est à la condition de faire appel non-seulement aux principes métaphysiques, objet des *Méditations*, mais à ceux de la physique dont il ne traitait pas alors. Sous l'impression du coup qui le frappe, spiritualité et immortalité ne sont pour lui qu'une même chose, — et il avait profondément raison; — mais la démonstration a ses exigences: et plus tard il distingua les deux faces du problème. Néanmoins, ses doutes n'ont jamais porté que sur les conditions et le milieu dans lesquels se continuerait la vie future. Il a toujours reconnu l'immortalité elle-même ; et c'est pour cela qu'il a toujours refusé d'accorder, ou du moins toujours hésité à attribuer des âmes aux bêtes, ne pouvant les leur attribuer autrement qu'immortelles.

En envoyant ses *Méditations* à Mersenne, il priait instamment son ami de faire voir l'ouvrage au P. Gibieuf, prêtre de l'Oratoire, dont la science, l'esprit pénétrant et les dispositions bienveillantes lui inspiraient toute confiance. Mersenne promit à Descartes des objections pour les étrennes de 1641. Huit jours après il reçut un nouvel envoi, l'*Abrégé des Méditations*, et une lettre dans laquelle le philosophe lui disait : « Je ne serais point
» fâché que M. Desargues fût aussi l'un de mes
» juges, s'il lui plaisait d'en prendre la peine,
» et je me fie plus en lui seul qu'en trois théolo-

» giens. » Sûr d'avoir donné dans ses *Méditations* « des preuves de l'existence de Dieu et de la » spiritualité de l'âme plus évidentes que les dé- » monstrations de géométrie, » il désirait vivement que son ouvrage fût jugé par des géomètres. Il avait pour ce fruit de ses veilles une affection toute particulière et il remerciait Dieu de l'avoir composé.

Mersenne, selon sa promesse, envoya à Descartes, au mois de janvier 1641, les objections qu'il avait recueillies de la bouche de divers théogiens, philosophes et géomètres et auxquelles il avait joint les siennes. Ce sont les secondes objections auxquelles il en ajouta d'autres plus tard, les sixièmes, recueillies de la même manière. Les auteurs des secondes objections, parmi lesquels il est permis de compter sans doute, outre Desargues, les Pascal et leur groupe, et même toute « l'Académie » d'alors, demandaient que Descartes voulût bien disposer ses démonstrations à la manière des géomètres. Malgré les difficultés de l'entreprise, notre philosophe se mit à l'œuvre pour les satisfaire. Pendant qu'il travaillait à ce dessein, il reçut les objections que Hobbes, chassé d'Angleterre par la guerre civile et alors à Paris, avait faites à la sollicitation de l'infatigable

P. Mersenne. Descartes répondit à Hobbes dans le courant de ce même mois de janvier 1641.

Cependant les sages et vieux docteurs, membres de la vénérable faculté de théologie de Paris, malgré les excitations de Mersenne, qui leur avait remis des copies des *Méditations*, gardaient un silence prudent sur cette métaphysique nouvelle, lorsque le plus jeune des licenciés de cette Faculté, Arnaud alors âgé de vingt-neuf ans (il fut reçu docteur l'année suivante), déjà connu comme excellent géomètre, envoya à Mersenne ses objections. Il y paraissait d'abord comme philosophe, au nom de la seule raison, puis comme théologien pour signaler ce qu'il croyait difficile d'accorder avec la foi. Dans ces deux rôles il faisait preuve « d'une civilité » parfaite, et en même temps d'une critique pénétrante, et d'une érudition étendue. Il rappelait que saint Augustin avait formulé avant Descartes le fameux *cogito, ergo sum*. Descartes lui répondit le jour de Pâques : il était heureux de voir sa métaphysique fortifiée par l'autorité de saint Augustin ; il tâchait de résoudre les objections du philosophe, ou d'éviter ses coups, et montrait au théologien qu'on pouvait concilier avec le mystère de la présence réelle la physique qui réduit la matière à l'étendue. Telle fut l'estime que Descartes conçut pour Arnaud, qu'il le pria de retoucher les passages de ses *Méditations*, qui lui paraîtraient devoir être amendés. Arnaud, de son côté, fut si frappé de la nouveauté et de la profondeur des vues de Descartes qu'il se déclara son disciple et resta jusqu'à la fin de sa vie le défenseur ardent de la philosophie cartésienne. « Je demandai dernièrement, dit le P. Mersenne, en 1643 (1), à l'auteur des quatrièmes objections s'il n'avait rien à répartir aux réponses qui lui avaient été faites : il me répondit que non, et qu'il se tenait pleinement satisfait; et même qu'il avait enseigné et publiquement soutenu la même philosophie, qui avait été fortement combattue en pleine assemblée par un très-grand nombre de savants personnages, mais n'avait pu être abattue ni seulement ébranlée. »

Sur ces entrefaites arriva à Paris, du fond de sa province, un ecclésiastique qui s'était fait une facile célébrité par ses attaques contre Aristote et par quelques dissertations de physique, Gassendi, chargé de régler une affaire civile devant l'assemblée du clergé de France. Mersenne lui fit lire les *Méditations* et lui demanda ses observations.

---

(1) V. *OEuv.*, IX, p. 84, lettre à Voet.

Gassendi était déjà mécontent de Descartes qui ne l'avait point cité dans ses *Météores*, à l'article des parhélies. « Cependant, disait Descartes, il
» n'a écrit sur ce sujet que des chimères, et s'il a
» envoyé l'observation de Rome à Reneri qui me
» l'a transmise, il n'a fait ici que l'office de
» messager. » Mais Gassendi avait la maladie des lettrés du beau monde : il voulait être loué et cité. A la fin de mai 1641, il envoya à Mersenne des objections sous le titre de *Disquisitio metaphysica, seu dubitationes*, et adressa à Descartes une lettre pleine de compliments affectés pour enduire de miel les bords de la coupe amère ; ce qui ne l'empêchait pas d'écrire en même temps à Rivet en Hollande : « Je n'ai examiné de si près la
» métaphysique de cet homme que parce que sa
» conduite envers moi a été inconvenante :
» *Quod metaphysicam viri paulo studiosius dis-*
» *quisierim factum ideo fuit, quod ille in me se*
» *gessisset præter decorum.* » Descartes ne fit pas attendre sa réponse et rendit à Gassendi ses critiques avec usure. Celui-ci l'avait appelé l'*Esprit*. Descartes mit en scène l'*Esprit et la Chair* et celle-ci n'eut pas le plus beau rôle. Il terminait sa réponse par des compliments semblables à ceux qu'il avait reçus, se félicitait de n'avoir rencontré dans

une critique aussi soignée et aussi étendue, venant d'un esprit si distingué, aucune raison qui pût ébranler les siennes.

Poursuivons un peu plus loin l'histoire des démêlés de Descartes et de Gassendi, qui se rapportent aux *Méditations*. Quand cet ouvrage parut, Gassendi crut devoir répliquer aux réponses de Descartes. Mais au lieu d'adresser d'abord ses *répliques* ou *instances* à son adversaire, comme la loi de ces combats l'y obligeait, il les fit circuler de mains en mains. « N'ayant pas le don de la dissimulation,
» Descartes alla innocemment, dit Baillet, dé-
» couvrir à M. de Sorbière ce qu'il pensait d'une
» pareille conduite, ignorant qu'il parlait à l'espion
» (le mot est un peu dur) de M. Gassendi, qu'il
» recevait chez lui comme un ami. » Sorbière envenima, selon son habitude, les paroles de Descartes ; puis, ayant reçu de Gassendi le manuscrit des *Instances*, l'imprima (1643), en faisant précéder cet écrit des premières *Objections* et des *Réponses* de Descartes : de cette manière Gassendi avait le dernier mot. De plus, dans la Préface due à la plume dudit Sorbière, Descartes était fort mal mené. Bientôt cette mouche du coche gassendiste sonna victoire et annonça que les *Instances* avaient tué le cartésianisme en Hollande. Notre philoso-

phe, ami de la paix, ne voulait pas répondre et garda un long silence. Enfin, cependant, en 1646, pressé par ses amis, il fit une réplique non pas au volumineux fatras des *Instances*, mais à quelques objections choisies que les Cartésiens de France jugeaient assez sérieuses pour mériter un mot de réponse. Il adressa cette réplique à Clerselier sous forme de lettre. (Elle est imprimée à la suite des Réponses aux cinquièmes Objections.) Clerselier préparait alors une édition française des *Méditations;* avec la permission de Descartes, il adoucit dans sa traduction l'âpreté des termes qu'expliquait, qu'excusait peut-être, jusqu'à un certain point, le badinage déplacé et le ton irritant de Gassendi et que souffrait le latin, mais qui convenait peu au génie de la langue française et à la courtoisie habituelle de Descartes; et plus tard, par ses bons offices, aidés de ceux de l'abbé, depuis cardinal d'Estrées, il réussit à opérer une réconciliation entre les deux adversaires.

Les septièmes Observations, postérieures à la première édition des *Méditations*, sont d'un Jésuite, le P. Bourdin, professeur de mathématiques au collége de Clermont (depuis Louis-le-Grand) à Paris. Elles furent imprimées dans la seconde édition latine (Elzevier, 1642) avec les réponses ou remarques de Descartes à la fin de chaque article, et suivies de la lettre au R. P. Dinet, dans laquelle notre philosophe fait l'histoire de ses démêlés avec le P. Bourdin.

Celui-ci avait déjà, à leur apparition, attaqué la Dioptrique et les Météores dans ses leçons et même dans des thèses auxquelles le public était admis: Là « on combattait fort et ferme contre » les opinions de Descartes, et le R. P. rempor- » tait des victoires faciles contre un absent. » Descartes avait demandé communication de ces leçons et de ces thèses en se plaignant au P. Bourdin lui-même et à ses supérieurs de ce qu'on ne lui avait pas adressé directement les objections qu'on avait à lui faire. Le P. Bourdin, blâmé sans doute par le P. Charlet, avait fait une sorte d'amende honorable à Descartes, et, sans lui envoyer aucune objection, avait promis de ne plus l'attaquer. Mais, voulant sans doute se venger de cette humiliation, il ne put s'empêcher de mordre aux *Méditations*. Il en écrivit une prétendue réfutation qu'il gardait par devers lui et montrait seulement à ses amis et à ses élèves. Descartes averti fit prévenir par Mersenne le P. Dinet, recteur du collége où professait le P. Bourdin, et bon gré mal gré celui-ci dut envoyer son manuscrit au philosophe.

« Au lieu de la bonté, de la douceur, de la modestie » qu'il attendait, Descartes trouva dans la dissertation du R. P. « une aigreur qu'il n'avait
» pas trouvée dans les autres objections et qui convenait peu à un religieux. » Il répondit avec une vivacité peut-être excessive, mais il y était en quelque sorte forcé. « Ce n'a été qu'avec une
» bien grande répugnance, écrit-il au P. Va-
» tier, que j'ai répondu à ces septièmes objec-
» tions; il m'y a fallu employer la même réso-
» lution qu'à me faire couper un bras ou une
» jambe, car j'ai une grande vénération et
» affection pour votre Compagnie. » Mais, sachant de quelle manière le P. Bourdin l'avait attaqué à Paris, il ne pouvait se dispenser de riposter vivement sans craindre de passer pour ridicule.

Telle est l'histoire des *Méditations,* des *Objections* et des *Réponses.* Nous pouvons maintenant pénétrer dans l'œuvre elle-même et prendre part à cet éclatant et célèbre débat métaphysique.

ANALYSE DES MÉDITATIONS.

1re MÉDITATION. — Raisons de douter.

2e MÉDITATION. — Existence du moi ; conceptions distinctes de l'âme et du corps ou distinction de l'âme et du corps dans l'ordre de la connaissance, et non encore dans l'ordre de la réalité (subjective et non objective).

3ᵉ MÉDITATION. — Les deux premières preuves de l'existence de Dieu.

4ᵉ MÉDITATION. — Légitimité de la raison, sa valeur objective. — De l'erreur.

5ᵉ MÉDITATION. — Nouvelle et troisième preuve de l'existence de Dieu.

6ᵉ MÉDITATION. — Distinction *réelle* et union substantielle de l'âme et du corps. — Remède des erreurs.

1ʳᵉ MÉDITATION.

Dans la première méditation, Descartes expose les raisons que nous avons de douter des sens qui nous trompent, de l'imagination qui nous abuse, et même du raisonnement qui quelquefois nous égare : il dispose l'esprit du lecteur à ne s'en rapporter qn'aux idées claires et à entrer dans ce monde intérieur de la pensée où brille une lumière pure qu'aucune ombre n'altère. « Ce doute
» si général nous délivre de toutes sortes de pré-
» jugés et nous prépare un chemin très-facile
» pour accoutumer notre esprit à se détacher des
» sens, et il fait qu'il n'est pas possible que nous
» puissions jamais plus douter des choses que
» nous découvrirons par après être véritables. »

2ᵉ MÉDITATION.

L'esprit reconnaît clairement qu'il existe, puisqu'il pense : il se *conçoit*, avec une clarté égale, comme distinct du corps, sans conclure cependant encore qu'il en soit *réellement* distingué. — « Je ne sépare pas encore l'esprit de la matière selon l'ordre de la réalité, mais selon l'ordre de la pensée, et mon sens est que je ne connais rien que je sache appartenir à mon essence, sinon que je suis une chose qui pense. Or, je ferai voir ci-après comment, de ce que je ne connais rien autre chose qui appartienne à mon essence, il s'ensuit qu'il n'y a rien autre chose qui en effet lui appartienne. » Je me conçois distinctement comme un être qui pense : c'est assez pour le moment, et cela suffit pour passer à Dieu.

3ᶜ MÉDITATION.

Rien n'est sans cause, rien sans raison suffisante qui l'explique. Or, moi, être imparfait, je *suis*, et *je pense l'être parfait*.

Comment expliquer cette existence du moi imparfait et cette pensée de l'être parfait? En cherchant, on reconnaît qu'il n'y a à cela qu'une cause et qu'une raison suffisante, à savoir l'existence de l'être parfait.

4ᵉ MÉDITATION.

Puisque l'être parfait existe, je tiens de lui tout

ce que je suis; dès lors la raison qui m'est donnée pour connaître le vrai et le distinguer du faux ne peut être trompeuse, et les choses que je conçois clairement et distinctement sont toutes vraies. L'erreur ne peut venir que de la précipitation du jugement, c'est-à-dire de la volonté qui affirme avant que l'intelligence ait saisi clairement et distinctement l'objet auquel elle s'applique.

5ᵉ MÉDITATION.

Dès lors, sans affirmer encore l'existence des choses matérielles, je les conçois au moins comme possibles en tant que choses possédant l'étendue et tout ce s'y rapporte, nombre, forme et mouvement; et tant que je n'affirme que les propriétés claires et mathématiques de l'étendue, des nombres, des formes et du mouvement, je n'ai point à craindre de me tromper.

Ici, réfléchissant à l'essence de la méthode mathématique, je m'aperçois que je puis donner de l'existence de Dieu une preuve plus parfaite que celles qui précèdent.

Le mathématicien, en même temps qu'il conçoit les objets mathématiques, triangle, cercle ou sphère, d'une manière distincte, les conçoit comme possibles d'une éternelle et absolue possibilité. Cette possibilité une fois reconnue, il affirme de ces objets tout ce qui est contenu dans l'idée claire et distincte qu'il en a ; tout ce qui est clairement contenu dans cette idée appartient à leur essence éternelle. Or, j'ai l'idée claire et distincte d'un être possible infiniment parfait ; je dois donc, si je comprends bien l'essence de la méthode mathématique, affirmer qu'il *est* véritablement, car dans son idée est contenue la puissance absolument infinie et sans bornes capable de donner l'*être*.

6ᵉ MÉDITATION.

Je reviens à la matière. La *chose étendue* conçue précédemment comme possible est évidemment réelle, car l'inclination à la croire telle est si invincible que, que si elle n'existait pas, c'est Dieu lui-même qui me tromperait : ce qui est impossible.

Maintenant, les choses que je conçois clairement et distinctement étant toutes vraies, en vertu de la véracité divine, la chose étendue et la chose pensante sont véritablement et réellement distinctes. « Puisque, d'un côté, j'ai une claire et
» distincte idée de moi-même en tant que je suis
» seulement une chose qui pense et non étendue,

« et que, d'un autre, j'ai une idée distincte du
» corps en tant qu'il est seulement une chose éten-
» due et qui ne pense point, il est certain que
» moi, c'est-à dire mon âme, par laquelle je suis ce
» que je suis, est entièrement et véritablement
» distincte de mon corps et qu'elle peut être ou
» exister sans lui. » Nous verrons qu'il faut ajouter ici quelque chose. Si l'âme essentiellement active est une *substance*, s'ensuit-il que la matière inerte en soit une aussi? C'est ce que Descartes admet trop facilement. Mais, sans nous arrêter ici sur ce point délicat qui sera discuté plus tard, essayons de dégager et de mettre en lumière la pensée fondamentale de cette métaphysique.

Descartes, ainsi que nous avons essayé de l'établir dans notre premier volume, et comme l'a fait remarquer avec sa grande autorité M. Félix Ravaisson (1), a fondé le premier la philosophie véritablement positive et expérimentale. La première, en effet, et la plus positive de toutes les expériences, est celle que nous avons de notre pensée et de notre être. Par le premier acte de la réflexion nous atteignons non-seulement des phénomènes de pensée,

(1) Rapport sur la Philosophie en France au xix siècle.

mais l'être pensant. La première réalité positive et positivement connue est donc l'esprit. Bornés partout ailleurs à la région des faits, des manifestations ou phénomènes, nous atteignons ici l'être vrai.

On croyait, généralement du moins, avant Descartes, comme l'observe encore M. Ravaisson, que l'âme et les choses de l'âme étaient objets d'induction et de raisonnement; on s'aperçoit avec lui que ce sont choses d'expérience, choses positives et les plus positives de toutes. De là cette affirmation que l'esprit nous est mieux connu que la matière, et connu sans elle ; de là cette vue profonde que tout notre être consiste dans la pensée, c'est-à-dire dans l'activité pensante — car, pour lui, penser, c'est non-seulement *connaître*, mais *vouloir* — qu'*être* et *penser*, c'est tout un. Supposer sous l'activité pensante, ou *pensée*, une substance différente de cette pensée même, un *substratum* inerte et mort, c'est être dupe de son imagination et croire que le néant est nécessaire pour porter l'être. La *pensée* est substance et être : telle est l'affirmation inébranlable de Descartes..

Mais là ne se borne pas le domaine de l'expérience intérieure. Dès que je sais avec certitude que je suis un être pensant, un esprit, immédiatement j'aperçois l'être infini et parfait, cause et soutien de mon être; et c'est pourquoi je dis que je suis imparfait. Nous voyons, et selon la forte expression de Descartes, retenue par M. Ravaisson, nous touchons Dieu. Nous pourrions dire, en un sens très-vrai, que nous avons conscience de Dieu en nous; car il est plus intime à nous que nous-mêmes, selon la belle parole de Fénelon. « La Religion, disait Pascal, est Dieu sensible au cœur » : Dieu perceptible à l'esprit, telle est l'idée fondamentale de la métaphysique cartésienne. Sans doute le raisonnement a servi à Descartes; mais comme il le remarque lui-même (I. 447-449), ses raisonnements sont les pas successifs d'une marche analytique qui le conduit à ce point de vue profond où l'esprit aperçoit et touche Dieu.

Est-il donc bien vrai que l'esprit, non-seulement s'aperçoit lui-même, ce qu'on ne conteste guère, mais aperçoit l'être infini et parfait, raison, cause et soutien de son être? C'est ce que chacun peut vérifier en soi-même; c'est, en tout cas, ce que proclame l'humanité par la voix de ses plus humbles comme par la voix de ses plus glorieux représentants. Du fond de la vallée obscure et profonde, la foule émue aperçoit et salue la lumière qui brille sur les sommets. En montant vers cette lumière sainte, les savants, selon les hasards de la route, tantôt l'aperçoivent et tantôt la perdent de vue. Les plus puissants esprits, parvenus à la cime, contemplent et adorent la lumière dans sa splendeur sereine et son éternelle beauté.

Descartes est arrivé jusqu'à cette cime lumineuse par l'Analyse ou méthode réductive, qu'emploient les géomètres et qu'il avait lui-même perfectionnée, et qui remonte des conséquences aux principes, ou des effets aux causes et aux raisons. Ici, la conséquence, l'effet, c'est le moi ou être pensant, certain de sa propre existence. Que contient et qu'enveloppe cette première certitude? Voilà ce que l'Analyse doit montrer et ce qu'elle montre en effet, en conduisant de réduction en réduction à ce point de vue où l'expérience et le raisonnement ne font qu'un et où s'aperçoit, en même temps que l'être imparfait, l'être infini, cause et raison de lui-même et de tout le reste.

Une fois qu'on s'est placé à ce point de vue, les arguments de Descartes qui paraissent obscurs et difficiles à pénétrer s'éclairent d'une lumière intérieure qui les rend parfaitement intelligibles. La lumière s'accroît ou diminue à mesure qu'on s'en rapproche ou qu'on s'en éloigne.

Les adversaires de Descartes sont placés à différentes distances. De là la diversité de leurs observations et de leurs critiques. Les plus rapprochés sont Mersenne, Caterus et surtout Arnaud; les plus éloignés, Gassendi, Hobbes, le P. Bourdin. Nous commencerons par les objections les plus superficielles, celles de Bourdin, pour finir par les plus importantes et les plus profondes, celles d'Arnaud, en gardant l'ordre suivant : 1°. Bourdin, Hobbes, Gassendi; 2°. Mersenne, Caterus, Arnaud. Nous ne suivrons donc pas l'ordre dans lequel les éditions présentent les objections et les réponses; mais ce changement ne touche en rien au fond des choses, car les diverses objections, comme on l'a vu, ont été faites *séparément;* elles ont été rangées les unes à la suite des autres, suivant le temps où elles sont arrivées à Descartes, et c'est le hasard seul qui a décidé de la place qu'elles occupent. Le plan que nous suivrons aura l'avantage d'être méthodique et progressif, d'éviter les redites et de faire circuler la lumière dans ce taillis épais d'objections et de réponses au milieu duquel nous aurions, sans cela, beaucoup de mal à nous orienter et à nous reconnaître.

LE P. BOURDIN ET LE SCEPTICISME BIGOT.

Les attaques du P. Bourdin ne portent au fond

que sur un seul point, sur le doute méthodique. Bourdin ne voulut pas envoyer d'autres objections, et il fit bien, s'il faut en juger par celles qu'il osa communiquer à Descartes ; elles ne sont guère qu'un déluge d'arguties et de chicanes scolastiques « un monde de sottises. » — Selon vous, dit-il à Descartes, tout ce qui a la moindre apparence de doute doit être tenu pour faux ; mais qu'entendez-vous par ces mots : qui a la moindre apparence de doute? Que veulent dire ceux-ci : doit être tenu pour faux? Enfin, comment doit-on tenir une chose pour fausse? Si cette règle signifie tout simplement qu'il faut détourner entièrement notre pensée des choses douteuses, elle est familière aux moindres apprentis; si elle signifie « qu'il faut regarder le contraire comme vrai », et c'est là au fond ce que vous pensez, elle est fausse. Et il part de là pour gloser; ce qu'il fait, sur le ton lourd et prétentieux d'un pédant. — Descartes n'a pas de mal à expliquer le sens de ses paroles et à montrer quelle est sa vraie pensée, dénaturée sciemment par son adversaire; quant au reproche d'être peu neuf, il y répond avec autant de modestie que de bon sens. « Je n'ai jamais eu dessein, dit-il, et il fera plus tard une semblable réponse à Hobbes, je

n'ai jamais eu dessein de tirer aucune louange
de la nouveauté de mes opinions, car, au contraire,
je les crois très-anciennes, étant très-véritables.
Ma principale étude est de rechercher les vérités
très-simples qui sont nées avec nous et qu'il semble qu'on n'a jamais ignorées. » — Je pense,
dites-vous, reprend Bourdin ; je vous le nie : vous
songez que vous pensez. Je suis, dites-vous, pendant que je pense ; je vous le nie : vous rêvez
seulement que cela vous paraît certain et évident ;
cela le paraît seulement, il le semble, mais il ne
l'est pas. Vous dites : j'en suis certain, je le sais
par *ma propre expérience*, le mauvais génie que
je suppose vouloir me tromper ne me saurait
tromper en cela ; je vous le nie, je le nie et le
renie. » Le ton de cette discussion vaut la discussion elle-même. Vous soutenez, dit ce Béotien
à Descartes, que vous êtes un esprit ou que vous
avez de l'esprit, mais vous ne l'avez jamais su
prouver ! Et avec une aménité, à laquelle nous
ont malheureusement habitués beaucoup de religieux de toute robe, ce précurseur de M. Veuillot
compare le grand philosophe à un paysan imbécile et à un architecte insensé. Descartes, dès lors,
a-t-il complètement tort d'être un peu vif dans sa
réponse, et de faire entendre que le P. Bourdin

serait mieux aux Petites-Maisons qu'aux Jésuites?

Sous cette enveloppe ridicule se cache pourtant une pensée sérieuse et dangereuse. Au fond, Bourdin en veut à la Méthode de Descartes. Avec le flair du jésuite, il sent que cette Méthode est un instrument de destruction pour les préjugés et les superstitions de toute sorte et de toute origine; que cette hache, une fois mise à la racine des religions positives, renversera l'arbre avec tous ses rameaux. Il faut donc briser l'instrument dans la main du philosophe : il faut montrer l'impuissance de l'intelligence humaine lorsqu'elle veut sonder les derniers fondements de la connaissance; voilà ce que se dit Bourdin. Plus Descartes est un philosophe pénétrant et profond, plus la démonstration de Bourdin, s'il réussit, sera éclatante. Il se fait donc, contre Descartes, comme plus tard Pascal, l'avocat du scepticisme bigot, de celui qui prétend amener la raison expirante aux pieds de la foi : aveugle qui ne voit pas qu'il prête les mains au scepticisme logique et conséquent, à celui qui sape en même temps toute foi et toute raison, et qui conduit à l'abêtissement : « Prenez de l'eau bénite, et abêtissez-vous » (Pascal).

« Que répondra le P. Bourdin aux sceptiques, dit éloquemment Descartes, aux sceptiques qui vont au delà de toutes les limites? Comment les réfutera-t-il? Sans doute il les mettra au nombre des désespérés et des incurables. Fort bien ; mais cependant en quel rang pensez-vous que ces gens-là le mettront? et ne me dites point que cette secte est à présent abolie ; elle est en vigueur autant qu'elle fut jamais, et la plupart de ceux qui pensent avoir un peu plus d'esprit que les autres, ne trouvant rien dans la philosophie ordinaire qui les satisfasse et n'en voyant point de meilleure, se jettent aussitôt dans celle des sceptiques; et ce sont principalement ceux qui veulent qu'on leur démontre l'existence de Dieu et l'immortalité de leur âme. De sorte que ce qu'il dit ici sonne mal et est de fort mauvais exemple; car cela montre qu'il croit qu'on ne saurait réfuter les erreurs des sceptiques qui sont athées, et ainsi il les confirme et les soutient autant qu'il est en lui. »

Bourdin avait voulu faire au grand et profond philosophe « un masque de quelques pièces mal cousues de ses Méditations. » Descartes relève le masque et se montre tel qu'il est, comme le défenseur éloquent de la raison méconnue et outragée.

HOBBES ET LE MATÉRIALISME.

Hobbes, comme Descartes, mais trop tard, avait voulu penser par lui-même et refaire toute la science en commençant par les mathématiques. Malheureusement ni son âge, déjà trop avancé, ni son esprit, vigoureux mais étroit, ni son éducation toute scolastique ne lui permettaient de mener à bonne fin cette entreprise. En mathématiques, où Descartes brille d'un incomparable éclat, Hobbes ne réussit qu'à se rendre ridicule par ses réformes imaginaires dénuées de sens, et par la prétention qu'il affichait d'avoir trouvé la quadrature du cercle. Etant venu à Paris en 1634, et ayant recueilli, probablement de la bouche du P. Mersenne, cette idée de Descartes que tout se fait mécaniquement dans la nature, il ne voulut plus bâtir sur d'autres fondements. Mais dans ce princpe tout physique, par lequel Descartes voulait expliquer seulement l'univers matériel, il vit, contrairement à la pensée profonde de son auteur, le fondement de la métaphysique. Dès lors, il ne reconnut plus d'autres réalités que celles qui tombent sous les sens, et toute la philosophie se réduisit pour lui à la science des corps. Ce matérialisme décidé et très-dogmatique repose, dans la pensée de Hobbes, sur un scepticisme assez étrange, et dont l'auteur ne paraît pas entrevoir toutes les conséquences. La science, selon lui, est purement verbale ou logique, formelle et vide. En effet, les appellations des choses sont arbitraires; il y a des définitions de mots, il n'y a pas de définitions de choses, et surtout pas de définitions de choses éternelles, d'essences immuables comme celles que prétendent contempler et étudier les géomètres ; les essences éternelles sont des chimères; les enchaînements de pensées, les raisonnements par lesquels se forme la science, ne sont que des enchaînements de mots, et nous ne pouvons rien conclure touchant la nature des choses, mais seulement touchant leurs appellations : « *Veritas in dicto, non in re consistit* »; bien raisonner consiste uniquement à se mettre d'accord avec soi-même en parlant. A quoi Descartes observe avec un grand bon sens : « L'assemblage qui se fait dans le raisonnement n'est pas celui des noms, mais bien celui des choses; car qui doute qu'un Français et un Allemand ne puissent avoir les mêmes pensées ou raisonnements touchant les mêmes objets. »

L'auteur des *Méditations* ayant montré qu'il faut se défier des sens et de l'imagination, et qu'on peut douter, au moins momentanément, de l'existence des corps, Hobbes prétend que, selon Descartes lui-même, il n'y a plus rien de certain du tout.

Une idée, pour Hobbes, est une image, c'est-à-dire une figure ou un mouvement. « L'esprit lui-même n'est rien autre chose que le mouvement de certaines parties d'un corps organisé. » Nous n'avons, nous ne pouvons avoir aucune idée de la pensée pure, ni de l'esprit véritable (1). L'idée, c'est-à-dire l'image de moi-même, me vient, si on regarde le corps, principalement de la vue, si l'âme, nous n'en avons aucune idée, *nulla est omnino animæ idea*. Cependant la raison, c'est-à-dire, au sens de Hobbes, la logique purement verbale, « nous fait conclure qu'il y a quelque chose de renfermé dans le corps humain qui lui donne le mouvement animal, qui fait qu'il sent et se meut; et ce quelque chose, quoi que ce soit, sans en avoir aucune idée, nous l'appelons âme. » En un mot, l'âme se trouve au bout d'un raisonnement, mais nous n'en avons aucune image. « Ce » qui, remarque finement Descartes, est favorable » à ce que je dis; en effet, ma pensée est que nous

---

(1) V. Desc., *OEuv.* I, 484; obj. de Hobbes. Cf. texte latin; *Amstelodami*, 1656, p. 107 sqq.

» n'imaginons pas l'âme et que pourtant nous la » connaissons. » Descartes est d'autant plus à l'aise pour répondre à Hobbes, que celui-ci lui a pris le principe du mécanisme universel ; or, il est parfaitement évident que la connaissance est autre chose qu'un fait mécanique.

Le raisonnement de Hobbes sur Dieu est le même que celui sur l'âme. Nous n'avons de Dieu aucune idée, *nullam Dei habemus imaginem sive ideam*. Dès lors, vouloir établir l'existence de Dieu sur l'idée que nous en avons est une pure illusion et une manifeste pétition de principes, et toute l'argumentation cartésienne s'écroule d'elle-même, *tota collabitur*. Et il pense avoir ainsi terrassé Descartes qu'il n'a même pas touché ; car la pensée de celui-ci est qu'en effet nous n'imaginons pas Dieu et que cependant nous le connaissons. Chose digne de remarque, Hobbes accorde que l'idée de cause nous conduit forcément jusqu'à Dieu, cause première, mais il prétend que « nous l'affirmons sans en avoir l'idée. »

Notons encore un point qui a son importance et que nous retrouverons plus tard. Descartes pense avec raison que l'assentiment qui suit la vue claire des choses est essentiellement libre. « Nullement, » dit Hobbes ; que nous voulions ou que nous ne

» voulions pas, nous sommes contraints de croire
» les choses qui nous sont prouvées par de bons
» arguments. » — « C'est comme s'il disait, ré-
» pond Descartes, que soit que nous voulions,
» soit que nous ne voulions pas, nous voulons
» les choses bonnes quand elles sont clairement
» connues. »

Une observation générale qui n'a pas échappé au génie pénétrant de Descartes, c'est que le système tout entier de Hobbes s'évanouit comme un rêve devant la réflexion. Comment en effet prouver quelque chose avec des mots arbitrairement définis ? Dès que le raisonnement roule sur des mots et non sur des choses, tout est vrai et tout est faux, « et de la même façon et avec aussi juste raison qu'il conclut que l'esprit est mouvement, il pourrait aussi conclure que la terre est le ciel, ou telle autre chose qu'il lui plaira. » Sur une base purement arbitraire et qui se dérobe dans le vide, comment asseoir aucune affirmation, et, par là même aussi, aucune contradiction sérieuse ?

GASSENDI ET LE SENSUALISME.

De même que Bourdin représente dans ces discussions le scepticisme inconséquent, et Hobbes le matérialisme résolu, Gassendi est le représentant et l'avocat habile du sensualisme vulgaire. Tout ce qui est dans l'entendement, dit-il, lui vient du dehors et comme par rencontre. Il méconnaît l'activité propre de l'esprit, cette activité que Descartes mettait dans un si grand jour, et qui se manifeste non-seulement par l'acte de la réflexion, mais par les idées premières qu'il dégage de son propre fond.

Selon l'épicurien Gassendi, les objets extérieurs envoient des images d'eux-mêmes, lesquelles se « *coulent jusqu'au cerveau, s'attachent et s'unissent à l'âme avec des crochets imperceptibles.* » Comment donc les a-t-il vus?

Il est presque aussi sceptique que Hobbes. Comme le sophiste Protagoras, il proclame « que l'individu est la mesure de tout ; » il soutient « qu'il n'y a pas de choses vraies en soi, pas » même en mathématiques. » Dès lors, il est facile de prévoir ses objections.

Il approuve le dessein qu'a formé notre philosophe de se défaire de tous ses préjugés, mais il voudrait qu'il s'en fût acquitté « plus simplement et en peu de paroles ; » — « c'est-à-dire, observe Descartes, négligemment et sans précautions. »

« La preuve de l'existence du moi aurait pu se

» tirer aussi bien de toute autre action, se prome-
» ner par exemple, que de celle de la pensée. »
« — Vous vous méprenez bien fort, répond Descartes, car il n'y en a pas une de laquelle je sois entièrement certain, j'entends de cette certitude métaphysique de laquelle seule il est ici question, excepté la pensée. » On peut à la rigueur douter qu'on se promène, on ne peut douter qu'on le pense.

Mais, objecte Gassendi, l'enthymême, je pense, donc je suis, suppose une majeure, à savoir, celui qui pense est. « L'erreur la plus grave, répond Descartes, est que Gassendi suppose que la connaissance des propositions particulières doit toujours être déduite des universelles, en quoi il montre savoir bien peu de quelle façon la vérité se doit chercher. » Et, en effet, quelle vérité a trouvée Gassendi ?

La distinction de l'âme et du corps est incompréhensible pour lui comme pour Hobbes. Il lui est impossible de concevoir l'âme autrement que comme un « corps léger, un air subtil, un vent » infus dans le corps. » Homme de pure imagination, Gassendi ne peut même comprendre la pensée profonde qui a frappé si vivement l'esprit de Hobbes, et que celui-ci a empruntée à Descartes, à savoir que tout, dans le monde physique, se passe mathématiquement.

Dans la question des rapports de l'âme et du corps, on pourrait croire que Gassendi est animiste, s'il ne faisait l'âme matérielle, et s'il ne supprimait ainsi le problème.

En ce qui concerne l'existence de Dieu, l'esprit humain n'est pas capable, suivant Gassendi, de concevoir l'infinité en quoi que ce soit; par conséquent, il n'a pas l'idée de *l'être infini et parfait*; il est vrai de dire cependant qu'il a une certaine idée de Dieu, mais cette idée vient du dehors : « Nous ne formons l'idée de Dieu que sur ce que nous avons appris et entendu des autres, lui attribuant, à leur exemple, les mêmes perfections que nous avons vu que les autres lui attribuaient. » — « J'eusse voulu, répond Descartes, que vous eussiez ajouté d'où c'est donc que les premiers hommes, de qui nous avons appris et entendu ces choses, ont eu cette même idée de Dieu, car s'ils l'ont eue d'eux-mêmes, pourquoi ne la pourrions-nous pas avoir de nous-mêmes? que si Dieu la leur a révélée, donc Dieu existe. » Cette idée, selon un autre passage des objections de Gassendi s'est formée successivement, et elle est sujette à changement. « C'est là nier l'idée de Dieu, » reprend Descartes. Et il ajoute avec une netteté et une profondeur admirables : « Quand on a conçu une fois l'idée du vrai Dieu, encore que l'on puisse découvrir en lui de nouvelles perfections qu'on n'avait pas encore aperçues, son idée n'est point pourtant accrue ou augmentée, mais elle est seulement rendue plus distincte et plus expresse, d'autant que ces perfections ont dû être toutes contenues dans cette même idée que l'on avait auparavant, puisqu'on suppose qu'elle était vraie; de la même façon que l'idée du triangle n'est point augmentée lorsqu'on vient à remarquer en lui plusieurs propriétés qu'on avait auparavant ignorées. »

« Ne pensez pas que l'idée que nous avons de Dieu se forme successivement de l'augmentation des perfections des créatures (elle ne s'achèverait jamais ainsi); elle se forme tout entière et toute à la fois de ce que nous concevons par notre esprit l'Etre infini incapable de toute sorte d'augmentation. » Gassendi ne voit pas que pour augmenter par la pensée et porter au-delà de toutes bornes les perfections des créatures il faut d'abord penser l'infini véritable, penser Dieu. « Mais, réplique-t-il dans ses Instances, tout le monde n'expérimente pas en soi cette idée. » —« Alors, répond Descartes, qu'est-ce donc que votre croyance en Dieu? » Gassendi est obligé de nier *l'idée de Dieu* ; car s'il l'accordait, il accorderait en même temps que nous avons un sens pour percevoir Dieu, « toute idée venant des sens, » et par conséquent que Dieu existe.

D'une manière générale, il tourne le dos à son adversaire et évite ses raisons au lieu de les combattre.

Descartes a parfaitement saisi ce défaut de l'argumentation de son adversaire. « Vous n'avez pas tant employé, lui dit-il, les raisons d'un philosophe pour réfuter mes opinions, que les artifices d'un orateur pour les éviter. » Il a saisi avec non moins de pénétration la contradiction intrinsèque qui ronge au cœur cette philosophie superficielle. Sensualiste et même matérialiste en philosophie, spiritualiste en religion, Gassendi croit et ne croit pas en Dieu et en la spiritualité de l'âme. Il croit comme catholique, et ne croit pas comme philosophe. Au fond de son opinion, comme au fond de la pensée de Bourdin, ou découvre ce honteux scepticisme des bigots qui, atteints d'anémie intellectuelle, vont se coucher lâchement à l'ombre du mancenillier des religions positives, et veulent cependant se donner l'apparence de penser et de croire.

MERSENNE ET LES GÉOMÈTRES.

Les géomètres, en général, ne dépassent guère le point de vue tout physique où se complaisent le scepticisme, le matérialisme et le sensualisme. Mais le P. Mersenne et quelques-uns de ses amis ont su élever le débat jusque sur le terrain de la métaphysique. Les secondes et les sixièmes objections nous serviront donc de transition naturelle pour passer des observations toutes physiques de Bourdin, de Hobbes et de Gassendi aux discussions métaphysiques soulevées par Caterus et par Arnaud.

Mersenne et ses amis présentent leurs objections dans l'ordre suivant:

I. Je suis, dites-vous, une chose qui pense; mais que savez-vous si vous n'êtes point aussi un mouvement corporel, ou un corps remué?

II. L'idée de Dieu suffit, selon vous, pour prouver l'existence de Dieu, parce que l'effet ne peut avoir aucun degré de perfection ou de réalité qui n'ait été auparavant dans sa cause. Cependant les choses vivantes sortent des choses inorganiques dans lesquelles il n'y a point de vie.

Cette idée de Dieu, du reste, n'est qu'un être de raison; elle n'est pas plus noble que votre esprit qui la conçoit, et l'on retrouve dans votre esprit toute la perfection qui est en elle, sans avoir besoin de remonter jusqu'à un Dieu infini. Non-seulement votre raisonnement n'est pas convaincant, n'étant pas nécessaire, mais il est sophistique; car est-ce que l'idée d'un ange, par exemple, prouve que l'ange existe?

Si maintenant on recherche l'origine de cette idée, on voit qu'elle s'est formée peu à peu dans l'esprit humain, qu'elle s'est accrue avec les siècles jusqu'au degré où nous la voyons aujourd'hui. Et vous-même, peut-être ne l'eussiez-vous jamais eue, si vous aviez passé votre vie dans un désert; ce qui semble assez évident de ce que les Canadiens et les Hurons ne l'ont point.

D'ailleurs, cette idée ne représente peut-être en vous qu'un être corporel très-parfait.

Mais nous allons plus loin, nous disons que vous n'avez pas plus l'idée véritable de Dieu que celle d'un nombre ou d'une ligne infinie; que, l'eussiez-vous, cela ne prouverait rien, pas plus que l'idée d'un nombre infini, si on l'avait, ne prouverait qu'un tel nombre existe, car il est impossible. Ajoutez à cela que l'idée de l'unité et simplicité d'une seule perfection qui embrasse et contient toutes les autres, est, comme les idées des unités qui s'appelle nt *genres*, le produit de la généralisation et des opérations que celle-ci implique. Ces unités sont dans l'entendement et ne sont pas dans les choses. « L'idée de Dieu n'est que l'idée abstraite et générale de perfection. »

III. Nous avons à vous reprocher, dans cette démonstration, un cercle vicieux fort grave. Selon vous, la vérité de l'existence de Dieu est la première de toutes les vérités, et d'elle dépendent toutes les autres. Pourquoi donc l'appuyez-vous sur celle de votre propre existence?

Mais c'est une erreur de croire que toute vérité repose sur celle de l'existence de Dieu. Car un athée peut démontrer les vérités géométriques et posséder la géométrie.

Voyez cependant ce que l'athée objecte contre l'existence de Dieu. Si Dieu existait, il y aurait un souverain être et un souverain bien qui exclurait toute autre chose que ce soit, non-seulement toute autre sorte d'être et de bien, mais surtout toute sorte de non-être et de mal, car l'infini en tout genre de perfection exclut toute autre chose que ce soit. En un mot, si l'être infini et parfait était, il n'y aurait que lui.

IV. Vous pensez que Dieu ne peut nous tromper. Mais d'après les Ecritures Dieu ment; il ment.

absolument parlant : par exemple, il annonce ce qu'il ne veut pas faire. De plus, il fait le mal : ainsi il endurcit et aveugle Pharaon; il met dans ses prophètes un esprit de mensonge, etc., etc.

Mais d'ailleurs pour vous réfuter, il n'est pas nécessaire de supposer un Dieu trompeur. La cause d'erreur, au lieu d'être en Dieu, peut être en vous sans que vous vous en doutiez (et c'est ici l'objection capitale de Kant); que savez-vous si votre nature n'est point telle qu'elle se trompe toujours, ou du moins fort souvent, même dans les choses que vous pensez connaître clairement et distinctement?

V. Si la volonté ne doit se décider que d'après les idées claires et distinctes de l'entendement, nous devrons presque toujours demeurer dans l'indécision, particulièrement touchant la foi. Et les Turcs et les infidèles ne se convertiront jamais.

VI. Dans le troisième argument que vous employez pour prouver l'existence de Dieu, il faudrait conclure ainsi : « Dieu doit exister, *si sa nature est possible.* » Sans doute, cette nature ou essence de Dieu ne peut être conçue sans existence, en sorte que si cette essence n'implique pas contradiction et impossibilité, Dieu existe véritablement; mais on est en peine de la mineure, à savoir : cette existence n'implique-t-elle pas contradiction et impossibilité? Ici, quelques-uns de nos adversaires, ajoute Mersenne, doutent de votre mineure ; d'autres la nient, et avec quelque raison, ce semble, car cette clause de votre raisonnement, « *Après que nous avons clairement reconnu ou observé ce que c'est que Dieu* » n'est point remplie et ne peut l'être : n'avouez-vous pas vous-même, en effet, que vous ne comprenez Dieu qu'*imparfaitement?*

VII. Enfin, vous ne prouvez pas expressément l'immortalité de l'âme. «Voilà, ajoutent en terminant les philosophes, les théologiens et les géomètres qui s'expriment par la voix de Mersenne, voilà, monsieur, les choses auxquelles nous désirons que vous apportiez une plus grande lumière, afin que la lecture de vos très-subtiles, et comme nous estimons, très-véritables *Méditations*, soit profitable à tout le monde. »

« C'est pourquoi ce serait une chose fort utile, si vous prouviez le tout selon la méthode des géomètres en laquelle vous êtes si versé, afin que le lecteur puisse tout embrasser d'un seul coup d'œil et être rempli, pour ainsi dire, de la présence de la divinité, *ut unico velut intuitu lectoris cujuscumque animum expleas ac ipso numine divino perfundas.* »

RÉPONSES DE DESCARTES.

I. En ce qui concerne la première observation, Descartes fait remarquer qu'un *corps remué* ne constitue pas une *chose pensante*.

II. On doute de ce principe, *qu'il n'y a rien dans l'effet qui ne soit dans la cause*, et on cite comme exemple les êtres vivants sortant de la matière inorganique; mais les choses inorganiques ne sont pas la *cause totale* des choses organisées, si dans celles-ci il y a une perfection qui n'est pas dans celles-là. Car qu'il n'y ait rien dans un effet qui n'ait été d'une semblable ou plus excellente façon dans sa cause, c'est une première notion, et si évidente, qu'il n'y en a pas de plus claire, et elle n'est pas différente de cette autre commune notion que *rien ne se fait de rien*. C'est en nous appuyant sur elle que nous croyons à l'existence des corps dont les idées viennent frapper l'esprit. Si cette raison est valable pour les corps, elle est valable pour Dieu.

Cette idée de Dieu, dit-on, n'a pas plus de perfection que mon esprit qui la conçoit. Mais c'est précisément en partant de la perfection qui est dans l'esprit, c'est-à-dire de la faculté qu'il possède de concevoir Dieu, que je conclus que Dieu existe; et cette faculté se trouve en tout homme, même chez les Hurons. Il suffit, du reste, à ma preuve qu'elle se trouve en un seul. Si on fait intervenir la révélation divine, on en conclura aussi que Dieu existe.

L'idée d'un ange, comme je l'ai déjà dit, peut être *composée* des idées que nous avons de Dieu et de l'homme, et cela ne m'est en aucune façon contraire.

Quant à ce que vous ajoutez en ce lieu-là que l'idée de Dieu peut être formée de la considération des choses corporelles, c'est comme si vous disiez que nous n'avons aucune faculté pour ouïr et que par la seule vue des couleurs nous parvenons à la connaissance des sons, ou pire encore.

Nous n'avons pas, dites-vous, l'idée de l'être infini et parfait! Mais elle est tellement présente en nous, qu'elle est comme le fond même de l'entendement. C'est parce que nous nous en servons comme de mesure, que nous affirmons que d'autres choses sont ou ne sont pas infinies. C'est donc grâce à la faculté que nous avons de concevoir Dieu que nous concevons aussi d'autres choses infinies. Toute conception métaphysique ou géométrique dans laquelle entre l'idée de l'infini implique que nous concevons l'Infini véritable. Je dis maintenant que cette idée prouve que Dieu existe; car autrement on ne pourrait expliquer comment elle se trouve dans l'entendement.

Il y a une grande différence entre l'unité de la perfection divine et les unités génériques des Platoniciens; d'abord elle se forme par un acte simple de l'esprit et n'est pas le produit de la comparaison, de l'abstraction et de la généralisation. En second lieu, la simplicité de l'essence désigne en Dieu une perfection positive, car c'est la suprême perfection que toutes soient en une, que toutes soit une, tandis que l'unité générique, pure conception abstraite, n'est évidemment pas une perfection dans les individus. On dit qu'un nombre infini est impossible. Qu'est-ce que cela prouve? En résumé, nous avons la faculté de concevoir la perfection infinie par une opération simple et primordiale de l'entendement, et loin que l'être infini et parfait soit impossible, c'est cette opération qui serait impossible, si Dieu n'existait pas.

III. Quant à la pétition de principe qu'on me reproche, elle est seulement apparente. Pour qu'il y ait pétition de principes, il faut qu'il y ait raisonnement. L'intuition des vérités claires et évidentes échappe à un pareil reproche. Or, ici, nous apercevons intuitivement notre existence et celle de Dieu. Nous voyons ensuite que la vérité de l'existence de Dieu est, véritablement et en essence, la première de toutes, sans que la vérité de notre propre existence cesse pour cela d'être claire et évidente par elle-même.

Vous dites qu'un athée n'a pas besoin de cette vérité première : c'est là une illusion ; la science d'un athée n'est pas une science vraie, car elle peut être rendue douteuse. Qui lui dit que son esprit est fait pour bien voir les choses? Jamais il n'en donnera une raison valable, si, premièrement, il ne reconnaît l'existence de l'être parfait.

Maintenant qu'est-ce que ce principe de l'athée que l'infini en tout genre de perfection exclut toute autre chose que ce soit? Où l'a-t-il pris, lui qui croit que l'infini véritable n'est pas? Mais à quoi servirait l'infinie puissance, si l'être infini ne pouvait rien produire hors de soi?

IV. Dieu trompe et ment, dites-vous. Non, car il ne peut y avoir en lui ni malice, ni méchanceté, ni imperfection d'aucune sorte. Les paroles de l'Ecriture que vous citez sont des façons de parler accommodées à la capacité du vulgaire et qu'il faut savoir entendre dans le bon sens.

Laissons donc là la théologie et revenons à la philosophie.

Vous doutez de la raison. « Mais moi, dans les

jugements très-clairs et très-exacts, lesquels, s'ils étaient faux, ne pourraient être corrigés par d'autres plus clairs, ni par l'aide d'aucune autre faculté naturelle, je soutiens hardiment que nous ne pouvons être trompés. » Tout ce qui est réalité, perfection en nous, vient de l'Etre parfait; or, nous avons une faculté réelle pour connaître le vrai et le distinguer d'avec le faux, ce qui est évident de ce que nous avons en nous les idées du vrai et du faux: donc cette faculté n'est pas trompeuse.

Que nous importe maintenant que quelqu'un vienne nous dire: Ces propositions qui vous paraissent parfaitement claires et vraies, comme celle-ci, *je pense, donc je suis*, cette autre dont elle semble se tirer, *pour penser il faut être*, cette autre encore, *ce qui a été fait ne peut pas ne pas avoir été fait*, et cent autres aussi claires, sont peut-être fausses absolument.

Ce doute n'est qu'un jeu d'esprit, une apparence fausse; au fond il n'existe pas, car il est impossible à l'esprit de le former. En effet, « pour douter de ces choses, il faut y penser; or, il est impossible d'y penser sans y croire avec une entière certitude, en sorte qu'on ne peut essayer d'en douter sans en être en même temps certain. » Le doute, lorsqu'on l'envisage dans son essence vraie, implique la vue et la certitude de la vérité.

Qui doute aperçoit la vérité absolue, non tout entière, ce qui est impossible, mais au moins sous quelques-unes de ses faces qui sont les vérités simples, claires et distinctes.

Ce sont ces vérités simples, claires, évidentes qui lui permettent de douter de celles qui ne le sont pas; le doute qui essaie de se retourner contre elles est un doute qui s'anéantit lui-même, un jeu de l'esprit sophistique, une vaine apparence que l'œil pénétrant du philosophe perce à jour, et au-delà de laquelle il montre la pure lumière et l'absolue certitude. — « Mais, dit-on, des per-
» sonnes se sont trompées en des choses qu'elles
» pensaient voir plus clairement que le soleil. »
— Les personnes qui se sont ainsi trompées sont celles qui s'en sont rapportées aux sens ou aux préjugés et non celles « qui ont tiré toute la clarté de
» leur perception de l'entendement seul. Nous
» n'avons jamais vu, ni nous ni personne, que
» cela soit arrivé à ceux qui n'ont cédé qu'à la lu-
» mière de la raison. » — Il faut bien, du reste, qu'il y ait un point fixe et une mesure immuable à laquelle on s'en rapporte pour apprécier l'erreur; sans cela comment découvrirait-on qu'on s'est

trompé? Ce point fixe, cette mesure absolue est dans les propositions simples et distinctes, dans les idées claires. Le sceptique qui s'appuie sur les erreurs des hommes pour soutenir son doute universel ne s'aperçoit pas qu'il contemple et affirme lui-même la vérité absolue. Voilà ce que répond Descartes, et avec raison. En effet, l'âme humaine ne peut pas plus se séparer de cette vue et de cette certitude qu'elle ne peut se séparer d'elle-même. Le doute absolu, vrai et sincère, s'il était possible, serait l'abdication de la pensée et le renoncement à l'être; il s'appellerait *silence et néant.*

Mais ce n'est pas seulement l'impossibilité de douter qui décide Descartes à affirmer. Il affirme la lumière naturelle, d'abord parce qu'il ne peut pas ne pas la voir, parce qu'elle est présente à son esprit et qu'elle l'éclaire; ensuite, parce qu'il voit qu'elle est un rayon de la lumière éternelle et parfaite. Son affirmation a donc une raison positive, et cette raison positive est la perfection de Dieu. C'est là qu'il va chercher la dernière et suprême raison d'affirmer : c'est là aussi qu'il ira puiser la connaissance des principes premiers et des lois premières de la nature. Puisque dans l'ordre de l'être, tout vient de la perfection de Dieu, dans l'ordre de la connaissance tout doit s'expliquer par elle. Elle est le principe premier de la science, comme elle est le principe premier de l'existence.

L'affirmation de l'Etre parfait est donc l'affirmation première et fondamentale. Maintenant sommes-nous libres, ou sommes-nous contraints et forcés, en affirmant Dieu? Selon la pensée expresse de Descartes (1), c'est avec la liberté la plus entière que nous affirmons les choses évidentes. Ce qui est parfaitement évident est vrai, ce qui est vrai est bien, et le fond de notre être est l'amour du bien. C'est donc le bien et le vrai que nous voulons; mais nous ne le connaissons pas toujours. L'ignorance est, au fond, l'unique ou du moins la principale entrave de la liberté. Déliez l'entrave par la connaissance, et du mouvement le plus libre l'âme, qui aime le vrai, se porte vers lui et l'affirme. D'où il suit que c'est par un acte de volonté souverainement libre, parce qu'il est souverainement éclairé, que nous affirmons Dieu. Dans cette affirmation, il y a donc quelque chose qui vient de nous: c'est cet acte de liberté, de bonne volonté, par lequel nous voulons le bien, nous voulons Dieu. Il y a des hommes qui le *voient* et ne le *veulent* pas ou ne le

(1) V. plus haut, Hobbes. Cf. *Médit.* 4 et II, p. 349.

veulent pas assez; ce ne sont pas ceux, peut-être, qui ont moins de lumières, mais ceux qui aiment moins. Descartes a cette tendresse de l'âme sans laquelle il n'y a pas de génie complet. Aussi malgré la sévérité de ce style géométrique, remarquez comme l'amour de Dieu éclate par moments dans ces austères Méditations et dans ces Réponses d'une concision si sévère. Ces moments sont rares, il est vrai, parce que Descartes tient l'enthousiasme en bride; mais alors la poésie jaillit éclatante et pure, comme une source d'eau vive au milieu du désert. C'est pourquoi Mersenne a pu dire de son ami, avec un accent pénétrant : « *Divinum amorem spirat;* » et Clerselier : « Il inspire si doucement l'amour de Dieu! » Il respire en effet et inspire cet amour, et ceci nous explique, en partie peut-être, pourquoi les génies les plus tendres du XVIIe siècle, les plus épris de l'amour de Dieu, Spinoza, Malebranche, Fénelon sont sortis de son école.

L'affirmation de Dieu étant l'affirmation première et fondamentale, sans laquelle il n'y en a point d'autre valable, la science commence donc par un acte de libre adhésion et de bonne volonté, et elle se continue par un acte semblable, incessamment renouvelé, sans lequel l'homme se réduirait au scepticisme complet, à celui dont l'essence est de ne penser point. Ajoutons que cette libre affirmation se justifie non-seulement par elle-même, par son principe, mais par ses conséquences. En assurant en effet le mouvement de l'esprit humain, elle assure les progrès, les conquêtes et les bienfaits de la science. La science est bonne. Au-dessus de l'intelligence en Dieu, Descartes nous a montré la volonté libre, la bonté souveraine et absolue. Dans la science, au-dessus de l'évidence, critérium suffisant, mais pourtant inquiétant aux yeux de plusieurs, limite inférieure qu'il faut d'abord atteindre, il trouve aussi la bonté, critérium supérieur au-delà duquel l'âme satisfaite ne cherche plus rien.

V. Touchant les choses que la volonté peut embrasser, j'ai toujours mis une très-grande distinction entre l'usage de la vie et la contemplation de la vérité.

VI. La nature ou essence de Dieu est possible, car je n'ai rien supposé en elle que les choses que nous concevons clairement et distinctement lui devoir appartenir, et qui s'accordent parfaitement entre elles. La simplicité de l'essence divine, contenant toutes les perfections en une seule, où elles sont comme en leur source, exclut même toute contradiction, et pour employer le langage dé l'école, toute *implicance*. Donc véritablement Dieu existe. Nous apercevons clairement la convenance et le lien nécessaire des deux idées de perfection et d'existence : la première contient la seconde; la perfection est la vraie raison d'être. Une chose a d'autant plus de raison d'être que son essence renferme plus de perfection, et la perfection absolue renferme l'existence nécessaire. — Mais nous connaissons imparfaitement Dieu. — Sans doute; aussi pour affirmer qu'il est, il n'est pas nécessaire que nous embrassions tout le contenu de ce concept, il suffit que nous voyions que l'existence nécessaire y est comprise.

VII. Je n'ai point prouvé l'immortalité de l'âme parce que la démonstration de l'immortalité implique les principes de physique, celui-ci entre autres, que nulle substance ne peut périr si Dieu ne lui dénie son concours et ne la réduit ainsi au néant. Mais Dieu ne changeant point, il est clair que l'âme est immortelle. On me dit : Dieu pourrait, cependant, lui refuser son concours! Je n'ai pas assez de présomption pour essayer de prouver qu'une chose est impossible à Dieu. Il suffit de reconnaître que l'âme, selon le cours ordinaire de la nature, est immortelle; un philosophe ne demande rien de plus.

On me prie, en terminant, de disposer géométriquement mes preuves; je l'ai déjà fait : j'ai suivi l'ordre que les géomètres appellent *analyse*. Quant à la *synthèse* qu'on me demande sans doute ici, elle est possible mais bien plus difficile en métaphysique qu'en géométrie; « car les premières notions qui sont mises en avant pour démontrer les propositions géométriques ayant de la convenance avec les sens, sont reçues facilement de chacun. Au contraire, touchant les questions de métaphysique, la principale difficulté est de concevoir clairement et distinctement les premières notions. Bien que par elles-mêmes elles soient aussi claires et même plus claires que celles qui sont considérées par les géomètres; toutefois, comme elles ne s'accordent pas avec les préjugés des sens, elles ne sont parfaitement comprises que par les esprits méditatifs, capables de réflexion. C'est pourquoi j'ai écrit des *Méditations* plutôt que des disputes, comme les philosophes, ou des théorèmes et des problèmes comme les géomètres. Néanmoins, puisqu'on me le demande, j'ajouterai quelque chose dans le style synthétique des géomètres. »

Il donne en effet la synthèse qu'on réclame de lui; ce morceau, digne de la puissance du génie de Descartes, est la condensation de tout ce qui a été vu précédemment, et nous sommes dispensé par là même de l'analyser. Le premier théorème contient la preuve de l'existence de Dieu, tirée de la seule considération de son essence. Cette synthèse est le modèle qui a servi à Spinoza, mais que celui-ci n'a pas su reproduire exactement, ayant oublié sans doute cette remarque profonde de Descartes : « A quoi servirait donc la puissance » infinie, si l'Être infini ne pouvait rien pro- » duire hors de soi ? »

Mais nos géomètres ne sont pas satisfaits. Ne pouvant se détacher des considérations purement physiques, ils n'arrivent pas à l'intelligence de cette métaphysique lumineuse. Pourquoi donc, objectent-ils, et d'autres sans doute avec eux, dans les sixièmes objections, pourquoi donc ne pouvons-nous vous comprendre, quoique nous ayons lu plus de sept fois vos prétendues preuves?

Parce que, répond en substance Descartes, votre esprit habitué à parcourir et à mesurer le monde des sens et de l'imagination, et à se reposer sur des images sensibles, sans regarder au-delà, est naturellement inhabile à pénétrer dans le monde de la pensée, à concevoir les choses qui, n'ayant rien de la matière, sont purement intelligibles.

Cependant, ce monde, nous le portons en nous; ces choses sont nous-mêmes, et c'est pourquoi il n'est pas difficile au fond de contracter l'habitude qui nous permet de les voir; mais encore y faut-il quelque effort, surtout en commençant. Cet effort, d'autres l'ont fait, et ils ont vu et expérimenté ce que j'ai aperçu clairement moi-même. N'y eût-il qu'une seule personne qui eût réussi après moi, — et il y en a plusieurs, — son affirmation a une valeur absolue et infinie que ne peut ni ruiner ni affaiblir le doute et l'insuccès de mille autres. Ainsi (1), l'affirmation d'un navigateur qui a fait le tour de la terre et vu les antipodes a une valeur infinie en face de toutes les dénégations qu'on oppose à la réalité et à la possibilité des antipodes.

Quand on a pénétré une fois dans ce monde qu'ouvre la réflexion intérieure, on s'aperçoit que tout y est plus clair que dans celui des sens.

— Mais pourtant la pensée ne peut-elle être du mouvement? et l'esprit un corps remué?

— On ne peut tirer d'une chose ce qui n'y est pas contenu, ou bien il faut renoncer aux idées claires. Jamais évidemment on ne fera sortir la pensée du mouvement et de l'étendue, qui ne la con-

---

(1) II, p. 331.

tiennent pas. Nous le sentons si bien, nous le voyons si clairement, que partout où se manifeste le mouvement, nous plaçons, pour l'expliquer, quelque chose d'analogue à l'âme, des *formes substantielles*, des *qualités réelles*, choses conçues d'après le type de l'activité spirituelle que nous portons en nous. Bien loin que le mouvement explique pour nous l'âme et la pensée, nous nous servons de l'âme et de la pensée pour expliquer le mouvement. Sans doute, ces formes substantielles, abstractions réalisées, appellations générales personnifiées, comme la pesanteur ou la *vertu dormitive,* ne sont pas de vraies causes du mouvement, — et c'est pourquoi je mets à la place l'action première de Dieu; — mais elles montrent que le mouvement implique quelque chose de distinct de lui-même, à savoir l'activité spirituelle qu'il ne produit pas, et par laquelle il est produit.

L'impossibilité de tirer la pensée de l'étendue est plus grande encore et non moins évidente.

En réfléchissant à cela, nous voyons que nous avons deux notions typiques, claires et distinctes, simples et irréductibles, celle de l'étendue dont le mouvement est un mode, puisqu'il n'est, considéré indépendamment de l'activité spirituelle dont il émane, qu'un simple changement de relation dans l'étendue, et celle de la pensée ou action spirituelle, lesquelles servent à expliquer les autres et ne peuvent être expliquées elles-mêmes par aucune autre plus claire. Ainsi ces deux idées servent à rendre raison des formes substantielles et des qualités réelles, de la pesanteur, par exemple, telle que la conçoit la philosophie vulgaire. La pesanteur *porte* les corps vers le centre de la terre, comme si elle avait quelque connaissance de ce centre, et, par conséquent, est conçue comme un esprit; mais de plus elle est divisible, mesurable, etc., et, par conséquent est conçue comme quelque chose d'étendu et de matériel; nous y faisons entrer à la fois, sans les identifier pourtant, les deux idées de la pensée et de l'étendue. Les formes substantielles et les qualités réelles, à l'analyse, rendent les deux éléments dont elles se composent et qui les expliquent. Nous reconnaissons donc toujours, au fond, la distinction de la chose étendue et de la chose pensante, même quand nous voulons ou pensons les confondre. Tel est l'esprit de la réponse de Descartes.

Il est parfaitement vrai que ces deux choses, l'esprit et la pensée, sont et demeurent toujours distinctes pour nous; il est encore parfaitement vrai et parfaitement évident que l'esprit « ne peut être tiré des puissances de la matière; » mais peut-être ici l'inverse n'est-il pas vrai. Si le *plus* ne peut se tirer du *moins*, ni le *supérieur* de *l'inférieur*, car, tout a une cause, le *moins* peut sortir du *plus*, l'*inférieur* du *supérieur*, dont il est un *degré*, une diminution. Dès lors, après avoir, avec Descartes, distingué et séparé deux mondes, celui de l'étendue et celui de la pensée, il y a lieu de se demander si on ne pourrait pas les ramener à l'unité, à cette unité que la raison réclame et que Descartes a lui-même cherchée plus d'une fois, et s'il n'est pas possible d'expliquer la matière par l'esprit. Descartes observe d'abord que nous regardons le mouvement comme la manifestation de l'activité spirituelle, et il l'explique par une action directe de Dieu imprimée à l'origine, qui se continue et se continuera toujours en vertu de l'immutabilité divine. Le mouvement étant essentiel à la matière, l'esprit apparaît déjà ici comme le fond actif et réel des choses matérielles. Descartes a fait une guerre victorieuse aux *formes substantielles*, aux *qualités occultes*, « efficaces à elles toutes seules, et créatrices sans conditions déterminées, sans lois, sans moyens intelligibles de tous les faits de mouvement, lutins qui accomplissaient sans façons et sans outils tout ce que voulait un philosophe » (Ravaisson et Leibniz); elles se sont à jamais évanouies, comme un rêve de l'imagination ténébreuse du Moyen-Age, devant la lumière nouvelle qu'il apportait; mais s'il les a dissipées et mises en fuite, c'est qu'elles n'étaient pas l'activité spirituelle vraie; c'est qu'elles n'étaient que des *mots* et ne représentaient que le *caprice*, et c'est pourquoi il les a remplacées par une impulsion *venue de Dieu*, et dont la distribution est réglée par *les lois de la mécanique*. Mais si l'idée des lois mathématiques du mouvement ne peut donner lieu à aucune objection, et si elle est une des plus belles conceptions du génie humain, il n'en est pas de même, peut-être, d'une impulsion primitive attribuée directement à Dieu.

Tout mouvement est fini de sa nature: comment concevoir que l'action de la Puissance infinie soit limitée et se manifeste, comme le veut du reste Descartes, par une quantité finie et déterminée de mouvement? Et pourquoi telle quantité plutôt que telle autre? Si on peut passer par-dessus ces objections, il est difficile d'admettre avec Descartes le pur automatisme des animaux et l'action directe de Dieu en eux, et de se tirer des objections autrement nombreuses et redoutables qui se présentent alors en quelque sorte d'elles-mêmes à l'esprit.

C'est pourquoi sans abandonner, au fond, la doctrine de Descartes, puisqu'il voyait sous le mouvement l'action spirituelle, nous pensons avec Leibniz, qu'il faut reconnaître dans la nature une infinité, infiniment infinie, de forces secondes, de *monades* inégales en perfection, mais toutes analogues à l'âme. La Puissance infinie « qui peut créer et produire hors de soi, » les crée en leur donnant, sans rien perdre, quelque chose d'elle-même, et les projette hors de soi tout en restant leur soutien; et à chacun des degrés infinis que la pensée, selon Fénelon, peut concevoir dans l'Etre parfait, correspond un nombre infini de forces simples ou d'âmes. Ces âmes manifestent leur activité finie par le mouvement, et sont soumises dans ces manifestations aux lois de l'universelle et immuable mathématique. L'action finie, « la tension, » qui suit le vouloir ou la pensée, convient à une force finie, et de plus, nous en avons une notion parfaitement claire; elle serait donc le trait d'union entre le vouloir qui est une pensée, et le mouvement qui s'accomplit dans l'étendue. Descartes lui-même regarde cette « notion de l'action » comme tellement claire, qu'il n'y en a pas qui le soient davantage, et qu'elle est parmi les notions simples et premières qui servent à expliquer les autres et qu'aucune autre n'explique. (Lettre à la princesse Elisabeth, IX, p. 150.)

Maintenant, par quel lien intelligible rattacher l'étendue à la pensée ou activité spirituelle? L'espace étant infini, peut être attribué à l'action directe de l'Etre infini; Dieu le produit en créant hors de soi l'infinité infinie des monades : c'est le lieu des forces finies, la condition de leur coexistence, du déploiement de leur activité et de leur mouvement. Nous sommes encore ici avec Descartes en même temps qu'avec Leibniz, car, selon Descartes, c'est Dieu qui crée l'étendue en créant la matière.

Pour Descartes, comme pour Leibniz et comme pour nous, l'esprit est donc le fond dernier et la substance vraie des choses matérielles; et si la matière, réduite à l'étendue et au mouvement, peut encore s'appeler *substance*, ce n'est qu'en un sens tout relatif. Elle n'est qu'un ensemble de phénomènes comme l'ont bien vu, du reste, de nos jours, les positivistes; et, ainsi que le dit Leibniz, c'est un phénomène ordonné suivant les lois de la mathématique. Il n'y a d'être véritable, de substance vraie que l'esprit, car être et penser, c'est même chose (1). Descartes donc a d'autant plus raison de distinguer l'esprit de la matière, que l'esprit est substance et que la matière ne l'est pas.

Tenter d'expliquer l'esprit par la matière, le plus par le moins, le supérieur par l'inférieur, telle est l'essence, et telle est la tentative contradictoire et impossible du matérialisme; expliquer l'inférieur par le supérieur, le moins par le plus, la matière par l'esprit, telle est l'essence, et telle est l'œuvre possible et raisonnable du spiritualisme; et c'est parce que Descartes, le premier dans les temps modernes, a entrepris cette œuvre grandiose avec une claire conscience de ce qu'il faisait, et avec une méthode scientifique sévère, après en avoir esquissé le plan d'une façon magistrale; c'est surtout parce qu'il l'a éclairée tout d'abord d'un éclatant rayon de lumière, qu'il est à juste titre nommé le père du spiritualisme moderne.

— Mais, poursuivent les adversaires de Descartes, fidèles à la pensée fondamentale du matérialisme, ou désireux seulement de le voir s'expliquer sur toutes les difficultés, les âmes ne sont-

---

(1) Ce qui dans notre 1er vol., p. 225 sqq., pourrait paraître contraire à l'exposition qui précède, doit être considéré comme une interprétation inexacte de la pensée de Descartes.

elles pas produites dans l'acte de la génération? — Quand cela serait, et vous n'en savez rien, il s'ensuivrait seulement que les âmes procèdent des âmes, comme les corps des corps. — Ce qui condamne votre système, ajoutent-ils (et c'est à peu près ce que répétera plus tard M. Littré), c'est que vous refusez l'âme aux bêtes, même aux chiens et aux singes. — Mais, quand j'attribuerais la pensée aux singes et aux chiens, il ne s'ensuivrait pas de là que l'âme humaine n'est point distincte du corps, mais plutôt que dans les autres animaux les esprits et les corps sont aussi distincts. L'automatisme, en effet, n'est nullement la conséquence nécessaire des principes de Descartes.

Mersenne fut satisfait, et avec lui, sans doute, bon nombre de ceux dont il avait recueilli les critiques. « Aux objections que j'ai faites, dit Mersenne (1), Descartes a fait la réponse que vous avez maintenant entre les mains et qui m'a ravi en admiration. J'ai cru que Dieu avait mis en ce grand homme une lumière toute particulière. Je vois que dans toutes ses réponses son esprit se soutient si bien et qu'il est si ferme sur ses principes, et de plus qu'il est si chrétien et qu'il

---

(1) OEuv. Desc. ix, p. 85, sq. Lett. de Mers. à Voet.

inspire si doucement l'amour de Dieu que je ne peux me persuader que cette philosophie ne tourne un jour au bien et à l'ornement de la vraie religion. Après avoir vu M. Arnaud, cet excellent géomètre, soutenir, comme il fait, que cette doctrine ne peut être contestée par celui qui l'a une fois bien comprise, après l'avoir aussi vu convaincre par ses raisons tous ceux qui lui ont voulu faire résistance, quelque opiniâtres qu'ils fussent, je me suis d'autant plus confirmé dans cette pensée que cette philosophie et façon de philosopher est véritable, et qu'avec le temps elle se fera jour par sa lumière (1). » Elle s'est fait jour, en effet, elle a été celle du xviie et du xviiie siècle; et le xixe, quelque contraires que soient les apparences, au fond n'en connaît point d'autres. En proclamant et en maintenant la liberté spirituelle, mère de la liberté politique, en proclamant et en maintenant l'autorité absolue de la raison, nous sommes tous les vrais disciples de Descartes.

CATERUS ET LA THÉOLOGIE.

Caterus est d'accord avec Descartes sur presque tous les points, et surtout sur cette règle générale,

---

(1) Ed. 1724, tom iii. 1re lettre latine après la Préface.

« que les choses que nous concevons fort clairement et fort distinctement sont toutes vraies. »
Il ne demande que des éclaircissements.

En ce qui concerne l'existence de Dieu, il arrive vite « au nœud de la difficulté, qui est de savoir ce qu'il faut entendre par le nom d'*idée*, et quelle cause cette idée requiert. » L'idée est un acte de l'esprit. Cet acte n'implique pas toujours, ce semble, que les choses pensées existent. Par exemple, l'idée d'une chimère ne peut prouver que la chimère existe. Comment donc l'idée de Dieu prouverait-elle l'existence de Dieu. — La chimère n'existe pas, cela est vrai. Cependant l'acte de l'esprit, par lequel je la conçois, étant quelque chose de réel, tâchons d'en rendre compte. Cela est facile. J'ai vu différents animaux et, par un travail fort simple de l'imagination, j'assemble diverses parties des uns et des autres pour en composer l'*idée* d'un animal fantastique qui n'existe pas, *mais dont les éléments existent, et dont sans cela je n'aurais nulle idée*. On pourrait déjà en conclure que la notion d'une chose parfaitement simple prouve que cette chose existe, et que l'idée de la simplicité parfaite de l'essence divine, ou de la perfection absolue prouve la réalité de l'être parfait. Mais considérons de plus près l'acte de l'esprit qui conçoit une chose, par exemple, une machine plus ou moins ingénieuse. (Je prierai ici le lecteur de prendre avec moi un exemple récent et bien connu.) Watt conçoit sa machine, et, en particulier, ce qui en est l'artifice principal, le *parallélogramme* par lequel le mouvement de va-et-vient du piston se transforme en mouvement circulaire. C'est là une belle et admirable conception. La beauté, la perfection de cette conception, appelons-la avec Descartes et avec l'Ecole, sa perfection objective, ou réalité représentative, eu égard à l'*objet* qu'elle *représente*. Comment expliquer cette perfection ? Il ne suffit plus ici d'un travail fort simple, et en quelque sorte passif de l'imagination : un mécanicien ordinaire n'eût pas trouvé cela. C'est la perfection *formelle* ou *éminente* du génie de Watt qui rend compte de la perfection objective de l'idée; *formelle* si elle ne contient rien de plus que l'idée qu'elle produit, *éminente* si elle est supérieure à son effet.

CATERUS ET LA THÉOLOGIE.

Nous dirions la même chose, et à plus forte raison encore, ce semble, s'il s'agissait des plus parfaites créations du génie poétique. De là cette variante importante de l'axiome déjà énoncé « que tout a sa raison » à savoir, que toute perfection dans la conception, dans l'idée, doit se retrouver *formellement* ou *éminemment* dans sa cause. C'est donc à bon droit que Descartes dit : « Toute la perfection ou réalité qui n'est qu'objectivement, ou représentativement, dans cette idée d'une machine, doit, par nécessité, être *formellement* ou *éminemment* dans sa cause, quelle que puisse être cette cause; » et qu'il ajoute : « Le même aussi faut-il penser de la réalité objective qui est dans l'*idée de Dieu*. Dans l'idée de Dieu toute la perfection est comprise que l'on puisse jamais concevoir : on peut de là conclure très-évidemment que cette idée dépend et procède de quelque cause qui contient en soi véritablement toute cette perfection; à savoir de Dieu véritablement existant. »

Cette idée ne vient pas du dehors, comme le disait, comme le croyait peut-être Gassendi; elle vient du dedans, « elle appartient à la nature de notre esprit. » Aussi, pour bien comprendre cette preuve, il ne faut pas seulement considérer l'idée d'une manière abstraite, mais la faculté qu'a l'esprit de la former. « Cette faculté d'avoir en soi l'idée de Dieu ne pourrait être en nous, si notre esprit était seulement une chose finie, comme il est en effet, et s'il n'avait point pour cause de son être une cause qui fût Dieu. *Là est toute la force de cet argument.* »

« C'est pourquoi, outre cela, j'ai cherché si je pourrais être, en cas que Dieu ne fût point, non tant pour apporter une raison différente de la précédente que pour expliquer celle-ci plus parfaitement. »

Cette seconde preuve n'est pas, comme le croit Caterus, celle que donne saint Thomas après Aristote. Saint Thomas et Aristote voyant que l'homme n'est point par soi, essayent de remonter la série des causes secondes, et remarquent qu'il est nécessaire de s'arrêter à une cause première. Telle n'est point la preuve que j'ai donnée, dit Descartes, aussi exact et aussi sévère dans sa métaphysique que dans sa géométrie; car, premièrement, l'existence de Dieu est beaucoup plus évidente que celle d'aucune cause seconde et sensible; et, en second lieu, en essayant de remonter ainsi la série des causes secondes, je ne ferai que constater l'impuissance de mon esprit. « Je ne puis comprendre que de telles causes se soient succédé les unes aux autres pendant l'éternité, sans qu'il y en ait une première; mais certes, de ce que je ne puis comprendre cela, il ne s'ensuit pas qu'il doive y en avoir une première. » Ainsi, je ne puis comprendre une infinité de divisions en une quantité finie; il ne s'ensuit pas pour cela qu'il y ait une dernière fraction indivisible; il s'ensuit seulement que mon entendement qui est fini ne peut *comprendre* (embrasser) l'infini. L'infini peut être aperçu clairement et comme touché, mais non embrassé par la pensée. C'est pourquoi ma preuve, dit Descartes, ne demande aucune série de causes; elle s'appuie sur l'existence actuelle du *moi*, esprit fini et imparfait, qui pense l'Etre parfait. Cette existence actuelle, cette pensée actuelle impliquent clairement l'existence actuelle de l'Etre parfait; car il est clair qu'étant imparfait, je ne suis point par moi et que je n'ai pas la puissance de me conserver un seul instant. Passant à une observation faite par Caterus, Descartes montre que lorsqu'on dit que Dieu est par soi, il faut entendre cette expression, non en ce sens négatif qu'il n'est point par un autre, mais en ce sens très-positif qu'il est cause de lui-même. Il a en lui-même, en effet, dans son essence parfaite, dans son immense et inépuisable puissance, il a très-positivement la cause et la raison suffisante de son être et de la permanence de son être (1). « Tout a sa cause ou sa raison ; cet axiome est absolu, » et s'applique ici comme partout.

Ceci nous conduit à l'appréciation du troisième argument. Cet argument est encore différent de la preuve qui paraît lui ressembler dans saint Thomas. Saint Thomas, après saint Anselme, s'appuie uniquement sur la définition du mot *Dieu*. Descartes part non d'une définition de mot, qui peut paraître arbitraire, mais de l'acte de l'esprit qui conçoit Dieu comme l'Etre parfait, de la même manière qu'il conçoit le triangle et la sphère, c'est-à-dire avec la vue nette et distincte de sa *possibilité*. Toute conception claire d'un objet mathématique sphère ou triangle, etc., est accompagné de l'intuition également claire de la possibilité absolue de cet objet. C'est là une chose essentielle en tout raisonnement mathématique, et qu'on oublie trop souvent lorsqu'on tente de suivre Descartes dans l'application de la méthode géométrique à la métaphysique. Le triangle étant possible, il est contenu dans son idée, il appartient à son essence, que

(1) On pourrait croire que Descartes a tort peut-être dans l'expression lorsqu'il dit que Dieu se conserve et persévère dans l'être, parce qu'il paraît faire tomber Dieu dans le temps ; mais cette permanence est précisément son éternité.

ses trois angles soient égaux à deux droits. Voyons maintenant ce qui appartient à l'essence ou idée de cet être parfait que nous concevons d'abord clairement avec l'existence possible.

Si nous ne trouvons rien, ni dans l'idée du triangle, ni dans celle de la sphère qui puisse les faire passer de la possibilité à l'être, et s'il faut, pour expliquer leur réalisation une raison prise en dehors de leur idée ou essence, il n'en est pas de même de l'idée de Dieu, laquelle comprend la puissance sans bornes et par conséquent la cause, la raison d'être. Un géomètre ne peut nier cette preuve sans nier la géométrie qui attribue aux objets qu'elle considère *tout ce qui est contenu dans leur idée.* « *Quia cogitare non possumus ejus existentiam esse possibilem, quin simul ad immensam ejus potentiam attendentes cognoscamus illud ens propria sua vi posse existere, hinc concludemus ipsum revera existere atque ab æterno exstitisse.* »

. « Je confesserai librement, ajoute Descartes, que cet argument est tel que ceux qui ne se ressouviendront pas de toutes les choses qui servent à sa démonstration le prendront aisément pour un sophisme; et que cela m'a fait douter au commencement si je m'en devais servir... Mais, pour ce qu'il n'y a que deux voies par lesquelles on puisse prouver qu'il y a un Dieu, savoir l'un par ses effets et l'autre par son essence, où sa nature même, et que j'ai expliqué autant qu'il m'a été possible la première dans la troisième Méditation, j'ai cru après cela que je ne devais pas omettre l'autre. »

« Dans cette preuve, dit M. Félix Ravaisson (1), Kant a montré avec raison le fondement nécessaire de toutes les autres preuves... En Dieu l'essence et l'existence, autrement dit la virtualité et la réalité, la puissance et l'acte ne font qu'un. Si des choses finies, où l'on conçoit une possibilité qu'une cause actuelle amène à la réalisation, on s'élève par la suppression de leurs limites à la conception d'un être infini, on trouve que sa possibilité est celle de quelque chose que rien ne peut borner ni empêcher, et que par cela même elle implique l'existence. » Descartes dit, avec plus de précision peut-être encore, que c'est la possibilité d'une chose qui a dans son essence sa raison d'être.

L'observation de Caterus relative à la distinction de l'âme et du corps, rentre dans celle que fit Arnaud.

(1) Rapp. sur la Phil. en France, p. 260.

ARNAUD, LA MÉTAPHYSIQUE ET LA THÉOLOGIE.

De ce que je conçois distinctement l'âme sans le corps, dit Arnaud, il ne s'ensuit pas que ces deux choses soient réellement distinctes et séparables. Un ignorant conçoit distinctement un triangle rectangle, sans savoir que le carré de sa base est égal aux carrés des côtés: a-t-il donc le droit de conclure que cette propriété n'appartient pas au triangle rectangle? Il est peut-être de mon essence, non-seulement de penser, mais d'être étendu. De ce que je pense, j'affirme que je suis un être pensant et cela est naturel; mais de là à conclure que je suis *seulement* une chose qui pense il y a loin, et la conclusion ne paraît pas valable. L'argument, du reste, prouverait trop; car il s'ensuivrait que je suis un pur esprit, que rien de corporel n'appartient à mon essence, opinion de quelques platoniciens que Descartes lui-même repousse, car il ne veut pas qu'on dise que l'homme est seulement un esprit usant ou se servant du corps; il dit que l'esprit et le corps sont unis substantiellement. Me répondrez-vous ici que le corps n'est exclu de mon essence qu'en tant précisément que je suis une chose qui pense; mais alors on ne verra dans la conception du moi pensant, de l'âme, qu'une abstraction, et dans l'âme elle-même qu'une chose abstraite, une propriété, une vertu. Ce qui augmentera cette difficulté est que cette vertu de penser semble attachée aux organes corporels, puisque dans les enfants elle paraît assoupie, et dans les fous ou idiots, tout à fait éteinte, ce que les personnes impies et meurtrières des âmes nous objectent principalement.

Descartes dans sa réponse a le tort de paraître séparer d'une manière trop radicale et trop absolue l'esprit et la matière, l'âme et le corps ; cela vient de ce qu'il donne à la matière le nom de substance. Au fond, dans sa pensée comme dans la nôtre, elle n'est qu'un ensemble de phénomènes, de manifestations de l'esprit. De ce point de vue, la distinction entre l'esprit et la matière, sans être moins profonde, permet d'apercevoir l'unité des choses, d'expliquer la matière par l'esprit et de rendre raison des rapports et de l'action réciproque de l'âme et du corps. Nous ne revenons pas sur ce qui a été dit quelques pages plus haut.

Arnaud reconnaît la justesse fondamentale des preuves de l'existence de Dieu données par Descartes. Il n'adresse à son argumentation que des critiques de détail. Par la nature de ces critiques on peut voir avec quel soin il avait lu les *Médita-*

tions, quel prix il attachait à l'œuvre de Descartes, et combien il craignait de voir cette œuvre compromise par une contradiction même apparente ou une exagération.

Il lui paraît d'abord que Descartes a émis quelque chose de contradictoire à ses principes lorsqu'il a dit, qu'il est lui-même, *en tant qu'il participe du néant*, la cause de l'erreur matérielle qui se rencontre dans ses idées, d'où il semblerait suivre que le néant peut produire quelque chose, et dès lors que la réalité objective de l'idée de Dieu pourrait avoir le néant pour cause.

Prenons un exemple. La chaleur, on le sait, n'est que du mouvement. Quand j'imagine dans les corps une qualité semblable à ce que j'éprouve, mon idée, en un sens relatif, est *matériellement* fausse, puisqu'elle représente *quelque chose* qui n'existe pas dans les corps. Mais d'un autre côté ce *quelque chose* est en moi, c'est l'impression que j'éprouve. L'idée, au sens strict et absolu, n'est donc pas *matériellement* fausse. Descartes est forcé de convenir ici que l'expression a trahi sa pensée. L'idée de chaleur « est seulement une idée confuse, et j'ai appelé, dit-il, *idées matériellement fausses* celles qui étant confuses donnent au jugement ou à la volonté, matière ou occasion d'errer; tel est aussi le sens où Suarez prend cette expression. » Le néant auquel je participe n'explique pas ce qu'une telle idée contient de positif, mais seulement ce qui lui manque en clarté et en netteté : il peut expliquer aussi pourquoi je me laisse aller à affirmer trop vite ; il ne peut rendre compte du contenu, de la *matière* d'aucune idée, et dès lors le contenu positif de l'idée claire et distincte de Dieu ne peut avoir le néant pour cause.

Nous passons par-dessus le reproche de cercle vicieux, auquel il a été répondu suffisamment plus haut, et nous touchons encore une fois à cette assertion de Descartes que Dieu peut être dit en un sens très-positif *cause de soi*. A la suite de l'argumentation d'Arnaud, l'affirmation de Descartes se modifie. — Si Dieu est *cause de lui-même*, objecte Arnaud, on pourra donc dire aussi qu'il est *effet de lui-même*. Ce serait absurde. — Il faut, même pour Dieu, répond Descartes, se poser la question : quelle est sa cause efficiente ? sauf à modifier ensuite cette notion de cause efficiente comme elle doit l'être pour s'appliquer à ce cas particulier. Entre la *cause efficiente* proprement dite, et *point de cause*, il y a quelque chose qui tient comme le milieu, à savoir, l'*essence positive* d'une chose, à laquelle le concept de cause efficiente se peut étendre comme le concept d'un polygone rectiligne d'une infinité de côtés s'étend au concept du cercle. On trouve dans l'*essence* de Dieu la *raison positive* de son être, qui, en un sens et par analogie, peut en être dite la cause efficiente, mais qu'il est plus exact d'appeler, Descartes l'avoue, cause formelle; car c'est une cause ou raison qui est prise dans la *forme* ou essence de la chose.

C'est maintenant au théologien que nous allons avoir affaire. Ici un mot d'explication est d'abord nécessaire. On appelle « accidents réels » des modes considérés comme des substances, des abstractions réalisées. Par exemple, la *surface*, qui n'est qu'une abstraction, étant considérée comme une chose réelle et substantielle, distincte du corps auquel elle appartient, et pouvant subsister à part, sera un accident réel. Avec cette théorie, on peut admettre qu'un corps change et soit entièrement renouvelé, sans que la surface *substantielle*, l'*accident réel*, change le moins du monde. Telle est la clef de l'explication que la théologie donnait alors du mystère de la transsubstantiation. Or, disait Arnaud à Descartes, vous repoussez les accidents réels et toutes les qualités réelles, vous ne pouvez donc expliquer raisonnablement le *mystère* qui, dans votre système, devient une absurdité pure.

— Nullement, répond Descartes ; je puis, au contraire, donner de ce mystère une explication beaucoup plus plausible que la vôtre. Et en général, les Principes de ma Physique s'accordent beaucoup mieux que ceux de la vulgaire avec les enseignements de la foi.

Suivant votre théorie, en effet, il y a quelque chose de *substantiel* qui n'est pas changé; la *transsubstantiation* n'est pas complète : l'explication est donc insuffisante. Vous allez voir sortir, au contraire, de mes principes une explication satisfaisante. Tout sens est un toucher direct ou indirect, et je suis ici d'accord avec Aristote qui dit dans le Traité de l'Ame, liv. III, chap. XIII : « Καί τὰ ἄλλα αἰσθητήρια ἁφῇ αἰσθάνεται. » Le toucher, avec ou sans intermédiaire, a lieu à la surface des corps. C'est par leur surface que les corps agissent sur les organes des sens ; l'impression qu'ils produisent résulte du nombre, de l'étendue, de la forme et du mouvement des molécules qui sont à leur surface. Changez entièrement le pain et le vin, d'une manière miraculeuse ou naturelle, en mettant à la surface même *nombre* de molécules, ayant même *étendue*, même *forme* et même *mou-*

vement, et, quoique *tout soit changé*, vous aurez cependant les mêmes *apparences*, ou espèces, du pain et du vin.

Arnaud craignait, en outre, « que quelques-uns ne s'offensassent de cette libre façon de philosopher. »

Descartes convient des périls qu'offre sa Méthode, et il les a déjà signalés, c'est même pourquoi il a écrit ses Méditations en latin; elles ne doivent être lues que par les plus forts esprits. « Néanmoins, on ne peut pas dire, ajoute-t-il, que j'eusse mieux fait, si je me fusse abstenu d'écrire les choses dont la lecture ne doit pas être propre ni utile à tout le monde; car je les crois si nécessaires que je me persuade que sans elles on ne peut jamais rien établir de ferme et d'assuré dans la philosophie. Et, quoique le fer et le feu ne se manient jamais sans péril par des enfants ou des imprudents, néanmoins, parce qu'ils sont utiles pour la vie, il n'y a personne qui juge qu'il se faille abstenir pour cela de leur usage. J'ai fait, du reste, tout ce que j'ai pu pour atténuer ces dangers, soit dans le contenu des Méditations, soit dans l'Abrégé, soit dans les Réponses aux Objections, ce que je dis pour faire voir combien je défère au jugement de M. Arnaud, et l'estime que je fais de ses conseils. »

En terminant cette analyse, dont l'étendue est justifiée par l'importance de l'œuvre, résumons rapidement notre jugement. Pour la première fois, dans l'histoire de l'esprit humain, la métaphysique se rencontre armée d'une méthode rigoureuse et sûre, dont elle se rend parfaitement compte, et dont elle veut se servir uniquement. Cette méthode est à la fois rationnelle et expérimentale; elle comprend l'Analyse ou Déduction regressive, méthode d'invention perfectionnée par Descartes et appliquée par lui aux mathématiques avant de l'être à la métaphysique, et l'Intuition ou vue claire et distincte des choses simples. « Il n'y a que deux procédés pour connaître, avait déjà dit Descartes en décrivant sa Méthode dans les *Règles*, l'intuition et la déduction, celle-ci pouvant être regressive et progressive, analytique et synthétique. » C'est par l'analyse et l'intuition que Platon et Aristote ont découvert quelques principes immuables; mais, faute d'en apercevoir assez clairement la nature et l'importance, il les ont altérés et comme viciés par le mélange des hypothèses, des analogies et des abstractions réalisées. De là, la théorie des Idées, la notion confuse de la matière première, l'idée presque aussi confuse de l'entéléchie ou de l'acte, et tout le bagage anti-scientifique des qualités réelles et des formes substantielles. Descartes dégage la méthode vraie de la masse informe des procédés confus où elle sommeille, comme une Minerve ou une Diane dans un bloc de marbre. C'est elle que Kant retrouvera plus tard sous le nom de *Critique*. L'Analyse ou Méthode d'invention n'est point une dialectique molle et flottante dans laquelle, comme dans un vêtement trop lâche, on fait entrer tout ce qu'on veut, un peu pêle-mêle et comme au hasard. C'est un instrument d'acier, solide, pénétrant, cherchant le roc et qui rend un son plein lorsqu'il l'a touché. Sur le mobile océan des choses probables, il est permis de se servir de la dialectique, comme d'un large filet dans lequel on peut espérer ramener, parmi beaucoup de choses douteuses et même d'erreurs, quelque précieuse vérité. Sur la terre ferme de la science vraie, pour trouver, écartant le sable et le gravier, l'argile solide et le roc immobile, il faut prendre en main l'instrument d'acier forgé par la géométrie.

Ecartant donc tout ce qui est douteux et obscur, Descartes arrive à ce point de vue profond de la réflexion intérieure et de l'intuition, où l'esprit s'aperçoit lui-même et aperçoit Dieu, se rend compte de l'évidence même et établit l'autorité de la raison, distingue l'âme du corps, et voit que l'être véritable est tout entier dans l'activité pensante. Telles sont en effet les vérités essentielles établies dans les Méditations. Si, par une timidité qui s'explique, Descartes n'a pas voulu accorder des âmes aux choses, il n'en a pas moins reconnu que l'étendue et le mouvement sont des créations et des manifestations de l'esprit, et établi sur ses derniers et inébranlables fondements la philosophie spiritualiste. Les objections n'ont servi qu'à prouver la solidité de l'édifice, ou à mieux l'asseoir sur ses vraies bases. Au point de vue de la Méthode comme au point de vue des idées premières et fondamentales, c'est toujours là qu'il faudra en revenir, et c'est là que reviennent, prenant leur point de départ dans la conscience que l'esprit a de lui-même, et unissant fraternellement leurs efforts, la pensée allemande et la pensée française, un instant jetées hors de leur voie par une surprise du matérialisme.

CHAPITRE II.

Les Principes.

Historique : Descartes et les Jésuites, Descartes et Voet, Descartes et la princesse Elisabeth de Bohème. — Introduction aux Principes : Définition, méthode, utilité, division, résultats pratiques de la Philosophie. — Analyse et examen critique des Principes :

1re Partie : Métaphysique. — Ordre des preuves de l'existence de Dieu. — Les causes finales. — La liberté. — La préordination divine.

2e Partie : Principes des choses naturelles. — La matière. — L'étendue et le mouvement. — Lois du mouvement et du choc. — Le mécanisme et le dynamisme.

3e Partie : La mécanique céleste, les tourbillons, les mondes tombants.

4e Partie : Les phénomènes physiques et chimiques. — La pesanteur, la lumière, la chaleur, les marées. — Les combinaisons chimiques. — Rejet de l'attraction. — Propagation du mouvement par le choc. — Conclusion.

LES PRINCIPES.

Descartes composa ses *Principes* dans les intervalles de repos que lui laissèrent de violents orages entrecoupés de jours radieux, dont quelques-uns peuvent compter parmi les plus beaux et les plus doux moments de sa vie. Ce sont ces orages et ces heureux jours que nous allons d'abord raconter. Nous verrons ainsi, non-seulement dans quelles circonstances, mais pourquoi les *Principes* ont été composés; nous serons mieux préparés à les comprendre, mieux disposés à admirer la calme sérénité qui règne dans cette œuvre grandiose.

On peut dire que l'*Oratoire* tout entier accueillit les Méditations avec faveur. Les Jésuites furent moins unanimes, et, à plusieurs reprises, leurs colléges entendirent se renouveler contre la philosophie cartésienne les cris dont le P. Bourdin avait donné l'exemple. Descartes connaissait l'esprit de corps de ses anciens maîtres et leurs dispositions hostiles aux nouveautés. C'est pourquoi il surveilla constamment d'une oreille attentive les bruits qui, de ce côté, pouvaient être un signal de guerre. Dès qu'il apprenait qu'un Jésuite l'avait attaqué, il ripostait vivement, cherchant à piquer l'ordre tout entier, pour l'amener à soutenir le combattant blessé ou à le désavouer avec éclat. Il leur offrait alors la paix, mais l'épée à la main, et en déclarant qu'il préférait une guerre ouverte à une paix qui cachait des embûches. Excité par Mersenne, qui croyait que le moment était venu d'im-

moler le péripatétisme à la vérité, et que son ami
seul en était capable, il leur fit savoir qu'il étudiait
leur philosophie pour voir si elle lui semblerait
meilleure qu'elle ne faisait autrefois ; qu'il serait
prêt à entrer en lutte dès que l'attaque contre lui
serait générale ; qu'à cet effet, il commençait un
Résumé de sa philosophie, et qu'il se proposait
de le faire imprimer à côté d'un cours de philosophie scolastique, afin que le public pût juger de
l'une et de l'autre, ayant les pièces en main. Ce
Résumé fut la première esquisse des *Principes*.
Les Jésuites se le tinrent pour dit. Par son atti-
tude, Descartes leur ravit la paix ; et tant qu'il
vécut, l'ordre ne se prononça pas contre lui.

Du reste, il est nécessaire d'ajouter ici qu'il eut
toujours parmi eux des correspondants et des
amis, comme le P. Mesland, le P. Vatier, le
P. Noël, que nous retrouverons plus tard à
propos de physique, et qu'il y rencontra même
des patrons et des admirateurs. Le P. Dinet et le
P. Charlet, ses anciens professeurs de La Flèche,
parvenus à une situation influente dans l'Ordre,
faisaient, toutes les fois que l'occasion s'en présentait, l'éloge de son caractère et de son esprit ; et
ils usaient de leur autorité pour calmer autour
d'eux les ardeurs hostiles prêtes à entrer en lutte

contre la philosophie nouvelle. C'est ainsi que le P. Bourdin, pour ne citer qu'un exemple, fut condamné à faire amende honorable à l'auteur de la Dioptrique et des Méditations. Les anciens maîtres de Descartes contemplaient avec une joie et avec une admiration mêlées d'orgueil cet astre éclatant sorti de leur sein et qui, après avoir jeté ses premiers rayons dans le *Discours* et les *Essais*, brillait dans les *Méditations* de toute la splendeur de son midi.

C'est pourquoi, l'ennemi le plus redoutable de la philosophie naissante et de son auteur ne fut pas l'esprit jésuitique; ce fut le fanatisme protestant.

Dans cette retraite mobile et voyageuse, qu'il promenait à travers la Hollande, Descartes s'était fait des disciples nombreux et des amis puissants. Plusieurs d'entre eux, les Zuylichem, les de Pollot, les Wilhems, appartenaient à la noblesse d'épée et étaient les conseillers intimes et les amis du Prince. Bientôt il eut pour élève une jeune fille de race royale, la princesse Elisabeth de Bohême. Dans plusieurs Universités, notamment dans celle d'Utrecht, des professeurs enseignaient sa philosophie et lui avaient gagné la majorité des étudiants. Sa réputation s'était répandue non-seulement en Hollande et en France, mais en Angleterre, où Cavendish s'était déclaré en sa faveur, et où l'on parlait de lui créer un établissement ; et elle commençait à s'étendre en Allemagne. Les relations nombreuses de la Hollande avec le reste du monde servaient la philosophie cartésienne.

Voet, témoin des succès, irrité des triomphes qu'elle remportait sous ses yeux à Utrecht, résolut d'arrêter son expansion et de l'étouffer à tout prix, fût-ce en livrant son auteur à la plus odieuse persécution. Telle est la puissance du fanatisme, telles furent à la fois l'adresse et la fougueuse violence avec lesquelles Voet sut manier cette arme dangereuse que, dans le pays le plus libre de l'Europe au XVIIe siècle, Descartes ne pût penser librement et publier impunément sa doctrine que parce qu'il était Français, et parce qu'il tint tête à son adversaire avec l'énergie et la résolution d'un caractère naturellement brave, et avec la fierté dédaigneuse d'un homme qui connaît son monde et qui sait quelle lâcheté se cache sous l'audace extérieure du fanatisme. S'il se fût montré faible, il eût été traîné en prison ; s'il eût été Hollandais, il eût pu être livré au bras séculier, comme Barnevelt et les Arminiens condamnés et exécutés vingt-quatre ans auparavant. Il faut raconter ces événements en détail (1).

Dès 1639, Voet cherche dans le discours de la Méthode tout ce qui peut de près ou de loin avoir trait à la théologie, et au mois de juin, dans des thèses qu'il fait soutenir, lance contre la philosophie nouvelle l'inique et révoltante accusation d'athéisme. Comment voir un athée dans Descartes? Voet veut faire croire à ce mensonge. En 1640, il fait renouveler une seconde et une troisième fois, en public, ces accusations, et, en même temps, chose étrange, mais qui s'explique par l'aveuglement de la haine, il écrit à Mersenne, et l'engage au nom de la religion à attaquer la philosophie de celui qu'il sait être son ami.

Il y a alors à l'université d'Utrecht un jeune docteur en médecine, Leroy, dont nous avons déjà dit quelques mots, élève de Reneri et de Descartes, qui enseigne les principes de la physique cartésienne, et soutient la circulation du sang. Leroy attire trop de monde à son cours; Voet lui fait défendre par l'assemblée des professeurs

(1) Voir les vol. VIII, IX et XI des OEuvres de Descartes; Baillet, vol. II, et Ducker, *De pugna inter Cartes. et Voet*, en hollandais.

d'enseigner la circulation du sang « qui est une hérésie » et les principes nouveaux « qui sont des erreurs. »

Leroy répond d'une manière spirituelle et mordante à ses adversaires, surtout à un certain Primerose qui enseignait la médecine ; et en 1644, alors que Voet vient d'être nommé recteur, fait soutenir des thèses de philosophie cartésienne par de Raey, son disciple. Celui-ci s'acquitte de la soutenance avec talent et avec éclat, mais il est accueilli par les coups de sifflets péripatéticiens des voetistes. A la tête de ceux-ci brille le jeune Voet, formé par les mains paternelles à l'audace et à la calomnie. Voet lâche la bride à l'insolence de son fils. Leroy se pique au jeu et fait soutenir au mois de mai et les mois suivants de nouvelles thèses de philosophie cartésienne. Descartes en voyant et en corrigeant lui-même ces thèses que Leroy lui a soumises, commence à remarquer des expressions mal sonnantes en métaphysique, et aussi des semences d'erreurs dans les opinions de son disciple; il l'en avertit et tâche en même temps de modérer son zèle trop ardent. Celui-ci, au mois de décembre, malgré les recommandations de Descartes, fait afficher et soutenir cette opinion que « l'union de l'âme et du corps ne fait pas un être *un de soi*, mais *par accident* : *Ex mente et corpore non fit unum per se, sed per accidens*; il rejette les formes substantielles, et affirme le mouvement de la terre. En face de telles affirmations, Voet ne se contient plus; son indignation devient de la fureur; il écrit un Appendice et des Notes de théologie contre Leroy qu'il veut faire condamner comme hérétique et athée, parce qu'il attaque les *formes substantielles*, « ce palladium de la philosophie péripatéticienne. » En public, à l'Université, il nomme Descartes et le raille : « Est-ce lui, dit-il à un *opposant* dans une thèse, est-ce Descartes qui vous a fourni vos arguments? vous attendez de lui une philosophie nouvelle comme les Juifs font de leur Elie qui doit leur enseigner toute vérité ! »

En chaire, il tonne, il crie à l'hérésie et à l'athéisme; il essaye d'ameuter la populace contre la philosophie nouvelle, son chef et ses sectateurs. Les magistrats commencent à s'inquiéter. Le consul Van der Houlck, ami particulier de Descartes, envoie, au commencement de 1642, à Endegeest, où réside alors le philosophe, un ami commun, le colonel Alphonse. Celui-ci entretient longuement Descartes de cet orage qui monte et grossit, et le prie, dans l'intérêt de la tranquillité publique, d'adresser des observations amicales à Leroy. « J'ai eu l'honneur de posséder toute cette après-dînée l'illustre M. Alphonse, écrit Descartes à son disciple (VIII, 579); il m'a entretenu fort longtemps des affaires d'Utrecht, avec une bonté et une sagesse qui m'ont charmé; je suis tout à fait de son avis que vous devez vous abstenir durant un certain temps des disputes publiques, et vous donner bien de garde d'aigrir personne contre vous par des paroles trop dures. Pourquoi rejeter ouvertement les formes substantielles et les qualités réelles; il suffirait de dire comme je l'ai fait dans les *Météores* qu'elles ne sont pas nécessaires pour l'explication de vos pensées, et que vous pouvez, sans elles, faire comprendre vos raisons. Quant à cette proposition, *l'homme est un être par accident*, puisque l'âme est unie substantiellement au corps, il vaut mieux avouer que vous ignoriez, en l'écrivant, ce que l'Ecole veut dire par *ens per accidens*, que de la soutenir par un faux point d'honneur. » Enfin, en ce qui concerne le mouvement de la terre, Descartes a donné lui-même l'exemple de la prudence. Mais la prudence chez lui est unie au courage; c'est pourquoi il ajoute dans ses conseils à Leroy : « Il importe au bien de vos affaires que vous répondiez par un écrit public à l'écrit de Voet, parce que si vous gardiez un profond silence là-dessus, vos ennemis pourraient vous insulter comme un homme vaincu. Mais que votre réponse soit si douce et si modeste que vous n'irritiez personne, et en même temps si solide que Voet s'aperçoive qu'il est vaincu par vos raisons. » Et il lui dicte une réponse qui est un modèle de solidité et pourrait paraître un modèle de courtoisie, mais où circule, à travers les compliments, une ironie fine et pénétrante qui devait blesser et blessa mortellement Voet. « Il ne peut cependant se plaindre que d'une chose, disait Descartes, c'est qu'on l'ait appelé homme de bien et ennemi de la médisance. »

Voet, en vertu de son autorité rectorale, fait saisir la brochure et, sous son inspiration, le conseil de la ville d'Utrecht rend un décret portant défense au professeur Henri Leroy d'enseigner autre chose que la médecine. Quelques jours après, le 16 mars 1642, le Sénat académique gagné par Voet, blâme Leroy, et allant plus loin et plus haut, atteint Descartes lui-même, et condamne « la nouvelle et prétendue philosophie comme conduisant à des opinions fausses et absurdes, contraires à la théologie orthodoxe. » Il n'y eut point là de Boileau pour publier l'arrêt burlesque.

Emilius et Cyprianus seuls protestèrent; les huit autres professeurs signèrent le décret. En même temps, le jeune Voet et un certain Lambert Waterlaet publient des pamphlets contre Leroy. Celui-ci, irrité, écrit à Descartes qui l'engage à rire au lieu de se mettre en colère, et à n'enseigner autre chose, comme on le lui demande, que la médecine d'Hippocrate et de Galien. Ayez confiance, lui disait-il, dans le succès de la vérité, et ne la compromettez point par impatience; vous êtes victorieux, si vous savez attendre; vous courez à de nouveaux dangers si vous rentrez dans la lutte. Mais Leroy aimait le bruit et se montrait peu docile aux conseils de modération que lui donnait Descartes. Cette indocilité se manifesta ensuite d'une manière grave dans ses opinions philosophiques. Précédant Spinoza, il fit, dès 1647, de la *pensée* et de l'*étendue*, les attributs d'un même sujet. Descartes, dans la seconde édition des Principes, désavoua publiquement et avec éclat le disciple qui comprenait si mal sa doctrine.

Mais n'anticipons pas sur l'avenir. En 1642, Descartes intervient directement dans le combat engagé à Utrecht, et par la *Lettre au P. Dinet* fait une diversion courageuse et honnête qui attire l'ennemi sur lui et dégage Leroy. Dans cette lettre, en effet, Descartes insère le jugement que le Sénat académique a rendu contre sa philosophie, et il le commente avec une mordante ironie en y joignant le tableau des vertus de Voet. Aussitôt, celui-ci écrit un libelle diffamatoire. Mais voulant faire croire que Descartes a des ennemis de différents côtés, il invite à dîner chez lui un certain Shook, professeur à Groningue, son ancien élève, le séduit et le fait consentir à se dire l'auteur du libelle, qui est envoyé immédiatement à l'impression. En attendant que ce factum paraisse, il ne cesse de poursuivre Descartes et Leroy de ses attaques et de ses calomnies, et il fait défendre à ce dernier de répondre aux thèses où il le fait attaquer, trouvant que c'est le moyen le plus simple d'avoir raison. En même temps qu'il corrige les épreuves du pamphlet qui doit être signé du nom de Shook, il en écrit et en fait publier un autre dont nous devons dire un mot, quoiqu'il paraisse étranger à notre sujet, parce qu'il fournit à Descartes l'occasion de peindre l'esprit brouillon et fanatique de son ennemi. Les protestants de la ville de Bois-le-Duc et, parmi eux, les magistrats, faisaient partie d'une confrérie de la Vierge, *dite du Rosaire* ou de Notre-Dame, confrérie fort riche, jouissant de priviléges importants et qui, entre les mains des seuls protestants, aurait pu devenir une société politique dangereuse. Voet accusa violemment ses coreligionnaires d'idolâtrie et les livra à la risée de la populace fanatique. Desmarets, réformé français, ayant été chargé de les défendre et l'ayant fait avec douceur, Voet répliqua aussitôt avec une violence plus grande encore. Sa réponse jugée dangereuse pour la paix publique, fut blâmée par les magistrats de la province d'Utrecht qui en défendirent la lecture, et même par le Synode de 1643 qui approuva la conduite des protestants de Bois-le-Duc. Quelques temps auparavant, il avait reçu de Mersenne une réponse digne, noble et sensée à la proposition qu'il lui avait faite d'écrire contre Descartes. Mersenne l'engageait à étudier ce qui avait paru de cette philosophie, au lieu de la repousser et de la maudire sans la connaître; à attendre, en tout cas, pour l'attaquer en connaissance de cause, qu'elle se fût montrée tout entière, ce qui n'était pas fait encore, puisque le Monde restait caché, mais ce qui ne pouvait tarder sans doute. En effet, Descartes avait repris et continué le travail d'ensemble qu'il avait entrepris, comme nous l'avons vu plus haut, pour répondre aux Jésuites et qui, après avoir été plusieurs fois remanié devait paraître sous le nom de *Principes*. Et il en avait parlé comme il suit, dans sa lettre au Père Dinet.

. Pour éviter l'envie, il avait résolu de ne pas laisser publier *sa philosophie* de son vivant; et même il n'avait pas signé ses Essais. Mais, malgré lui, son nom fut bientôt connu, et ces Essais lui attirèrent l'envie qu'il voulait éviter et qui déjà mordait ses écrits et s'acharnait à *cette philosophie inconnue*, dans le but de le détourner de l'imprimer ou dans le dessein de l'étouffer à son berceau. Il ne faisait que rire, au commencement, de la vanité des desseins de Voet et de ses autres ennemis; mais quand il vit que leur nombre croissait de jour en jour, il appréhenda que, par leurs secrètes pratiques, ils ne s'acquissent du pouvoir et de l'autorité, et qu'ils ne troublassent davantage son loisir, s'il refusait d'imprimer sa philosophie, que s'il la publiait et travaillait énergiquement à en assurer le triomphe. C'est pourquoi sa résolution est de faire connaître tout le peu qu'il a trouvé dans ses méditations et ses recherches, et de l'exposer de telle sorte que chacun puisse saisir facilement la vérité de toutes les choses dont on a coutume de disputer dans les écoles. Il l'exposera donc dans un autre ordre et d'un autre style qu'il

a fait ci-devant dans le Discours et les Méditations. « Je me servirai, ajoute-t-il, d'une règle
» et d'une façon d'écrire plus accommodée à l'u-
» sage des écoles en traitant par petits articles
» chaque question, dans un tel ordre que pas une
» ne dépende pour sa preuve que de celles qui
» l'auront précédée, afin que toutes ayant de la
» connexion et du rapport les unes avec les au-
» tres, elles ne composent toutes ensemble qu'un
» même corps. » Répondant à des objections qui
lui ont été faites d'avance, il continue : « Je ne me
vante de rien, et je ne crois pas voir plus clair
que les autres; mais peut-être cela m'a-t-il beaucoup servi de ce que ne me fiant pas trop à mon
propre génie, j'ai suivi seulement les voies les plus
simples et les plus faciles, au lieu de prendre
comme l'ont fait d'autres personnes de plus d'esprit, sans doute, des chemins difficiles et impéné-
trables. Mes principes sont très-communs et très-
anciens, car ce sont ceux qui sont admis de tous
les philosophes, ceux que la nature elle-même a
gravés et imprimés dans nos esprits. La théologie
n'a rien à en craindre. Comme une vérité ne peut
jamais être contraire à une autre vérité, ce serait
une espèce d'impiété d'appréhender que les vérités
découvertes en philosophie fussent contraires à

celles de la foi. Enfin, il ne faut pas craindre non plus que ces vérités nouvelles ne troublent le calme des écoles. Au contraire, la guerre étant maintenant allumée et aussi ardente qu'elle peut l'être, elles y apporteront la paix que produisent l'évidence et la certitude. Ma philosophie n'est attaquée que par des gens qui voient s'évanouir leur réputation de savants à mesure que monte la lumière qui les dépouille de leur auréole : la preuve en est dans les persécutions dont en ce moment même elle est l'objet. »

L'homme qui est à la tête de ces persécutions, s'est déjà fait connaître au moral. Au physique, « c'était un bipède tellement ridicule, dit Sorbière, que je ne pouvais le regarder sans éclater de rire. » Ce bipède ridicule était un homme violent, rusé et dangereux, qui couvrait ses vices du manteau de la religion. Ce qui achève de le peindre, au moment où nous sommes arrivés, en 1643, ce qui nous donne le trait dominant de son caractère, c'est la lâcheté hypocrite et sournoise qui lui fait abriter ses attaques sous le nom d'un de ses élèves, le faible et malheureux Shook. Dans cet écrit (1) qui sue la calomnie, Voet défigure le ca-

---

(1) Intitulé *Philosophia cartesiana, sive admiranda Methodus*.

ractère de Descartes, puis il le peint comme un étranger qui trouble le pays, comme un papiste dangereux, et enfin comme un athée plus dangereux encore. Ici, écoutons le parallèle odieux, odieux surtout par l'intention, que Voët établit entre Descartes et Vanini. « Vanini écrivait contre
» les athées, et lui-même était le père de tous;
» c'est ce que fait Descartes; Vanini se vantait de
» vaincre les athées, c'est ce que fait Descartes.
» Vanini ruinait l'autorité des preuves vulgaires
» de l'existence de Dieu, c'est ce que fait Descar-
» tes; il y substituait des arguments sans force,
» c'est ce que fait Descartes; ce n'est donc pas
» injustice d'établir une comparaison entre Des-
» cartes et Vanini, *à qui le pouvoir souverain*
» *infligea à propos le supplice qu'il avait mé-*
» *rité, et qui fut justement brûlé à Toulouse!* »

Ecoutez maintenant la réponse (1) de Descartes, et dites si la vérité et l'innocence outragées peuvent mieux se défendre, et si le souffle de l'éloquence n'a pas passé par là.

« Votre ouvrage porte le nom d'un professeur

(1) Elle se divise en neuf parties qui furent écrites à mesure que paraissaient les feuilles des deux ouvrages de Voet contre Descartes et contre les protestants de Bois-le-Duc. V. OEuv., vol. XI, et *Posthuma, Amstelodami, Epistola ad celeberrimum virum, G. Voetium.*

de l'université de Groningue. Vos noms ne l'autorisent guère ; mais je dois songer aux étrangers et à la postérité. On dirait que j'ai gardé le silence, intimidé par ma conscience ; et je manquerais à l'honneur et à mes devoirs envers Dieu, si je ne me plaignais de votre exécrable calomnie. Votre habileté dans l'art de la calomnie qui fait craindre à tant d'autres de vous attaquer ne saurait m'inspirer de crainte. D'ailleurs vous avez si bien épuisé, dans votre *Philosophie cartésienne*, votre recueil d'injures et vos talents pour l'invective et la calomnie qu'on peut comparer ce que j'ai dit de vous dans ma lettre au P. Dinet, au morceau d'étoffe qu'on offre à la morsure des serpents, car ils y laissent si bien leur venin et leurs dents qu'on peut ensuite les manier impunément. Si j'étais tel que vous me représentez dans ce livre, on ne devrait me souffrir dans aucun Etat bien réglé, et ainsi je serais banni de tous les pays du monde. Et pourtant, dans l'opinion de quelques personnes, s'ils doivent être ouverts à quelqu'un, c'est à moi, puisque je me livre à des études qui peuvent servir tout le genre humain, sans nuire à personne.

» Je suis étranger, sans doute, mais il est de notoriété publique, qu'habitant depuis plusieurs années ces provinces, j'ai montré pour elles autant d'attachement qu'aucun de leurs enfants.

» Bien des gens savent que je vivais assez à mon aise dans ma patrie, et que mon seul motif pour aller vivre ailleurs, c'est que le *monde* dérobait tout mon temps et tout mon loisir à ces études qui font mon bonheur. J'ai choisi ce pays que je connaissais, qui est en paix et lié par des traités avec le nôtre ; et je l'habite depuis tant d'années, j'y suis si bien connu des honnêtes gens, que quand même je serais d'une nation ennemie, je ne devrais plus passer pour étranger.

» Vous ajoutez que vous ne pensez pas qu'il plaise aux gens sages qu'un étranger obscur, professant extérieurement le papisme, pénètre furtivement dans le domaine de la théologie et de la police ecclésiastique, et médite de troubler les églises et les académies ; tout cela, parce que j'ai osé examiner le jugement publié contre moi sous le nom de votre Académie, que je vous en ai considéré comme l'unique ou du moins le principal auteur, enfin parce que j'ai tracé le tableau de quelques-uns de vos vices, afin de discréditer vos calomnies. Vous voulez qu'il vous soit permis de me déshonorer, moi, sur qui vous n'eûtes jamais aucun droit, et vous m'accusez d'orgueil parce que j'ai murmuré contre votre insolente tyrannie.

Mais vous faites injure à votre Académie, à votre République, à votre Église, en voulant que vos vices soient une partie d'elle-même, un objet sacré interdit aux regards profanes d'un étranger. Et vous, n'étiez-vous pas coupable d'une curiosité excessive dans une république étrangère, lorsque vous accusiez d'iolâtrie les principaux habitants de Bois-le-Duc?

» Je ne réclamerai pas ici la liberté religieuse, qui nous est accordée par vos lois. Je rappellerai seulement que la France a versé son sang pour ces provinces et pour leur faire obtenir cette liberté religieuse que vous voudriez aujourd'hui me refuser; je rappellerai encore que j'ai servi moi-même sous leur drapeau et pour la même cause.

» Vous êtes théologien, dites-vous; ceux de Louvain vous regardent comme hérétique, et moi je suis avec ceux de Louvain : Vanini faisait de même en France, combattant les théologiens dissidents. En vérité, on ne peut s'empêcher de rire de votre ridicule vanité : votre renommée a donc été jusqu'à Louvain? et parce que j'ai écrit sur vous deux ou trois pages pour montrer votre injustice, je combats les théologiens! Croyez-moi, si vous êtes connu à Louvain, ce n'est pas par vos talents. Quant à moi, je révère comme des serviteurs de Dieu tous les théologiens, même ceux qui sont d'une religion différente, *car tous nous adorons le même Dieu*. Mais si, comme un traître caché sous les habits d'un garde du Prince, un théologien, caché sous le manteau de la Religion, est coupable de mensonge et de calomnie, le nom de théologien ne m'oblige pas au silence, pas même si ce théologien est soutenu par un autre et si les deux ensemble croient le Saint-Esprit au milieu d'eux.

» Vous m'accusez d'athéisme, parce que j'ai écrit contre les athées ; qui donc au monde pourra se croire en sûreté contre un calomniateur qui ne respecte rien ? Vous dites que j'enseigne et propage l'athéisme et que j'en insinue perfidement le venin dans les âmes ; et vous me comparez aux imposteurs, aux perturbateurs des Eglises et des Etats, les plus détestables et les plus odieux, qui ont été livrés aux plus affreux supplices en punition de leurs crimes : à Vanini qui, comme vous le rappelez, fut brûlé publiquement à Toulouse. Il me reste à porter plainte au magistrat, et j'ai d'autant plus de raison de le faire que vous me menacez d'une accusation d'injure, à la manière de Fimbria, parce que, frappé par votre décret académique, j'ai osé vous répondre et n'ai pas tendu la gorge à vos coups.

» Je supplie les tribunaux, autant qu'il est en moi, de décider enfin si la calomnie ne sera jamais punie dans ce pays. Car celle-ci est si odieuse, si inexcusable, si publique qu'elle ne peut rester impunie sans paraître autoriser toutes les autres. Je sais bien que les citoyens de ces provinces aiment passionnément la liberté. Mais je me persuade que cette liberté consiste dans la sécurité des bons et des innocents et non dans l'impunité des méchants.

» Votre livre renferme des mensonges si odieux, des injures si viles, des calomnies si horribles, qu'un ennemi ne pourrait les proférer contre un ennemi, un chrétien contre un infidèle, sans faire preuve d'une perversité coupable. J'ajoute que j'ai trouvé tant de politesse dans cette nation, tant d'éloignement pour la licence brutale et grossière, que je ne doute pas que vous ne soyez l'objet d'une plus grande aversion parmi vos concitoyens que les étrangers d'aucun pays. Enfin, d'après la connaissance que j'ai du caractère national, je pense que l'Autorité, à l'exemple de Dieu, diffère souvent la punition des coupables, mais que, quand leur audace s'est augmentée au point qu'elle juge nécessaire de la réprimer, aucun crédit ne peut la corrompre, ni aucune vaine parole la tromper. Vous qui déshonorez votre religion et votre profession en publiant des livres dénués de raison et de charité et qui ne sont remplis que de calomnies, prenez garde qu'elle ne juge enfin son équité compromise en différant de vous punir ! »

Il se trompait. Les coreligionnaires de Voet se croyaient intéressés au triomphe d'un pasteur de leur église, d'un théologien de leur académie. Quelques jours après avoir édité cette lettre, le 13-23 juin 1643, Descartes est cité comme un criminel, avec éclat et au son de la cloche, par le magistrat, c'est-à-dire au nom du Conseil municipal ou sénat de la ville d'Utrecht, pour fournir des explications et donner les preuves de ses imputations contre Voet, de celle-ci particulièrement, que Voet est l'auteur de l'*Admiranda Methodus sive Philosophia cartesiana*, ouvrage signé par Shook. Les magistrats d'Utrecht n'avaient aucune juridiction sur Descartes. De plus, quoiqu'il leur eût fait savoir, six semaines auparavant, qu'il quittait Endegeest pour Egmond, ils feignaient d'ignorer sa demeure, pour avoir occasion de rendre la citation publique. Celle-ci fut lue à Utrecht en grand appareil, devant un immense concours de peuple et affichée dans les principales villes des Provinces-Unies. Le 28 juin, Descartes était en train d'écrire à la princesse Elisabeth (1) la lettre célèbre sur l'union de l'âme et du corps lorsqu'il fut interrompu par la « fâcheuse nouvelle » de cette citation (2). Immédiatement il publia sa réponse (Anterwordt) en hollandais. Il déclinait la juridiction des magistrats et les engageait à faire une enquête dans le but de connaître l'auteur véritable du pamphlet signé par Shook. L'enquête a lieu. Voet suborne cinq témoins qui déclarent que le libelle est bien de Shook. Calomniateur, fourbe et suborneur de témoins, tel est l'homme que Descartes avait à combattre et qui cherchait de plus alors à ameuter la populace contre lui. Sans autres éclaircissements, les commissaires délégués par le sénat pour connaître de cette affaire, rendent une sentence contre Descartes et déclarent diffamatoire la *lettre au P. Dinet* et la *lettre à Gisbert Voet* (Décision du 23 septembre 1643). Contrairement à tout droit, cette décision n'est pas portée à la

---

(1) V. IX, p. 135.

(2) J'ai des copies de tous les actes publics relatifs à cette affaire : je juge inutile d'en grossir ce volume.

connaissance de l'intéressé. Cependant, le 5 octobre, l'officier de justice paraît en public, à l'heure où le public est chez soi, et cite Descartes absent et ignorant tout, à comparaître comme criminel, et, en même temps, lance contre lui un mandat d'amener. Descartes, laissé dans l'ignorance complète de cette machination ténébreuse, est sur le point d'être arrêté chez lui et appréhendé au corps : les mesures sont si bien prises, son ennemi inspire une telle terreur, que nul n'ose le prévenir. Seule, une dame — son nom est resté inconnu — ose lui écrire (1) : elle lui apprend qu'il n'est plus en sûreté dans sa retraite, qu'une « prise de corps » a été lancée contre lui, et sera exécutée en quelque lieu qu'il se trouve dans les provinces d'Utrecht et de Hollande, et qu'il aura à répondre à Utrecht du crime d'athéisme envers Dieu et de calomnie envers Voet.

Cette lettre est suivie de « celle d'un homme, et d'un homme qui ne s'épouvante pas aisément » (probablement M. de Pollot, averti à temps), dans laquelle on lui répète la même chose. « On me dit de plus, ajoute Descartes, dans une lettre à Van

---

(1) V. Lettres inéd. de Desc., publiées par Eug. de Budé, Paris, Durand, 1868.

Sureck, qu'ils ont écrit pour cela à *la cour de Hollande*, — et c'est ainsi, sans doute, que M. de Pollot, gentilhomme du Prince, fut prévenu — de façon que s'ils obtiennent ce qu'ils désirent, il pourrait arriver que sans que j'y pensasse, on viendrait à Hoef (Egmond de Hoef) saisir mes papiers qui est tout le bien qu'ils pourraient saisir, et *brûler* cette malheureuse philosophie qui est cause de toute leur aigreur. » Il écrit de nouveau, le 17 octobre à Van Sureck qui s'est offert à le servir. « Puisque vous jugez, lui dit-il, qu'il n'y a que l'autorité de son Altesse, mue par l'intercession de M. l'ambassadeur, qui me puisse tirer hors des piéges qu'on m'a tendus, je vous supplie de me vouloir tant obliger que d'en parler à l'un et à l'autre, pour leur faire entendre l'état de l'affaire et le grand besoin que j'ai de leur aide, et aussi combien il est équitable qu'ils me secourent. J'en écris particulièrement à M. l'ambassadeur (1) et lui mande que vous le verrez et irez avec lui,

---

(1) Nous possédons cette lettre dans les Inédits de Foucher de Careil. M. Beausire, dans une intéressante brochure : *Deux étudiants de l'Univ. de Poitiers*, fait remarquer qu'elle porte des traces des études juridiques que Descartes avait faites dans sa jeunesse. — Un grand nombre de passages des lettres confirment l'observation de M. Beausire.

s'il lui plaît, chez son Altesse, car M. de Pollot m'a fait espérer que vous ne me refuseriez pas cette faveur. Aussitôt qu'il est averti, M. de la Thuillerie, l'ambassadeur français, se rend chez le prince d'Orange, qui écrit à l'instant aux Etats de la province d'Utrecht de faire cesser les poursuites contre Descartes; et ceux-ci transmettent immédiatement cet ordre aux magistrats de la ville. Les poursuites furent arrêtées; mais la sentence du 13-23 septembre qui déclarait diffamatoires les deux lettres de Descartes au P. Dinet et à Voet ne fut pas cassée. Il s'en plaignit et demanda justice; mais les magistrats gardèrent un silence honteux, même après que Shook, par ses aveux, eut confirmé les assertions de Descartes. Celui-ci, en effet, cita Shook devant ses juges naturels, les membres du sénat académique de Groningue. Malgré les menées et les intrigues de toutes sortes dont Voet essaya de l'enlacer, Shook, obéissant à sa conscience, avoua toute la vérité, reconnut comme calomnieux l'ouvrage dont il avait partagé la culpabilité avec Voet, déclara celui-ci l'auteur principal du livre et l'auteur unique des passages les plus violents et les plus iniques; prouva par des pièces authentiques que Voet l'avait séduit, avait abusé de sa confiance et de sa faiblesse

9

et avait voulu de plus lui faire signer une fausse déclaration. Il ajouta qu'il se repentait et faisait ses excuses à Descartes. Une copie du procès-verbal de ces déclarations et du jugement conforme des juges fut envoyé à Descartes et, par lui, aux magistrats d'Utrecht.

Voet, honteux et furieux, fit publier par son fils le *Tribunal iniquum*, pamphlet dans lequel il insultait les juges de Groningue; puis il rongea son frein, en guettant l'occasion de faire éclater contre Descartes une persécution nouvelle. Marquons d'un fer rouge ce fanatique haineux, ce lâche calomniateur, et jetons-le tout vif dans l'enfer des misérables que l'histoire condamne à une éternelle renommée.

Malgré le temps que lui prenaient ces tristes et pénibles querelles, Descartes travaillait à la composition de ses *Principes*. Il était soutenu dans ce travail, non-seulement par le désir de faire connaître cette philosophie que l'on calomniait sans la connaître, mais par la volonté d'être agréable et utile à ses amis, à ses disciples, particulièrement à la princesse Elisabeth, à qui il dédia l'ouvrage. L'influence considérable que la princesse eut dès lors sur les travaux de Descartes, nous engage à faire connaître cette femme distinguée, qui fut l'une des plus illustres, ou du moins des plus dignes de l'être, de ce XVII⁰ siècle si fécond en héroïnes (1).

Elisabeth de Bohême était la fille aînée de l'infortuné Frédérik V, ce *roi d'un Hiver*, contre lequel Descartes avait servi en Bohême, et d'Elisabeth Stuart. Elle appartenait donc par sa mère à cette race des Stuarts qui a réuni tous les genres d'illustration. Dès sa naissance, séparée du reste de sa famille alors errante et proscrite, confiée aux soins de son aïeule la princesse Juliane, femme d'un grand bon sens et d'une rare vertu, et élevée par elle dans une solitude de la Prusse appelée Grossen, elle prit de bonne heure le goût de l'étude et une rare élévation de sentiments. A vingt ans, elle refusa un trône qui lui était offert par Wladislas, roi de Pologne, afin de ne pas abjurer cette religion protestante pour laquelle sa famille avait souffert, et aussi, peut-être, afin de continuer librement des études qui lui étaient chères. A la Haye, où elle se réunit à sa famille, elle fut, plus encore que ses sœurs Sophie et Louise-Hollandine, par l'éclat de sa beauté, de son esprit

---

(1) V. surtout Foucher de Careil, *Descartes et la princesse Palatine*.

et de sa vertu, l'ornement de la cour de la reine de Bohême, sa mère. « Elle avait une égale aptitude pour les langues et pour les sciences, dit miss Brenger (Mémoires sur la reine de Bohême), et son bonheur suprême était de méditer. » Vers 1641, ayant lu le *Discours* et les *Essais* de Descartes, elle fut ravie ; une lumière nouvelle brilla à ses yeux ; elle voulut connaître ce philosophe profond, auteur de ces belles découvertes, et s'adressa pour avoir des renseignements sur lui au Burgrave de Dhona, à M. Zuylichem et à M. de Pollot, qui étaient ses amis et ses disciples. Edifiée sur son compte, elle le fit prier de la venir voir. A partir de ce moment, elle ne voulut plus recevoir d'autres leçons que les siennes ; c'est alors que Descartes, pour être plus près d'elle, vint demeurer au château d'Endegeest et s'y établit avec un domestique plus nombreux et un train de maison plus riche que de coutume, pour recevoir dignement son élève lorsqu'elle le viendrait voir. Quand on sort de Leyde vers le N.-O., on trouve une prairie couverte de troupeaux et coupée par de nombreux cours d'eau dont un est navigable en barque. Une chaussée en brique traverse la prairie et tourne à gauche vers un bois de haute futaie. Une grille porte ces mots : *Endegeest*, et une allée sablée conduit au château qu'habita Descartes de 1641 à 1643 et où s'écoulèrent les plus heureux moments de sa vie. Une sorte de portique aux armes des Gevers, qui sert de galerie en été et de serre en hiver, donne accès dans une cour d'honneur, et le manoir d'Endegeest présente sa façade de briques un peu écrasée et flanquée de deux pavillons. Quelques marchés conduisent dans les appartements intérieurs. Au premier, on montre encore, dans l'une des tours, une chambre de forme octogone, terminée en coupole, qui donne sur les grands arbres : c'était celle de Descartes. Dans la cour règne une galerie couverte qui servait de promenoir au philosophe. On remarque aussi les charmilles du côté du parc et le parterre que Descartes aimait à cultiver de ses mains et où il faisait ses expériences de botanique.

C'est dans cette retraite paisible et charmante qu'il recevait ses amis et ses disciples, et les visiteurs nombreux que la curiosité amenait de Leyde et de la Haye. La princesse y venait prendre ses leçons auprès du savant gentilhomme, quand elle voulait lui éviter la peine d'aller à la Haye ; elle étudiait avec lui la géométrie et la métaphysique, et faisait sous sa direction des expériences de physique et des études de physiologie dont elle était

très-curieuse. Descartes, dans la dédicace des Principes, lui rendit ce témoignage qu'elle possédait également bien toutes les sciences et, — chose qu'il n'avait rencontrée en personne, — qu'elle comprenait parfaitement la géométrie la plus profonde et la métaphysique. Et il ajoute « du ton
» simple et franc d'un homme qui n'écrit que ce
» qu'il croit : Ce qui augmente le plus mon ad-
» miration, c'est qu'une si parfaite et si diverse
» connaissance de toutes les sciences n'est point
» en quelque vieux docteur qui ait employé beau-
» coup d'années à s'instruire, mais en une prin-
» cesse encore jeune, dont le visage représente
» celui que les poètes attribuent aux Grâces.....
« Je ne remarque pas seulement en Votre Altesse
» tout ce qui est requis de la part de l'esprit à la
» plus haute et excellente sagesse, mais aussi tout
» ce qui peut être requis de la part de la volonté
» et des mœurs, dans lesquelles on voit la ma-
» gnanimité et la douceur unies dans une telle
» mesure que, quoique la fortune, en vous at-
» taquant par de continuelles injures, semble
» avoir fait tous ses efforts pour vous faire chan-
» ger d'humeur, elle n'a jamais pu tant soit peu
» ni vous irriter ni vous abattre. »

Descartes faisait ici allusion peut-être, non-seulement aux malheurs de la maison de Bohême, mais à un événement à la suite duquel la princesse fut exilée de la cour de la Haye.

Un gentilhomme français, nommé d'Épinay, chassé de France pour une intrigue d'amour, était venu à la Haye où il s'était bientôt fait connaître par ses bonnes fortunes et, selon M. Foucher de Careil, par l'éclat de ses relations avec la reine de Bohême. Ces relations scandaleuses avaient excité la désapprobation et le murmure des enfants de la reine. Le prince Philippe parla sans doute trop haut. Ce qu'il y a de certain, c'est qu'un soir il fut attaqué par quatre spadassins parmi lesquels, en se défendant vaillamment, il reconnut d'Epinay. Le lendemain, la première personne qu'il rencontra en traversant la place du Marché fut d'Epinay. A cette vue, le jeune prince s'élance hors de sa voiture et fond sur son ennemi, la dague à la main. D'Epinay tire l'épée et fait à l'assaillant une blessure sous le bras, mais il est atteint lui-même mortellement et tombe pour ne plus se relever. Quelles que soient les causes et les circonstances de ce tragique événement, un fait est hors de doute, c'est la parfaite innocence de la princesse, et l'absence de préméditation de son jeune frère; tout son crime était d'avoir trop laissé voir son mépris pour les scandaleuses relations que d'Epinay entretenait à la cour.

Néanmoins, la reine chassa Philippe et Elisabeth de sa vue. Philippe s'engagea dans les troupes espagnoles et mourut devant Rethel. Elisabeth se retira à Grossen où elle avait été élevée. Au milieu des tempêtes de la vie, elle avait trouvé un asile dans la philosophie cartésienne et dans la religion. Elle essaya de s'y tenir comme dans un port tranquille, joignant aux recherches de la science la plus profonde les exercices de la piété la plus tendre, et consacrant une partie de ses soins à l'éducation de la fille de l'Electrice. Mais bientôt les sanglantes tragédies d'Angleterre vinrent ajouter aux maux de sa famille et à ses tristesses. La princesse, signe assuré d'une âme aimante et généreuse, était atteinte plus profondément dans les autres qu'en elle-même. Comment la consoler, et que peut la philosophie stoïcienne pour ces cruelles blessures qu'on reçoit dans le cœur des autres ? Descartes, pour consoler la princesse, s'éleva avec elle et inspiré par elle, jusqu'à la morale de l'amour et du dévouement. Il lui montra la beauté du sacrifice, il lui peignit le bonheur du renoncement, et la mena comme par la main sur ces hauteurs sublimes où le bonheur purement humain peut disparaître, mais où la joie divine et profonde coule à pleins bords.

C'est elle qui porta le cartésianisme en Allemagne, elle l'introduisit à Berlin, à Heidelberg, à Cassel, à Herford. Dans son abbaye d'Herford, qu'elle gouverna avec l'énergie et la piété des grands saints des premiers siècles, elle avait établi une sorte d'académie cartésienne. C'est là aussi qu'elle reçut de malheureux réformés bannis de Hollande et d'Angleterre, avec Labbadie, Mlle de Shurmans, William Penn. Elle conserva de William Penn, en particulier, comme de Descartes, un inaltérable souvenir. Ce qu'elle aimait en W. Penn, comme dans toute cette famille de mystiques qui reçurent un asile à Herford, et qu'elle y protégea contre la persécution, c'étaient les vertus que Descartes lui avait enseignées, l'amour des hommes, la paix intérieure, la confiance en Dieu, le courage toujours prêt au sacrifice. Sa mort fut digne d'une si belle vie : elle mourut comme une sainte, dans la pénitence et dans les joies du renoncement (1).

(1) Que dire après cela de l'inadvertance de M. Foucher de Careil, qui nous donne *des lettres galantes* de la Princesse? — Ces lettres adressées au prince Rupert, contiennent en effet l'expression d'une affection sincère et d'un tendre dévouement; mais le prince Rupert, M. Foucher de Careil devrait le savoir, était son frère.

Quand Descartes la connut, elle était dans tout l'épanouissement de sa grâce sereine; elle avait ce charme supérieur et comme céleste qui est le reflet d'une belle intelligence, et ce quelque chose de plus achevé encore que donne le malheur courageusement supporté. Descartes conçut pour elle la plus pure comme la plus tendre des amitiés, quelque chose de plus profond et de plus divin encore, l'amour et la tendresse d'un père. Il avait perdu sa chère Francine, il la retrouvait comme transfigurée dans un nimbe éblouissant. La princesse Élisabeth fut la fille de son intelligence et de son cœur.

A partir de ce moment, l'âme tendre et héroïque de Descartes a trouvé l'âme qui est capable de le comprendre et de monter avec lui, comme d'un même coup d'aile, vers les sphères lumineuses de la science et de la vertu. Il se plaît à la former lui-même. Absente ou présente, elle sera la préoccupation dominante de sa vie. Non-seulement il sera toujours prêt à répondre à ses questions, à écrire pour elle les Traités qu'elle lui demandera; mais pour elle il redeviendra un homme d'action : dans l'espoir de la rendre heureuse en servant sa famille auprès de Christine, il ira affronter le climat meurtrier de la Suède. Il est mort pour elle. Lui aussi a connu les joies du renoncement. On ignore ce que ces âmes austères et qui semblent uniquement passionnées pour la science renferment de tendresses profondes pour les âmes plus faibles, et combien elles mettent de constance, d'énergie, d'amour à les servir en toutes choses. Nous en verrons un illustre exemple dans la suite de l'histoire de Descartes et de la princesse Elisabeth.

A l'époque où nous sommes arrivés, Descartes, aimé, respecté, admiré des hommes les plus éclairés et les plus honnêtes, entouré de disciples nombreux, parmi lesquels il comptait la fleur de l'aristocratie hollandaise, consacrant ses loisirs à une œuvre immortelle, jouissant non-seulement de ces premiers rayons de la gloire naissante, qui sont plus doux que l'aurore, mais de la radieuse félicité du génie qui se connaît et de la vertu qui a conscience d'elle-même, ayant de plus la joie de former par ses leçons une jeune fille de sang royal, au château d'Endegeest, en face de ces grands et calmes horizons qui reposaient sa vue, au milieu de ce jardin qu'il cultivait lui-même, Descartes était heureux. Telle était, en effet, la calme profondeur de son génie, et la force tranquille de sa volonté que les ennuis que lui causaient ses adversaires et ses envieux passaient chez lui à fleur d'âme sans pénétrer jamais dans ce sanctuaire intérieur où le sage peut se retirer toujours pour jouir d'une parfaite tranquillité.

Le jour vint où la princesse eut acquis toute la science du maître, du moins en géométrie et en métaphysique, et où il put cesser ses leçons. Le moment d'ailleurs était venu aussi où il devait revoir son ouvrage, non-seulement pour en finir les détails, mais pour en coordonner parfaitement l'ensemble et le fondre comme d'un seul jet. Pour cela il était trop près de la Haye et sa demeure trop pénétrable au monde; il lui fallait le silence d'une véritable solitude; il se retira donc dans son désert d'Egmond. De temps en temps cependant, des amis ou des curieux accouraient encore l'y surprendre. Villebressieux y vint travailler sous sa direction à des inventions mécaniques. De là aussi il faisait des excursions à la Haye toutes les fois que sa royale élève manifestait le désir de l'entretenir ou de le consulter. C'est là néanmoins que, maître de lui-même et de ses heures autant qu'il pouvait le désirer, il acheva l'ouvrage le plus vaste qui soit sorti de ses mains.

Dant le courant de l'année 1643, il en fit commencer l'impression et il résolut de le porter lui-même en France où l'appelaient des affaires d'intérêt qu'il avait à régler avec sa famille. Mais les figures nombreuses qu'il fallut intercaler dans l'ouvrage demandèrent beaucoup de temps, et il dut partir au mois de mai 1644, avant les premiers exemplaires qui vinrent ensuite le rejoindre à Paris (1). Il se rendit en Poitou, en Touraine et en Bretagne pour le partage de la succession ouverte par la mort de son père. Il n'eut qu'à se louer de ses deux beaux-frères et de M. de Chavagnes, enfant d'un second lit, mais il eut beaucoup à se plaindre de son frère aîné, M. Descartes de la Bretaillière qui montra une âpreté et une avidité à laquelle il ne s'attendait pas. Non-seulement le haut et puissant seigneur de la Bretaillière, de Kerleau, de Tremondée, de Kerboulen et autres lieux, dédaignait profondément le philosophe qui avait, selon lui, déshonoré son nom en choisissant la carrière des lettres, mais il voulait le dépouiller de son bien. Descartes dut lui abandonner quelques morceaux de son héritage pour être quitte plus vite de sa rapacité. Il revint à Paris au mois d'octobre.

Pendant ce temps, l'abbé Picot, son ami, avait commencé la traduction française des *Principes*.

---

(1) Elzevier avait imprimé en même temps la traduction latine du *Discours*, de la *Dioptrique* et *des Météores*, par de Courcelles. La Géométrie ne fut traduite qu'en 1649, par Shooten.

Descartes avait écrit cette œuvre en latin, parce qu'il voulait faire pénétrer sa philosophie dans toutes les écoles de l'Europe. « Il faut, dit-il (IX, 122), que mon *Monde* apprenne à parler latin pour être admis en la conversation des gens d'école. »

Le français de Picot ne vaut, ni pour la beauté sévère, ni pour la précision de la forme, le latin de Descartes; aussi il est toujours bon, après avoir considéré la copie en fonte de se remettre en face du bronze dans lequel l'auteur lui-même a coulé sa pensée. C'est cet ouvrage que nous allons maintenant faire connaître. Il est précédé, outre la *Dédicace* à la princesse Elisabeth, d'une lettre au traducteur qui lui sert de *Préface* ou d'*Introduction*, et que, pour cette raison, il convient d'analyser d'abord.

Cette lettre, trop peu remarquée peut-être, est l'un des morceaux les plus achevés qui soient sortis de la plume de Descartes. Il y a une heure dans la vie, où l'homme, maître de sa doctrine et de sa méthode, peut résumer l'une et l'autre en quelques pages claires, sobres et nerveuses. C'est à cette heure, que Descartes composa cette Préface. Elle est écrite en français, et l'écrivain y est aussi maître de sa langue que le philosophe l'est de sa pensée.

« Le mot philosophie, signifie l'étude de la sagesse, et par la sagesse, on n'entend pas seulement la prudence dans les affaires, mais une parfaite connaissance de toutes les choses que l'homme peut savoir, tant pour la conduite de sa vie que pour la conservation de sa santé et l'invention de tous les arts. Afin que cette connaissance soit telle, il est nécessaire qu'elle soit déduite des premières causes; en sorte que, pour philosopher, il faut commencer par la recherche de ces premières causes, c'est-à-dire, des principes. Ces principes doivent avoir deux conditions; l'une, qu'ils soient clairs et évidents; l'autre, que ce soit d'eux que dépende la connaissance de toutes choses. Après cela, il faut tâcher de déduire tellement de ces principes la connaissance des choses qui en dépendent, qu'il n'y ait rien, en toute la suite de déductions qu'on en fait, qui ne soit très-manifeste.

» La philosophie s'étend à tout ce que l'esprit humain peut savoir; c'est elle seule qui nous distingue des peuples sauvages et barbares, et chaque nation est d'autant plus civilisée et polie, que les hommes y philosophent mieux; et ainsi, c'est le plus grand bien qui puisse être dans un Etat que d'avoir de vrais philosophes.

» Pour chaque homme en particulier, il n'est pas seulement utile de vivre avec ceux qui s'appliquent à cette étude, mais il est incomparablement meilleur de s'y appliquer soi-même. C'est avoir les yeux fermés que de vivre sans philosopher ; et le plaisir de voir toutes les choses que notre vue découvre n'est point comparable à la satisfaction que donne la connaissance de celles qu'on trouve par la philosophie. Enfin, cette étude est plus nécessaire pour régler nos mœurs et notre conduite en cette vie, que n'est l'usage de nos yeux pour guider nos pas. Les brutes s'occupent continuellement à chercher de quoi nourrir le corps ; mais les hommes dont la principale partie est l'esprit, devraient employer leurs principaux soins à la recherche de la sagesse, qui en est la vraie nourriture. Il n'y a point d'âme tant soit peu noble, qui demeure si fort attachée aux objets des sens qu'elle ne s'en détourne quelquefois pour souhaiter quelque autre plus grand bien, nonobstant qu'elle ignore souvent en quoi il consiste.

» Je me persuade que ce sont ceux que la fortune favorise le plus qui soupirent avec le plus d'ardeur après un autre bien plus souverain que tous ceux qu'ils possèdent. Or, ce souverain bien n'est autre chose que la connaissance de la vérité par ses premières causes, c'est-à-dire la sagesse. »

« Mais d'autant que ceux qui font profession
» d'être philosophes sont souvent moins sages et
» moins raisonnables que d'autres, » il faut expliquer « en quoi consiste toute la science
» qu'on a maintenant et quels sont les degrés de
» sagesse auxquels on est parvenu.

» Le premier ne contient que des notions qui
» sont si claires d'elles-mêmes qu'on les peut ac-
» quérir sans méditation.

» Le second comprend tout ce que l'expérience
» des sens fait connaître.

» Le troisième, ce que la conversation des
» hommes nous enseigne, à quoi on peut ajouter,
» pour le quatrième, la lecture, non de tous
» les livres, mais particulièrement de ceux qui
» ont été écrits par des personnes capables de
» nous donner de bonnes instructions, car c'est
» une espèce de conversation avec leurs auteurs;
» et il me semble que toute la sagesse qu'on a
» coutume d'avoir n'est acquise que par ces
» quatre moyens.

» Or, il y a eu de tout temps de grands
» hommes qui ont tâché de trouver un cinquième

» degré pour parvenir à la sagesse, incompara-
» blement plus haut et plus assuré, c'est de cher-
» cher les premières causes et *les vrais principes*
» *dont on puisse déduire les raisons de tout ce*
» *qu'on est capable de savoir.* Toutefois, je ne
» sache point qu'il y en ait eu jusqu'à présent à
» qui ce dessein ait réussi, » pas même Platon,
pas même Aristote. Ces deux grands hommes
avaient beaucoup d'esprit, et beaucoup de la sagesse qui s'acquiert par les quatre moyens précé-
dents, mais ils n'étaient point parvenus au cinquième et plus haut degré de sagesse. De là, le
scepticisme de l'école de Platon, et le sensualisme
de celle d'Aristote.

Le scepticisme « ne fut pas longtemps suivi ;
» l'erreur sensualiste a été quelque peu corrigée
» en ce qu'on a reconnu que les sens nous trom-
» pent en beaucoup de choses ; » mais pour que
cette erreur soit entièrement ôtée il faut « *faire*
» *voir que la certitude n'est pas dans le sens mais*
» *dans l'entendement quand il a des perceptions*
» *évidentes.* Faute d'avoir connu cette vérité,
» ou de s'en être servis, la *plupart* de ceux de
» ce dernier siècle ont suivi *aveuglément* Aristote
» et même ont souvent corrompu le sens de ses
» écrits. Ceux qui ne l'ont pas suivi, du nombre

» desquels ont été plusieurs des meilleurs esprits,
» ont tous supposé pour principe quelque chose
» qu'ils n'ont point parfaitement connu. Par
» exemple, je n'en sache aucun qui n'ait sup-
» posé la *pesanteur dans les corps terrestres*,
» dont nous ne connaissons pas la nature. On
» peut dire de même du vide, des atomes, du
» chaud, etc., que quelques-uns ont supposés
» pour leurs principes, d'où il suit que tous les
» raisonnements qu'ils ont appuyés sur de tels
» principes n'ont pu leur donner la connaissance
» certaine d'aucune chose, ni par conséquent les
» faire avancer d'un pas de plus dans la recherche
» de la sagesse. Toutefois, je ne veux rien dimi-
» nuer de l'honneur que chacun d'eux peut pré-
» tendre. Je suis seulement obligé de dire que
» ceux qui ont le moins appris de tout ce qui a
» été nommé jusques ici philosophie, sont les plus
» capables d'apprendre la vraie.

» Les principes par lesquels on peut parvenir
» à ce plus haut degré de sagesse auquel consiste
» le souverain bien de la vie humaine sont
» ceux que j'ai mis en ce livre. Deux raisons
» seules sont suffisantes à le prouver, dont la
» première est qu'ils sont très-clairs, et la se-
» conde, qu'on en peut déduire toutes les autres

» choses. Or, je prouve aisément qu'ils sont très-
» clairs, premièrement par la façon dont je les ai
» trouvés, à savoir, en rejetant toutes les choses
» auxquelles je pouvais rencontrer la moindre
» occasion de douter, car il est certain que celles
» qui n'ont pu en cette façon être rejetées, lors-
» qu'on s'est appliqué à les considérer, sont les
» plus évidentes et les plus claires que l'esprit hu-
» main puisse connaître.

» Ainsi, en considérant que celui qui veut
» douter de tout, ne peut toutefois douter qu'il ne
» soit pendant qu'il doute, et que ce qui raisonne
» ainsi, en ne pouvant douter de soi-même et
» doutant néanmoins de tout le reste, n'est pas
» ce que nous disons être notre corps, mais ce
» que nous appelons notre âme ou notre pensée,
» j'ai *pris l'être ou l'existence de cette pensée*,
» pour le premier principe duquel j'ai déduit très-
» clairement le suivant, à savoir qu'il y a un
» Dieu qui est auteur de tout et qui, étant la
» source de toute vérité, n'a point créé notre en-
» tendement de telle nature qu'il se puisse trom-
» per au jugement des choses dont il a une per-
» ception fort claire et fort distincte. Ce sont là
» tous les principes dont je me sers touchant les
» choses immatérielles ou métaphysiques, des-

» quels je déduis très-clairement ceux des choses
» corporelles ou physiques, à savoir qu'il y a des
» corps étendus en longueur, largeur et profon-
» deur, qui ont diverses figures et se meuvent en
» diverses façons.

» L'autre raison qui prouve la clarté de ces
» principes est qu'ils ont été connus de tout temps
» et même reçus pour vrais et indubitables par
» tous les hommes, excepté seulement l'existence
» de Dieu, à cause qu'ils ont trop attribué aux
» perceptions des sens et que Dieu ne peut être
» vu ni touché.

» Il n'y a toutefois eu personne jusqu'à présent
» que je sache qui ait reconnu ces vérités pour
» les principes de la philosophie, c'est-à-dire pour
» telles qu'on en peut déduire la connaissance
» de toutes les autres choses. » Des principes que
j'accepte tout peut se déduire : « il me semble
» ne le pouvoir mieux prouver qu'en le faisant
» voir par expérience, c'est-à-dire en conviant
» les lecteurs à lire ce livre. Ceux qui le liront
» avec attention auront sujet de se persuader
» qu'il n'est pas besoin de chercher d'autres prin-
» cipes que ceux que j'ai établis pour parvenir à
» toutes les plus hautes connaissances dont l'es-
» prit humain soit capable. » Il voudrait qu'on

le relût trois ou quatre fois de suite, et croit que tout le monde peut l'entendre. « J'ai pris garde
» en examinant le naturel de plusieurs esprits,
» qu'il n'y en a presque point de si grossiers ni
» de si tardifs qu'ils ne fussent capables d'entrer
» dans de bons sentiments et même d'acquérir
» toutes les plus hautes sciences s'ils étaient
» conduits comme il faut. Et cela peut aussi être
» prouvé par raison, car puisque les principes
» sont clairs et qu'on n'en doit rien déduire que
» par des raisonnements très-évidents, on a tou-
» jours assez d'esprit pour entendre les choses
» qui en dépendent.

» En suite de quoi je voudrais ici expliquer
» l'ordre qu'il me semble qu'on doit tenir pour
» s'instruire. »

Cet ordre est celui qu'il a tenu lui-même et qu'il expose en détail dans le discours de la Méthode (V. plus haut, chap. X.)

Arrivant au livre des Principes il en fait connaître lui-même l'économie.

« Je l'ai divisé, dit-il, en quatre parties, dont
» la première contient les principes de la con-
» naissance, qui est ce qu'on peut nommer la
» *première philosophie* ou bien métaphysique.
» Les trois autres parties contiennent tout ce qu'il

» y a de plus général en la physique..... Afin
» de conduire ce dessein jusqu'à sa fin, je devrais
» ci-après expliquer en même façon la nature
» de chacun des autres corps plus particuliers qui
» sont sur la terre : des minéraux, des plantes, des
» animaux et principalement de l'homme ; puis
» enfin traiter exactement de la médecine, de la
» morale et des mécaniques. » Il ne se croit « ni si
» âgé ni si éloigné de son but, qu'il n'y pût par-
» venir s'il était aidé du public ; mais n'espérant
» plus rien de ce côté, il se contentera d'étudier
» pour son instruction particulière. »

Cependant, il se persuade qu'on peut tirer ces fruits de ses Principes : le premier est la satisfaction durable et solide que donne la contemplation de la vérité ; le second sera de s'accoutumer à mieux juger de toutes choses, effet contraire à celui de la philosophie commune, qui ne fait que des esprits pédants fermés à la vérité ;

« Le troisième est que les vérités qu'ils contien-
» nent étant très-claires et très-certaines ôteront
» tout sujet de dispute, et ainsi disposeront les es-
» prits à la *douceur et à la concorde* ;

« Le dernier et principal fruit de ces Principes
» est qu'on pourra, en les cultivant, découvrir
» plusieurs vérités.

« Les meilleurs esprits, en voyant la grande
» suite de vérités qu'on en peut déduire, et jus-
» qu'à quel *degré de sagesse, à quelle perfection*
» *de vie et à quelle félicité* ils peuvent conduire, »
s'emploieront sans doute de tout leur pouvoir à
les cultiver. — « Je souhaite, dit-il en terminant,
que nos neveux en voient le succès. »

Ainsi, en résumé, la philosophie est l'étude de
la sagesse ou de la science ; la science est la nourriture de l'âme et son bien souverain ; mais pour
que cette science soit véritablement *la science et
la sagesse*, il faut qu'elle soit *déduite* de principes premiers, évidents et féconds, c'est-à-dire tels
qu'ils soient parfaitement clairs et distincts, et
que ce soit d'eux que dépende la connaissance
de toutes les autres choses. C'est donc par la
recherche de ces principes que la philosophie doit
commencer. Nul philosophe jusqu'ici n'a apporté
assez de rigueur dans cette recherche. Le doute
méthodique a mis Descartes en possession de ces
principes qui sont les suivants : En métaphysique, l'être ou l'existence de cette pensée, de cet
esprit qui est *moi*, l'existence de l'être infini, de
l'esprit parfait, la certitude absolue de la raison ; en
physique, les notions et axiomes mathématiques.

Ces principes sont tellement clairs qu'ils ont

été reconnus de tout temps. D'eux tout peut se déduire : on en jugera par le livre lui-même que chacun peut comprendre. Nous pouvons ajouter aujourd'hui : on en jugera par les progrès de la science moderne, qui tous sont sortis de ces principes évidents et féconds.

On aperçoit clairement dans cette introduction la profondeur, l'étendue et l'utilité de la doctrine cartésienne, la *profondeur* où elle atteint par la réflexion intérieure, saisissant au-delà des simples phénomènes l'être vrai, l'être fini d'abord, puis l'être infini et parfait, d'où la certitude absolue de la raison et de la science ; « l'*étendue* que lui donne la conception de la liaison rationnelle de toutes choses, d'où la portée infinie de la raison » (Ravaisson); l'*utilité* qu'elle doit procurer à l'individu et à l'humanité tout entière par les conquêtes successives et indéfinies de la raison, conquêtes que cette philosophie inaugure, et qu'elle doit continuer et prolonger sans se reposer jamais, jusqu'à ce qu'elle ait « élevé tous les hommes à la » sagesse, à la perfection de la vie et à la félicité. »

1re PARTIE. — PRINCIPES DE LA CONNAISSANCE.

La première partie des principes est une énergique et puissante condensation de la matière contenue dans les *Méditations* et les *Réponses*, accrue de l'examen et de la solution de quelques questions qui n'ont pu trouver place dans l'œuvre précédente, ou qui n'y ont été touchées qu'en passant. Nous nous arrêterons seulement ici aux questions nouvelles et aux développements nouveaux, en priant le lecteur de se reporter, pour le fond même de la métaphysique, au chapitre précédent. Disons d'abord un mot du changement qui se remarque ici dans l'ordre des preuves de l'existence de Dieu.

La preuve qui se tire de l'idée seule de l'Etre parfait, et qui, dans les *Méditations*, est la troisième, se trouve ici la première. Descartes avant Kant a vu que cette preuve est le fondement de toutes les autres. Les Principes, sans appareil de définitions, d'axiomes ni de postulats, présentent la philosophie cartésienne sous une forme synthétique et déductive, en opposition avec les Méditations qui sont une œuvre d'analyse. Il est donc naturel que l'idée qui, dans les Méditations, est le point culminant de la marche analytique se trouve dans les *Principes* au début de la synthèse. Dans ce dernier ouvrage, tout, sauf l'existence du moi, se déduit de l'idée de perfection; et on pourrait même dire que la certitude de l'existence du moi dérive de la certitude de l'existence de Dieu. Il ne faut donc pas voir là, avec Emile Saisset, « un changement de méthode, le passage de la méthode psychologique à la méthode géométrique .»

La méthode psychologique dont on parle, qui se borne à l'observation et à la coordination des phénomènes, et conçoit au-delà une substance inaccessible, Descartes ne l'a jamais connue; la méthode géométrique, il l'a toujours pratiquée; seulement, comme elle a deux procédés inverses, il suit, selon le cas, tantôt l'un, tantôt l'autre, tantôt l'analyse et tantôt la synthèse; l'analyse, quand il cherche la vérité, la synthèse, quand il l'expose et la démontre.

Ici le métaphysicien, éclairé par l'analyse faite antérieurement dans les Méditations, « apercevant dans l'idée claire et distincte qu'il a d'un être tout bon, tout intelligent et tout-puissant, non-seulement l'existence possible, mais l'existence nécessaire et éternelle, en doit conclure que cet être existe, *ex eo solo quod percipiat existentiam necessariam et æternam in entis summè perfecti ideâ contineri plane concludere debet ens summè perfectum existere.*

En ce qui touche Dieu, Descartes n'exclut pas seulement la recherche des *causes finales,* mais les *causes finales* elles-mêmes. Les causes finales, si on les admettait, ramèneraient, par un chemin détourné, cette insupportable fatalité que Descartes a déjà repoussée comme attentoire à la liberté absolue de Dieu. La Bonté infinie ne peut être limitée par les dictées de l'intelligence; elle est absolument et infiniment libre; c'est ce qu'elle veut qui est vrai et bien; il n'y a pas de cause finale en Dieu, mais une cause efficiente qui est la bonté même ou la perfection de son essence. Descartes exclut aussi les causes finales de l'univers matériel où tout se produit par le choc, en conséquence d'une première impulsion reçue directement de Dieu, et suivant les lois de la mathématique. Mais il n'en est plus de même dans le monde moral, dans l'homme. Selon la doctrine expresse de Descartes, il y a des causes ou raisons finales dans l'homme et en général dans tout esprit créé, dans toute âme, car toute âme est créée *pour* le vrai et *pour* le bien établis par Dieu : le vrai et le bien sont les causes finales des âmes. En rétablissant, non plus avec les scolastiques, mais avec Leibniz, les forces simples, les monades, les âmes, dans la nature, on y rétablit du même coup les causes finales. Mais on ne les rétablit pas en Dieu. La pensée de Descartes, ici, demeure inébranlée, parce que, pour qui sait la comprendre, elle est inébranlable. Dieu crée les causes finales et ne les subit pas. Dieu n'est point pour cela absent du monde matériel; il y est présent par l'impulsion qu'il lui donne et lui conserve; il y est plus encore par les lois mathématiques qui le gouvernent et qui sont des dérivées de lois supérieures d'ordre et d'harmonie, lesquelles ont pour source première sa volonté infiniment libre et sa perfection infinie.

C'est une des vues les plus profondes de Descartes que celle de l'infini de la liberté en Dieu et aussi dans l'homme. Car, quoique déterminée au vrai et au bien établis par la volonté souveraine, notre volonté est infiniment libre; c'est que vouloir le vrai bien, c'est se vouloir soi-même. Mais, du reste, la vue claire que nous avons de notre liberté suffit, selon Descartes, pour prouver que nous sommes libres. Nul, sous ce rapport, n'a maintenu avec plus d'énergie que lui notre libre personnalité et ce que Kant appelle la *volonté autonome*. « Notre *libre arbitre*
» est notre *principale perfection*, et il *n'y a*
» *rien que nous connaissions plus clairement.* »

Mais comment accorder notre liberté infinie et sans bornes avec la préordination divine ? Car

Dieu a « préordonné », c'est-à-dire « connu et voulu toutes choses de toute éternité. »

« Nous avons bien assez d'intelligence pour *connaître* que cette puissance est en Dieu, mais pas assez pour la *comprendre*, puisqu'elle est quelque chose d'infini. « Nous aurions donc tort de douter de ce que nous *apercevons intérieurement* et que nous savons par expérience être en nous (à savoir la liberté), parce que nous ne comprenons pas une autre chose que nous savons être incompréhensible de sa nature. » Dans ses lettres à la princesse Élisabeth, Descartes insiste encore plus qu'ici sur cette *préordination divine;* de telle sorte qu'on pourrait croire, d'après ses paroles, que Dieu a voulu le mal, le mal moral. C'est ajouter inutilement aux difficultés du problème. Ce problème peut-être recevrait une solution satisfaisante, ou du moins s'éclairerait d'une vive clarté, en admettant cette idée, très-conforme du reste à l'esprit de la métaphysique cartésienne, que la préordination divine n'est que l'amour du bien, mis en nous par Dieu, et l'attrait tout puissant du bien, lequel implique, au lieu de l'exclure, la liberté.

2ᵉ PARTIE.

D'après la métaphysique, la raison est le juge

souverain du vrai et du faux; mais elle l'est à une condition, c'est qu'elle n'admette que les *idées claires et distinctes*. S'il en est ainsi, la *matière* ne sera pas autre chose que la *quantité*. « *Plane profiteor*, dit Descartes, *me nullam aliam rerum corporearum materiam agnoscere quàm illam omnimodò divisibilem, figurabilem et mobilem quam geometræ quantitatem vocant, et pro objecto suarum demonstrationum assumunt; ac nihil plane in ipsa considerare præter istas divisiones, figuras, et motus.* » Il ajoute, ce qu'il est important de remarquer : « *Et quia sic omnia naturæ phænomena possunt explicari, nulla alia physicæ principia puto esse admittenda, nec alia etiam optanda*, puisque tous les *phénomènes* de la nature peuvent ainsi s'expliquer, il ne faut, selon moi, ni admettre ni rechercher d'autres principes. »

La matière étant constituée par l'étendue, ou quantité continue, le monde matériel est infini; ou du moins, en réservant ce terme pour Dieu seul, *indéfini*; il l'est dans le temps comme dans l'espace, et peuplé sans doute de créatures intelligentes, ajoute-t-il dans ses lettres. Mais, lui dira la reine de Suède inquiète et troublée, et presque effrayée à la pensée de ce monde sans bornes, où se retrouvent partout la vie et l'intelligence : « nous ne sommes donc plus le centre de tout ? nous ne sommes donc plus rien ? » — « Les biens qui peuvent être en toutes les créatures intelligentes d'un monde indéfini, répond Descartes, ne rendront pas moindres ceux que nous possédons ; au contraire, nous devons nous estimer davantage à cause que nous sommes des parties d'un tout plus accompli, et nous avons d'autant plus de sujet de louer Dieu, à cause de l'immensité de ses œuvres. » Il fait voler en éclats « la coquille de l'œuf » dans lequel se remuait le petit monde de Platon, d'Aristote et des scolastiques, et dévoile aux regards émerveillés un univers sans bornes, maintenu dans une inaltérable harmonie par les lois mathématiques. C'est par là surtout, c'est par cette grande conception où s'unissent l'esprit géométrique, la grande imagination créatrice des poètes et des artistes, et le plus hardi génie philosophique, qu'il frappa l'esprit et l'imagination de son siècle.

Tout se produit dans ce monde suivant les lois de la mécanique. Mais il ne faudrait pas confondre, ni même comparer ce *mécanisme* avec celui d'Épicure ou de Démocrite, car, selon Descartes et contrairement à Démocrite et à Epicure, le mouvement *vient de Dieu*, il n'y a dans l'univers *ni vide, ni atomes, ni hasard*, puisque tout est régi par les lois mathématiques. Maintenant la matière, *étendue pure*, est inerte, c'est-à-dire que le mouvement lui vient du dehors et qu'une fois mise en mouvement, elle y persévère; dès lors, le mouvement est considéré comme un simple changement de relation dans l'espace; et il ne faut pas plus d'action pour le mouvement que pour le repos, *non plus actionis requiritur ad motum quam ad quietem*. Nous avons vu en analysant le fragment qui nous reste du Monde, quelles sont les lois premières du mouvement, ou lois de la nature, qui dérivent de la perfection de Dieu. De ces trois lois, *ni repos ni mouvement sans cause, mouvement naturel en ligne droite avec une intensité constante, conservation de la même quantité de mouvement et réaction égale à l'action*, dérivent à leur tour les lois du choc ou de la percussion. Mais sur *sept* lois du choc que donne Descartes, cinq sont fausses, parce qu'il ne veut pas accorder à la matière l'élasticité qui cependant paraît lui être essentielle, et qui tient sans doute à ce qu'elle est autre chose que de l'étendue.

Soit deux corps élastiques b et c qui vont dans le même sens; b est en arrière; et soit v et v' leurs vitesses respectives avant qu'ils se rencontrent. A l'instant du choc ils se pressent mutuellement jusqu'à ce qu'ils aient une égale vitesse que nous appellerons z. Alors b a perdu $v-z$, et c a gagné $z-v'$. Le ressort en se rétablissant dans chacun d'eux, fait que b perd encore $v-z$, et que c gagne encore $z-v'$. Maintenant soit x et y leurs vitesses respectives, après le choc et le ressort rétabli, on a :

$$x = v - 2v + 2z \ ; \ y = v' + 2z - 2v', \text{ ou}$$
$$(1) \ x = 2z - v \qquad y = 2z - v'$$

Mais d'après la loi, que la réaction est égale à l'action, la *quantité de mouvement* gagnée d'une part, est égale à la quantité de mouvement perdue de l'autre (la quantité de mouvement est la masse multipliée par la vitesse), et

$b(v-z) = c(z-v')$; d'où $bv - bz = cz - cv'$, $bv + cv' = bz + cz$ et

(2) $z = \frac{bv + cv'}{b + c}$. Substituant dans les équations (1), il vient :

$$(3) \qquad x = \frac{2cv' + bv - cv}{b + c}$$

$$(4) \qquad y = \frac{2bv + cv' - bv'}{b + c}$$

Quand les corps vont en sens contraire, il suffit de changer le signe de v', et l'on a :

$$(5) \qquad x = \frac{bv - 2cv' - cv}{b + c}$$

$$(6) \quad y = \frac{bv' + 2.bv - cv'}{b+c}$$

Dans le cas où les deux corps sont égaux, et vont en sens contraire avec des vitesses égales, $b = c$ et $v = v'$; on a alors $x = -v$ et $y = v$. C'est la *première loi* de Descartes, et elle est exacte : *deux corps égaux se choquant avec des vitesses égales, rejaillissent chacun avec sa vitesse.*

La deuxième loi, *inégaux et les vitesses égales, le moindre seul rejaillit, et ils vont tous deux ensemble du même côté, avec la vitesse qu'ils avaient avant le choc,* est fausse, car en faisant dans les équations (5) et (6) $b > c$, et $v = v'$, il vient :

$$(7) \quad x = \frac{bv - 3cv}{b+c} \text{ et } y = \frac{3bv - cv}{b+c}$$

b s'arrête si sa quantité de mouvement est égale à trois fois celle de c, il avance si elle est plus grande et recule si elle est plus petite; c arrête un corps triple et rejaillit alors avec une vitesse double, puisque $b = 3c$ dans les équations (7) donne $x = 0$ et $y = 2$. Il avance si la quantité cv est plus grande que $3bv$, recule si elle est plus petite.

La troisième loi, *égaux et les vitesses inégales, le plus lent seul rejaillit, et ils vont ensemble du même côté, avec une vitesse commune moitié* de celles qu'ils avaient avant le choc est fausse, car en faisant dans les équations (5) et (6), $b = c$ et $v > v'$, on a $x = -v'$, et $y = v$, d'où il suit que les deux corps échangent leurs vitesses et rejaillissent.

La quatrième, *inégaux et le plus grand en repos, l'autre rejaillit sans lui imprimer aucun mouvement*, est fausse, car en faisant (4) et (5), $b < c$ et $v' = 0$, il vient :

$x = \frac{bv - cv}{b+c}$, valeur négative qui indique que b rejaillit, et $y = \frac{2bv}{b+c}$, valeur positive qui indique que c est ébranlé par b et mis en mouvement par lui, dans le sens où celui-ci se mouvait avant le choc.

La cinquième, *inégaux et le plus petit en repos, l'autre lui transfère une partie de son mouvement, telle qu'ils vont ensuite de même vitesse*, est vraie en partie, car en faisant (3) et (4) $b > c$ et $v' = 0$, $x = \frac{bv - cv}{b+c}$ et $y = \frac{2bv}{b+c}$: deux valeurs positives; b met donc c en mouvement dans le même sens que lui, mais avec une vitesse différente, puisque $bv - cv$ ne peut être égal à $2bv$. Cette partie de la loi, fausse pour les corps élastiques, est vraie pour les corps sans élasticité aucune.

La sixième, *égaux et l'un en repos, celui qui*

se meut communique à l'autre une partie de son mouvement, et il rejaillit avec la partie qui lui reste, est fausse, car en faisant (3) et (4) $b = c$ et $v' = o$, on trouve $x = o$ et $y = v$: b est réduit au repos et c lui prend toute sa vitesse.

La septième, *les deux corps allant du même côté, ou bien celui qui poursuit communique à l'autre une partie de son mouvement, et tous les deux marchent ensemble, ou bien il rejaillit sans lui rien communiquer, ou enfin lui en communique une partie et rejaillit avec la partie qu'il garde, et cela suivant les proportions de* b *et de* c, *de* v *et de* v', est fausse, comme le montre la discussion des équations (3) et (4), comparée aux assertions de Descartes. Ainsi, ce grand esprit n'a rencontré juste que dans la première et la cinquième loi. Mais appliquées aux corps sans ressort aucun, quelques-unes de ses lois se trouvent justes. Il le prouve lui-même dans une lettre à Mersenne de 1640 (VIII, 382).

« Quand j'ai dit qu'une boule A, qui en rencontre une autre B, qui lui est double en grosseur, lui doit donner les deux tiers de son mouvement, cela s'entend, afin qu'elle se joigne à elle, et qu'elles se meuvent ensemble après cela, et qu'elles soient parfaitement dures (sans ressort) et sur un plan parfaitement poli, etc.; d'où il est facile à calculer, suivant la loi de la nature que j'ai tantôt touchée, à savoir que *si un corps en meut un autre, il doit perdre autant de son mouvement qu'il lui en donne.* Car si A et B se meuvent ensemble, chaque moitié de B a autant de mouvement que A, et ainsi B a deux tiers, et A un tiers de tout le mouvement qui était auparavant en A seul. » Ceci corrige en partie ce qu'il y a d'étrange dans la quatrième loi.

En résumé, Descartes s'est donc beaucoup trompé. Mais, à travers ses erreurs, perce et monte triomphante vers le ciel, comme un tronc souple et vigoureux à travers des roches arides, et portant déjà des fruits heureux, cette pensée immortelle qu'il y a des lois nécessaires et absolues du mouvement et du choc, et que la mathématique se joue dans le monde en l'ordonnant.

Ses erreurs tiennent à l'idée incomplète et comme inachevée qu'il se fait du mouvement et du rejaillissement : pour lui, il n'y a pas plus d'action dans le mouvement que dans le repos, d'où cette erreur grave qu'il y a autant d'action dans le repos que dans le mouvement, et cette étrange quatrième loi signalée plus haut; le rejaillissement a lieu sans ressort et sans élasticité, uniquement parce qu'un corps qui se meut ne peut perdre son mouvement et change seulement la direction de ce mouvement. Elles tiennent aussi sans doute à ce qu'il n'a pas tenu compte ou n'a pas eu l'idée de *la loi de continuité* qui suffit, selon Leibniz, pour prouver que plusieurs de ses lois sont fausses. Mais leur racine commune doit être cherchée plus profondément encore ; elle est dans cette idée du mouvement conçu indépendamment de l'action spirituelle qui en est la source intérieure.

En négligeant cette cause intérieure du mouvement il ne s'est pas seulement trompé sur plusieurs lois de la percussion, il s'est mis peut-être dans l'impossibilité d'expliquer, d'une part, les défauts des œuvres de la nature et, d'autre part, le progrès de celle-ci dans son évolution. Cependant son mécanisme n'en renferme pas moins une précieuse vérité. Nous allons essayer de faire voir comment peuvent être levées les difficultés que présente le mécanisme de Descartes et quelle est la part de vérité qu'il contient.

Les défauts des œuvres de la nature qui sont inexplicables peut-être quand le mouvement est attribué à Dieu, comme à sa cause immédiate, et qui peuvent même fournir des arguments contre l'existence de cet être parfait, s'expliquent très-naturellement, ce semble, par l'action de forces imparfaites, que le bien sollicite par sa beauté, et qui font effort pour l'atteindre, mais qui, finies et limitées, ne peuvent que s'en approcher. Il en est de même, dès lors, du progrès vers la perfection, que nous révèle l'histoire de la nature, semblable en ceci à l'histoire de l'humanité. Ce progrès nous montre dans l'univers un ensemble de forces analogues à l'âme. Cette évolution, ce passage de formes imparfaites à des formes de plus en plus parfaites, d'une vie élémentaire et obscure à une vie de plus en plus riche et consciente d'elle-même, est le résultat de cet effort vers le bien et vers le beau incessamment répété.

Mais les forces actives et pensantes, pensantes à des degrés différents, qui sont tendues constamment dans la nature, ne peuvent produire leur effet qu'à de certaines conditions qui en sont le *déterminisme*. Tout phénomène physique a son déterminisme dans des faits de l'ordre mécanique et mathématique; tout phénomène chimique dans des faits de l'ordre physique; tout phénomène physiologique dans des faits de l'ordre physico-chimique; tout phénomène psychologique dans des faits de l'ordre physiologique. Le *détermi-*

nisme et la *condition* cependant ne sont pas la *cause* : les causes, c'est-à-dire les âmes et les analogues de l'âme, agissent toujours, puisqu'elles *pensent* toujours, et que penser c'est agir et connaître, vouloir et savoir, ou au moins tendre et sentir, avoir, comme dit Leibnitz, *l'appétit* et la perception; et c'est pourquoi, selon M. Claude Bernard, tous les faits sont en *puissance* dans la nature. Mais ces faits attendent pour *se produire*, pour *passer à l'acte*, la réalisation de leur déterminisme, c'est-à-dire des *conditions* de leur apparition. En remontant le courant des siècles innombrables qui sont derrière nous et le torrent infini des phénomènes, comme en remontant la série des faits qui se produisent dans un être vivant depuis l'épanouissement de la pensée jusqu'aux plus obscures profondeurs de la vie embryonnaire, nous voyons que tous les faits ont, en dernière analyse, pour *déterminisme* et pour *condition* des faits de l'ordre mécanique, et que tout phénomène est soumis à la loi mathématique. C'est ce côté des choses que nous a dévoilé le génie de Descartes : c'est là la part de vérité que contient son système. Mais en descendant le grand fleuve, au lieu de le remonter, nous voyons que tout mouvement a pour *cause* l'action de forces pensantes que meut l'attrait du beau et du bien ou de la perfection et que la mécanique n'atteint pas. Tout se fait mécaniquement, disait Leibniz, mais la mécanique même a un principe qui doit être cherché hors de la nature. « Si chaque mouvement a une condition physique dans un mouvement antérieur, il a son principe effectif, sa cause dans une action qu'explique seule, en dernière analyse, la puissance du bien et du beau. » (F. Ravaisson.) C'est bien aussi ce que pensait au fond Descartes quand il cherchait et trouvait dans la métaphysique les principes de la physique et les lois premières de la mécanique, et quand il attribuait tout mouvement à l'action immatérielle de Dieu. Mais il a eu le tort de supprimer dans la nature les forces secondes qui sont sollicitées par l'attrait du bien, et qui agissent par des raisons finales.

3ᵉ PARTIE. — DU MONDE VISIBLE.

Les principes expliqués ci-dessus sont si amples et si féconds qu'il en résulte beaucoup plus d'effets que n'en contient ce monde visible, beaucoup plus même que nous n'en saurions parcourir par la pensée. C'est pourquoi, voulant expliquer seulement la nature telle qu'elle se présente à nous et le nombre limité de faits réels qui s'y rencontrent, il convient de faire d'abord une énumération et une description des faits principaux qu'il s'agira ensuite d'expliquer, c'est-à-dire de déduire des principes.

Telle est, en effet, la méthode vraie de la physique en général et de la physique céleste en particulier : reconnaître et décrire les faits et en second lieu les expliquer d'une manière rationnelle et intelligible en les déduisant, s'il est possible, de principes clairs et évidents. Mais ces principes, comme le remarque Descartes, doivent être si universels, qu'ils expliquent non-seulement les phénomènes célestes, mais tous les phénomènes terrestres, tous les faits nouveaux qui viendraient à se produire, et même tous les faits possibles.

Vient alors une rapide description du monde visible, dans laquelle nous aurions plusieurs erreurs à relever, surtout en ce qui concerne les rapports de grandeur et les distances respectives du soleil et des planètes; mais Descartes n'est sans doute pas responsable de ces mesures inexactes. On pourrait cependant lui reprocher de ne pas les avoir contrôlées. Il est deux autres reproches auxquels il lui serait plus difficile d'échapper : d'une part, il dissimule le plus qu'il peut le mouvement de la terre ; et d'autre part il ignore ou dédaigne les admirables travaux et les découvertes capitales de Kepler.

Quant aux étoiles fixes, il les place avec raison à des distances incalculables de nous et en fait des centres de systèmes planétaires.

Maintenant comment expliquer la formation de ces mondes lumineux semés dans l'espace?

La matière, à l'origine ébranlée par Dieu, se brise en fragments qui roulent en *tourbillons*; car dans le plein, le mouvement se fait nécessairement en *cercle*. Ces tourbillons sont comme des fleuves immenses qui s'enroulent sur eux-mêmes. Néanmoins, ce n'est que parce qu'elles rencontrent des obstacles, que les particules matérielles décrivent des circonférences, car, d'elles-mêmes, en vertu d'une des lois premières de la nature, elles tendent à se mouvoir en ligne droite. Les plus grosses ayant plus de force pour continuer leur mouvement en ce sens, cherchent à décrire les circonférences les plus grandes, et à se mouvoir ainsi sur les confins extrêmes des tourbillons, tandis que les plus petites se meuvent plus près du centre. Dans le frottement mutuel, les particules usent leurs angles et s'arrondissent. Ces corpuscules arrondis sont le *second élément ou matière du ciel*. La matière du ciel est donc toute composée de boules dures qui se touchent et transmettent *instantanément* à l'extrémité d'une ligne quelconque toute pression exercée à l'autre extrémité. La poussière qui provient du frottement et de l'usure des corpuscules arrondis est *le premier élément* ou *matière subtile*, qui, naturellement, d'après ce qui a été dit, est portée vers le centre du tourbillon et en forme le noyau central et lumineux ; elle ne s'y maintient pas cependant toute entière ; elle a même une tendance naturelle à s'en éloigner par le rayon ; car en vertu de la loi du mouvement en ligne droite, il se développe dans tout mouvement circulaire, comme on le voit par l'exemple de la fronde, une force centrifuge. Une partie se précipite donc avec une rapidité vertigineuse dans les intervalles que laissent entre elles les boules du second élément. La partie qui reste au centre et qui *tend* seulement à s'en éloigner sans y réussir, produit la lumière. La lumière est cette *tension* transmise par les boules du second élément jusqu'à notre œil. Quant à la partie qui s'échappe du centre, elle est immédiatement remplacée par une autre. La rotation des tourbillons amène ainsi un mouvement constant de déperdition et de réparation : de déperdition du centre à la circonférence dans le plan de l'Equateur; de réparation de la circonférence équatoriale aux pôles, et des pôles au centre. C'est ce courant constant qui explique la direction de l'aiguille aimantée.

Les particules de la matière subtile qui parviennent aux confins du tourbillon perdent une partie de leur mouvement par les chocs qu'elles subissent; elles s'agrégent et forment ainsi le troisième élément analogue aux scories qui apparaissent à la surface des bains métalliques. Ces scories finissent elles-mêmes par former une croûte. La terre est un soleil encroûté dont jadis le tourbillon alourdi et trop faible a été englouti par celui du soleil. C'est ainsi que se forment les planètes. Les planètes sont des tourbillons absorbés par d'autres plus puissants dans le sein desquels elles continuent leur rotation, en prenant une situation qui les met en équilibre avec un égal volume de la matière dans laquelle elles nagent; moins elles ont de matière plus, selon une loi déjà énoncée, elles tombent près du centre du tourbillon qui les enveloppe. Les planètes sont des mondes tombants. Ainsi se sont formés les systèmes planétaires, en nombre indéfini, qui roulent dans l'espace sans bornes.

Sans doute, la conception de Descartes n'explique pas tous les faits, mais quelle grandeur et quelle simplicité! Cette vaste machine s'est brisée, mais les pièces sont encore admirables à contempler et peuvent servir à de nouvelles constructions. Les tourbillons ont servi à Laplace à expliquer la formation des mondes, mais cette explication n'est pas le dernier mot de la science, car Laplace admet encore avec Newton une qualité occulte, l'attraction, et l'attraction doit elle-même s'expliquer mécaniquement. La science actuelle, plus philosophique, se rapproche de plus en plus, non pour les détails sans doute, mais pour l'esprit général, de la conception de Descartes, qu'elle commence enfin à comprendre dans toute sa grandeur; et c'est pourquoi elle essaie de ramener les phénomènes matériels quels qu'ils soient au mouvement. Le plus grand progrès de la science moderne dans ces dernières années, la théorie mécanique de la chaleur a été, nous pouvons le constater avec une joie légitime, un retour à la pensée cartésienne. Les savants l'ignorent généralement; il est bon de les en faire souvenir, car c'est être utile à la science que de rappeler les titres des grands hommes.

IVᵉ PARTIE. — LA TERRE.

La terre est donc un tourbillon absorbé et encroûté qui est venu tomber vers le soleil avec l'air qui l'environne jusqu'à l'endroit où elle est à présent. A l'intérieur de la terre, il y a encore du feu, puis vient la région moyenne et enfin la croûte refroidie sur laquelle nous habitons.

Les principes mécaniques doivent expliquer la formation de tous les corps simples et composés qui sont sur la terre, et rendre compte de tous les phénomènes qui se passent dans son intérieur et à sa surface. C'est ainsi que Descartes conçoit sa tâche. L'a-t-il remplie? Non, et nul encore aujourd'hui ne pourrait la remplir. Mais il était bon qu'un homme d'un génie audacieux posât le problème dans toute son étendue. Nous nous contenterons d'indiquer ici ses idées les plus générales, ou ses solutions particulières les plus dignes d'attention, celles qui peuvent intéresser plus particulièrement la science contemporaine et lui ouvrir des perspectives nouvelles.

« Les quatre principales actions qui ont contribué à la formation de tous les corps sont l'agitation de la matière subtile, la pesanteur, la lumière et la chaleur. »

L'agitation de la matière subtile creuse des pores en ligne droite dans les corps terrestres et les rend transparents; elle rapproche ou éloigne, suivant les cas, les éléments des corps et sert aux actions chimiques ; elle arrondit les gouttes de liqueur plongées dans l'air ou dans un autre liquide en les pressant également de tous côtés.

« *La pesanteur* a beaucoup de rapport avec l'action qui fait que les gouttes d'eau deviennent rondes; car c'est la même matière subtile qui fait que par cela seul qu'elle se meut indifféremment de tous côtés autour d'une goutte d'eau, pousse également toutes les parties de la superficie vers son centre, et qui par cela seul qu'elle se meut autour de la terre, pousse aussi vers elle tous les corps pesants. *La lumière* et *la chaleur* se ramènent au mouvement, avec cette différence cependant, que la lumière est plutôt une *tension*, ou tendance au mouvement, et la chaleur une « agitation réelle, soit qu'elle ait été excitée par la lumière du soleil, soit par quelque autre cause; principalement lorsqu'elle est plus grande que de coutume et qu'elle peut mouvoir assez fort les nerfs de nos mains pour être sentie. »

La propagation de la chaleur s'explique naturellement par la propagation du mouvement. Il donne ici une raison très-intelligible de la dilatation ordinairement due à la chaleur. « La raison est que les parties des corps terrestres ayant des figures irrégulières peuvent être mieux agencées l'une contre l'autre, lorsqu'elles retiennent toujours une même situation que lorsque leur mouvement la fait changer, et de là vient que la chaleur raréfie (dilate) presque tous les corps terrestres, les uns toutefois plus que les autres, selon la diversité des figures et des arrangements de leurs parties; en sorte qu'il y en a aussi quelques-uns qu'elle condense, parce que leurs parties s'arrangent mieux et s'approchent davantage l'une de l'autre étant agitées que ne l'étant pas. »

Il explique le phénomène des marées de la manière suivante : Le petit tourbillon terrestre qui s'étend bien au-delà de l'atmosphère et comprend une partie de la matière du ciel, absorbé mais non anéanti dans le grand, a moins d'espace pour circuler entre la terre et la lune qu'il n'en a ailleurs dans les espaces plus libres; d'où il suit qu'il y circule plus rapidement, comme une rivière dont les rives se resserrent, et, par conséquent, qu'il presse plus l'air et l'eau en cet endroit et détermine ainsi un flux, une marée, non par attraction, ce qui ne se comprend pas, mais par pression.

En continuant de lire ses explications des phénomènes physiques et chimiques, on est confondu de trouver tant d'inventions gratuites, tant de combinaisons purement imaginaires et finalement tant d'erreurs de détail. Nous ne fermons pas les yeux sur ces défauts graves que nous nous bornons à signaler ici, jugeant inutile et fastidieux de les relever un à un. Cependant ses imaginations ne sont pas de pures rêveries; il affirme, et son affirmation est vraie, qu'il n'y a pas une de ses assertions qui ne soit basée sur de nombreuses expériences. Ainsi sa matière cannelée et toutes ses suppositions relatives aux formes des molécules de l'eau, du vitriol, du vif argent, des sels, expliquent les faits tels qu'il les a vus et expérimentés. Dans ces inventions on retrouve une puissance de combinaison prodigieuse, et on ne peut s'empêcher d'admirer, tout en en regrettant l'emploi, la force et l'étendue de l'esprit qui a su combiner tant de formes et tant de mouvements divers pour rendre raison des observations et des expériences qu'il avait faites. Mais après avoir signalé le défaut, il faut aussi relever le mérite général de ses explications, particulièrement en chimie.

Dans les phénomènes chimiques, la matière

subtile joue, nous l'avons vu, le rôle principal. Jamais elle n'agit par *attraction* ou *affinité*, qualités occultes qui sont du ressort de la science enfantine et de la philosophie paresseuse, mais toujours par la pression et le *choc*, moyens clairs et intelligibles qui sont du domaine de la science adulte et de la philosophie active.

Descartes, bornant alors ses recherches, ou du moins ses explications, au monde inorganique, n'aborde pas les problèmes de la vie, ni ceux des rapports de l'âme et du corps. Mais il ajoute quelques considérations sur les sens que nous aurons l'occasion d'examiner plus tard à leur vraie place.

On voit, dit l'auteur à la fin de son OEuvre, en quoi ma philosophie est semblable à celle des autres, particulièrement à celle d'Aristote et à celle de Démocrite, et en quoi elle les dépasse. Elle leur est semblable en ce qu'elle adopte tous les principes clairs et évidents que celles-ci admettent, elle les dépasse en ce qu'elle ne reçoit que des principes clairs et évidents, en ce qu'elle les enchaîne d'une manière rigoureuse et mathématique, et qu'ainsi elle conduit ou peut conduire à l'explication de toutes choses, même des choses organisées et des êtres vivants dont je ne traiterai que plus tard.

Telle est en substance cette œuvre admirable, l'une des plus grandes créations du génie humain, et à laquelle, peut-être, il n'y a rien à comparer dans l'histoire des sciences et de la philosophie, car s'il y a des compositions aussi vastes, il n'y en a point d'aussi lumineuses. Non-seulement dans sa majestueuse et simple ordonnance, elle embrasse l'universalité des êtres et des faits, mais l'auteur suit, pour pénétrer les lois et l'essence des choses, la seule méthode qui puisse conduire au but.

Le Monde ordonné, ou Cosmos, peut être comparé à une œuvre d'art. Le grand art produit son œuvre sans cette lente et laborieuse combinaison de fins et de moyens, que croit y découvrir il est vrai une analyse incomplète et une observation superficielle et qu'emploie ensuite un art inférieur, mais qui n'est point à l'usage de l'art parvenu à sa perfection et dont celui-ci est naturellement libre ou dont il s'affranchit. Une œuvre d'art est en somme l'expression d'une seule idée, d'un seul état de l'âme, d'une seule et unique perfection que retrouve une analyse plus profonde. L'univers est l'œuvre d'un artiste divin. Une analyse encore superficielle y retrouve une combinaison ingénieuse de moyens et de fins. Une analyse plus profonde et plus savante y découvre l'unité de la perfection absolue. C'est à cette unité suprême que l'analyse des *Méditations* a conduit Descartes ; c'est elle qu'il recherche et retrouve dès le début des *Principes*. A partir de l'idée de perfection et à sa lumière commence immédiatement la synthèse. L'idée de perfection embrasse dans sa riche et infinie unité les principes premiers de la connaissance et toute la série des déductions dont la science déroulera éternellement les anneaux lumineux sans l'épuiser jamais. La Méthode de Descartes est celle de la science exacte, parfaite ; car il n'y a de science exacte que celle qui est le fruit de l'intuition et de la démonstration, et il n'y a de science parfaite que celle qui rattache toutes ses déductions au plus haut sommet de la métaphysique, à l'être parfait : la perfection seule rend tout intelligible, rend raison de tout et d'elle-même. Le génie audacieux de Descartes a ravi cette lumière en Dieu, et il la fait descendre de degré en degré, de déduction en déduction à tous les plans de sa majestueuse synthèse et jusques aux derniers détails de l'univers.

C'est du point de vue supérieur de la métaphysique qu'il embrasse l'unité de la science, qu'il aperçoit l'ordre et la succession de ses parties et qu'il construit le plan de ce grand ouvrage des *Principes* d'une ordonnance si belle et si régulière où tout se tient, où tout se lie et s'enchaîne, où tout est à sa place, où tout du moins a sa place marquée d'avance, et éclairée par cette lumière intelligible de la métaphysique et de la géométrie qui circule partout. A cette lumière s'enfuient les ébauches inachevées, les *formes substantielles*, les *qualités occultes* et tous les monstres ténébreux, produit du rêve ou de l'imagination enfantine des savants. Malgré les réserves que nous avons dû faire en ce qui concerne la cause intérieure du mouvement, les lois du choc et un grand nombre d'explications de détail, cet ouvrage reste un modèle pour la science et pour la philosophie. La science doit y apprendre à raisonner et à philosopher par ordre, et à chercher la lumière sur les hauteurs de la métaphysique; la philosophie doit essayer de reconstruire, sur ce plan, d'après cette méthode, le vaste ensemble des choses, en élargissant et fécondant les voies de la science et en recueillant toutes les acquisitions positives que celle-ci peut lui fournir.

CHAPITRE III.

Travaux de Mathématique et de Physique.

MATHÉMATIQUE.

Descartes et Fermat : Méthode des plus grandes et des moindres quantités ; Méthode des tangentes. — Descartes, Roberval et Pascal : les propriétés de la cycloïde. — Roberval trouve l'aire de la cycloïde. — Descartes, le premier, considère les cycloïdes d'une manière générale et, le premier aussi, trouve leurs tangentes. — Descartes et de Beaune : la Méthode inverse des tangentes. — Problèmes divers. — Descartes et ses élèves.

PHYSIQUE.

Descartes et Plempius : la circulation du sang. — Descartes et Fromond : le mécanisme. — Descartes et Fermat : la démonstration *à priori* de la loi de la réfraction. — Descartes et Mersenne : la loi de l'écoulement des liquides. — Descartes et Pascal : cause de l'ascension des liquides dans les corps de pompe découverte pour la première fois par Descartes : l'expérience du Puy-de-Dôme conseillée par lui à Pascal. — Descartes et Roberval : le plein, la matière impondérable, l'attraction.

TRAVAUX DE MATHÉMATIQUE ET DE PHYSIQUE.

Le grand ouvrage que nous venons d'analyser

nous a conduit jusqu'au seuil de la science des êtres vivants. Mais, par sa nature même, l'œuvre des Principes se maintient presque toujours dans la sphère des faits les plus généraux, et elle ne peut nous faire connaître toutes les découvertes de Descartes en physique et dans la science qui sert de base à la physique, la mathématique. Avant de passer à la physiologie, il nous faut donc faire l'histoire des travaux et des découvertes de Descartes en physique et en mathématique, depuis la publication des Essais. Nous ferons en même temps celle de ses débats avec les géomètres et les physiciens de son temps. Nous allons ainsi cotoyer les derniers livres des Principes avant d'étudier les œuvres qui en continuent et en prolongent le cours.

Peu de temps après l'apparition des *Essais de philosophie*, Fermat fit parvenir à Descartes, par le double intermédiaire de son collègue de Carcavi et du P. Mersenne, un écrit latin *sur les plus grandes et les moindres quantités (De maximis et minimis)*, dans lequel il disait que l'auteur de la *Géométrie* avait oublié cette matière, dans lequel aussi il donnait une méthode pour trouver les tangentes des lignes courbes qu'il prétendait meilleure que celle de Descartes. Cet écrit donna lieu:

1°. A une réponse de Descartes ;

2°. A un écrit de deux amis de Fermat, Etienne Pascal et Roberval, — Écrit perdu ;

3°. A une réplique de Descartes adressée à ces deux géomètres ;

4°. A plusieurs lettres adressées à Mydorge et à Hardy, que notre philosophe avait pris pour seconds dans sa querelle (1).

Avant de raconter et d'apprécier cette dispute savante, il est nécessaire de jeter un regard en arrière et d'exposer les progrès qu'avait faits la géométrie en France au commencement du XVIIe siècle, grâce aux recherches des géomètres qui n'appartenaient pas à l'école de Descartes.

Plusieurs années après que celui-ci eut fait ses grandes découvertes analytiques et géométriques, et vers le temps où il esquissait à grands traits et d'une main magistrale, dans son 3e Essai, ses méthodes générales et quelques-unes de ses plus belles inventions, Fermat et Roberval s'élevaient, par des méthodes spéciales, à la considération de nouvelles courbes, à la détermination de leurs tangentes, de leurs centres de gravité et des so-

---

(1). V. OEuvres de Descartes, année 1638, vol. VII.

lides formés par leur circonvolution (1). En 1636, il était question en France des spirales et des paraboles de degrés supérieurs.

Fermat, vers le milieu de cette même année, annonce au Père Mersenne qu'il a considéré une spirale différente de celle d'Archimède. Bientôt après il propose à Roberval de déterminer les aires des paraboles où les abscisses ne sont plus comme les carrés des ordonnées, ce qui est la propriété de la parabole ancienne, mais comme leur cube, leur 4e, 5e puissance. Roberval, dans la lettre qu'il écrit en réponse à celle de Fermat, lui renvoie les solutions des problèmes proposés; il était arrivé à ces solutions par une méthode fort semblable, si elle n'était identique, à celle dite des *indivisibles* de Cavalieri; mais il avait dépouillé la sienne de ce que celle de Cavalieri avait de dur et de choquant dans les termes et même dans les idées : il considérait les surfaces et les solides comme composés d'une multitude infinie de petits rectangles ou de prismes décroissant suivant une certaine loi. A cette même époque, Roberval était en possession d'une méthode nou-

---

(1) V. OEuvr. et Lettres de Mersenne, Roberval, Fermat, Descartes. Cf. Montucla, II, 42 sqq. *et passim*.

velle très-ingénieuse pour déterminer les tangentes. La doctrine des mouvements composés en est le fondement, et elle a beaucoup d'affinité avec le principe des fluxions de Newton. La tangente à une courbe, pour Roberval, n'est autre chose que la direction du mobile qui la décrit à chacun de ses points. Il s'agit de déterminer cette direction par les données mêmes de la courbe, ou par sa définition. Tout se réduit alors à trouver le rapport de deux mouvements. Mais Roberval ne put trouver les tangentes que dans les cas où ce rapport est facile à déterminer.

Fermat arrive à une méthode plus générale, liée à la recherche *des moindres et des plus grandes quantités*. La méthode *De maximis et minimis* de Fermat est fondée sur ce principe, déjà aperçu par Kepler, dans sa *Stereometria doliorum*, savoir, que lorsqu'une grandeur, l'ordonnée d'une courbe par exemple, est parvenue à son maximum ou à son minimum, dans une situation infiniment voisine, son accroissement ou sa diminution est nulle.

Soit l'équation du cercle $y^2 = 2rx - x^2$: cherchons la valeur de x qui correspond à la *plus grande ordonnée*. Pour cela, supposons l'abcisse x augmentée d'une quantité infiniment petite e, nous avons $y^2 = 2r(x+e) - (x+e)^2$. Les deux valeurs d'y étant considérées comme égales dans ces deux situations infiniment voisines, $2rx - x^2 = 2r(x+e) - (x+e)^2$. Développant et retranchant le terme e^2, nul par rapport aux autres, il vient $2x = 2r - e$; et e, étant considéré comme nul, on a finalement $x = r$.

Il sera facile maintenant de faire comprendre la méthode des tangentes. Pour Fermat, toute tangente n'est autre chose qu'une sécante dont les points d'intersection avec la courbe se rapprochant continuellement finissent par coïncider; il faut donc supposer deux ordonnées, dont la distance soit e, indéterminée, et trouver, par l'équation de la courbe, la grandeur des sous-sécantes. Cela donnera une équation dans laquelle il n'y aura qu'à faire e infiniment petit, comme dans la règle *De maximis et minimis*. Ayant lu la *Géométrie*, Fermat fut fort surpris, paraît-il, et surtout fort heureux de n'y rien trouver touchant la recherche des plus grandes et des moindres quantités. Il écrivit aussitôt à Mersenne et lui envoya ses méthodes pour ces sortes de questions, pour les tangentes des courbes et pour la construction des lieux solides, en lui témoignant son étonnement de ce que Descartes avait omis les premières de ces questions. Cette remarque parut à Descartes un défi injurieux : il était sûr en effet d'avoir dans sa Géométrie donné les principes mêmes de la méthode de Fermat, et tellement généraux et féconds, qu'ils s'appliquaient encore à beaucoup d'autres cas où celle-ci était impuissante ; il suffisait d'un peu d'attention pour les y découvrir. Fermat s'était donné dès le début deux autres torts : il avait donné son écrit comme un travail de M. de Carcavi, son collègue au parlement de Toulouse, travail qu'il voulait faire croire antérieur à l'apparition de la *Géométrie*; et d'autre part il avait donné une règle qui s'appliquait bien, il est vrai, à la recherche de la tangente de la *parabole*, mais qui, contrairement à ce qu'il pensait, ne convenait plus pour les autres courbes et se trouvait *fausse* en tant que règle générale.

Descartes reconnut vite la main de Fermat et l'erreur commise. « J'ai cru, dit-il à Mersenne, que je devais retenir l'original de cet écrit, vu principalement qu'il contient des fautes qui sont si apparentes qu'il (Fermat) m'accuserait peut-être de les avoir supposées, si je ne retenais sa main pour m'en défendre. C'est un esprit vif, plein d'invention et de hardiesse, mais trop précipité.

Si cet auteur s'est étonné de ce que je n'ai pas mis de telles règles dans ma Géométrie, j'ai beaucoup plus de raison de m'étonner de ce qu'il ait voulu entrer en lice avec de si mauvaises armes. » Il montre alors que les règles de sa Géométrie sont plus générales que celles de Fermat, et, après avoir désarçonné son adversaire, déclare qu'il veut bien « lui laisser le temps de remonter à cheval. »

Mersenne, au lieu d'envoyer les remarques de Descartes à Fermat, les fit voir à deux des amis particuliers du conseiller de Toulouse, Pascal le père, et Roberval, qui crurent devoir épouser à l'instant même la querelle de leur ami et répondre à Descartes. Celui-ci loua leur zèle, approuva les dispositions de leur cœur, et jugea M. de Fermat heureux d'avoir été prévenu d'un tel secours dans un si grand besoin. Il ne put même s'empêcher de concevoir de l'estime pour la capacité dont il voyait les marques dans l'écrit de ces deux personnages; mais il trouva que s'ils avaient bien rempli les devoirs de l'amitié à l'égard de M. de Fermat, ils s'étaient assez mal acquittés de la commission qu'ils avaient prise de le décharger et de le défendre. Et s'adressant à Mersenne: « Vous avez différé, lui dit-il, d'envoyer ma réponse *De ma-*

ximis et minimis à M. de Fermat sur ce que deux de ses amis vous ont dit que je m'étais mépris, en quoi j'admire votre bonté; et pardonnez-moi si j'ajoute votre crédulité. »

A cette lettre, Pascal étant absent, Roberval répondit seul. Il joua du maître vis-à-vis de Descartes; mais se jetant dans des chemins de traverse pour critiquer le Discours, la Dioptrique et les Météores, il montra assez qu'il n'avait rien de solide à répondre sur la question. A partir de ce moment, Descartes répliqua avec les nerfs agacés d'un homme qu'on dérange pour des bagatelles, et aussi avec le juste ressentiment du génie méconnu et offensé, qui se voit accusé d'ignorance parce qu'il a laissé à ses rivaux le soin de tirer les conséquences, faciles à dégager, de ses inventions les plus belles et les plus fécondes. « Ces gens-là, disait-il, ne cherchent qu'à mordre. » Pendant quelque temps, il n'appela plus Fermat que « *M. le conseiller De minimis.* » « Tout conseillers, présidents et grands géomètres que soient ces messieurs-là, écrit-il à Mersenne, leurs objections et leurs défenses ne sont pas soutenables, et leurs fautes sont aussi claires, qu'il est clair que deux et deux font quatre. »

Desargues et Hardy prirent le parti de Descartes

et ce fut un procès scientifique, dit Montucla, plaidé avec beaucoup de vivacité et même d'aigreur de part et d'autre. » Il se termina néanmoins en même temps que celui sur la Dioptrique. La réconciliation, une réconciliation sincère, s'opéra entre Fermat et Descartes, qui étaient faits tous les deux pour se comprendre. Descartes offrit même son amitié à Pascal et à Roberval. Mais celui-ci conserva toujours de l'aigreur et du ressentiment contre Descartes, et éloigna de lui, autant qu'il le put, les deux Pascal. L'influence de Roberval sur le jeune Pascal fut désastreuse. C'est lui qui l'empêcha d'user de l'Analyse créée par Descartes et qui ainsi priva la France de la gloire des inventions nouvelles qu'un génie aussi pénétrant n'eût pas manqué sans doute d'y ajouter.

Fermat, grâce à ses discussions avec Descartes, corrigea sa Règle. La méthode de cet éminent géomètre, telle qu'elle apparaît après les retouches qu'elle subit ainsi, constitue une invention analytique aussi belle, sous certains rapports, que celles de Descartes et conduisant, comme les siennes, au calcul infinitésimal. Aussi Leibniz unit Descartes et Fermat dans sa reconnaissance et, les associant à Grégoire de Saint-Vincent, voit « dans ces trois génies le triumvirat qui prépara l'invention de ce nouveau calcul. »

Un autre démêlé célèbre est celui de Descartes avec Roberval relatif aux propriétés de la Roulette ou cycloïde. Pascal ayant écrit, d'après les souvenirs et sous l'inspiration de Roberval, une histoire inexacte de la découverte des propriétés de cette courbe, nous allons la rectifier ici en ce qui touche Descartes. Nous nous appuierons uniquement sur des pièces authentiques (1). On sait que cette courbe est celle qui est décrite par un point d'une circonférence (par le clou d'une roue par exemple) qui roule sur un plan en faisant un tour complet. C'est en 1638, au mois de mai, que pour la première fois Mersenne parle de cette courbe à Descartes, et celui-ci démontre aussitôt, ce que Roberval avait déjà trouvé par une autre voie, que l'aire de la cycloïde est à l'aire du cercle comme 3 est à 1 (27 mai). Sa démonstration ayant été faite en trois coups de plume et Roberval l'ayant trouvée trop courte, il la donne tout au long dans la lettre suivante (27 juillet). Quelques jours après, il apprend que Roberval a cherché la tangente à cette courbe *et n'a pu réussir*. « J'ai été bien aise, écrit-il à Mersenne (23 août 1638), de voir les questions que vous dites que vos géo-

---

(1) V. Histoire de la Roulette de Pascal. — Cf. Lett. de Desc. et de Mersenne, tom. VII, p. 134, sqq.

mètres, ni M. de Roberval même qui est celui que vous estimez le principal d'entre eux, confessent ne savoir pas, car je pourrai éprouver en les cherchant si mon analyse est meilleure que la leur. La première de ces questions est de trouver les tangentes des courbes (cycloïdes) décrites par le mouvement d'une roulette. » Aussitôt, par une voie très-belle et très-simple, il trouve ces tangentes.

« A quoi je réponds que la ligne droite qui passe par le point de la courbe dont on veut trouver la tangente et par celui de la base auquel touche la roulette (la roue), pendant qu'elle le décrit, coupe toujours cette tangente à angles droits. De quoi je ne mettrai qu'une démonstration qui est fort courte et fort simple. Si on fait rouler un polygone rectiligne, quel qu'il soit, sur une ligne droite, la courbe décrite par l'un de ses points, quel qu'il soit, sera composée de plusieurs parties de cercles, et les tangentes de tous les points de chacune de ces parties de cercles couperont à angles droits les lignes tirées de ces points vers celui auquel le polygone aura touché la base en décrivant cette partie. Ensuite de quoi, considérant la roulette circulaire comme un polygone qui a une infinité de côtés, on voit clairement qu'elle doit avoir cette même propriété, c'est-à-dire que les tangentes de chacun des points qui sont en la courbe qu'elle décrit doivent couper à angles droits les lignes tirées de ces points vers ceux de la base qui sont touchés par elle au même temps qu'elle les décrit. » Il envoie sa démonstration à Mersenne et ajoute ces mots qui montrent bien la puissance de son esprit généralisateur. « Ce que j'ai écrit ici des tangentes et ce que j'avais mandé ci-devant touchant l'espace que contiennent ces lignes décrites par une roulette circulaire (touchant l'aire des cycloïdes) se peut aussi étendre à toutes celles qui sont décrites par des roulettes qui ont d'autres figures, quelles qu'elles puissent être, excepté seulement que touchant l'espace il faut que les circonférences de ces roulettes soient convexes et que leurs parties opposées soient semblables, comme lorsqu'elles ont la figure d'une ellipse, ou de deux hyperboles ajoutées l'une contre l'autre ; et il est si aisé de leur appliquer les démonstrations que je vous ai envoyées, que cela ne vaut pas la peine que je l'explique ; même il n'y faut changer que fort peu de chose lorsque les circonférences de ces roulettes ne sont pas toutes convexes ; et ainsi je ne crois pas qu'il y ait guère rien à dire touchant ces lignes qui ne soit compris en ce peu que je vous en écris. »

La méthode qu'il donne pour résoudre la question ainsi généralisée s'applique à toutes les lignes décrites par des circonférences quelconques que l'on fait rouler, non-seulement sur des surfaces planes, mais sur des surfaces courbes.

A peu près en même temps que Descartes, au mois d'août 1638, Fermat trouve aussi la tangente de la cycloïde ordinaire. Les deux solutions sont envoyées à Mersenne et à Roberval. Celui-ci avait « confessé ne pas savoir résoudre cette » question et même ne connaître aucun moyen » pour y parvenir. » Mais le lendemain du jour où il sait qu'on lui a envoyé les solutions, il proclame en avoir aussi trouvé une; puis il déclare celle de Fermat fausse, ce qui n'est pas. La priorité de l'invention de la tangente à la cycloïde appartient donc incontestablement à Fermat et à Descartes, et, si l'on prend la question dans toute sa généralité, à Descartes seul. Roberval s'exposa à la risée publique en prétendant à cette priorité justement le lendemain du jour où il apprit que le problème était résolu. Plus tard, pour se venger, il dicta au jeune Pascal des dates sciemment inexactes; il osa ajouter que Descartes n'aurait pas trouvé l'aire de la cycloïde s'il n'avait su d'avance qu'elle était le triple du cercle. —

« En ceci, répond Descartes, Roberval est peu judicieux, car 1°. l'espace n'est triple qu'en un seul cas, et la façon dont je l'ai trouvé s'étend à tous les autres, même lorsque la roulette est une ellipse ou deux hyperboles, et 2°. je n'ai pas si bonne opinion de lui que de m'arrêter à ce qu'il dit. »

Roberval et Pascal, qui ont fait tant de fracas de leur cycloïde, n'ont même jamais su considérer ce problème d'une façon générale, comme le fait Descartes.

Du reste cette maigre question l'ennuyait au milieu de ces recherches de physique et de physiologie, auxquelles il voulait désormais consacrer tout le temps qu'il lui restait à vivre; et quand on lui proposa de chercher le solide de la roulette, il répondit que « renonçant tout de bon à la géométrie, il ne voulait point s'arrêter à cette recherche. »

J'ai écarté du débat les prétentions ridicules et iniques de Beaugrand et de Torricelli, que Pascal a traitées comme elles le méritaient.

En résumé, c'est au mois de *mai* 1638 que, *pour la première fois*, Descartes entendit parler de la cycloïde; c'est du mois de mai au mois d'août qu'il trouva l'aire et la tangente de cette courbe, et que, élargissant et généralisant la question selon les habitudes de son génie, il donna une méthode de résolution qui s'applique à toutes les espèces de cycloïdes.

Lisez maintenant le récit de Pascal et vous y reconnaîtrez, dès les premières lignes, l'esprit rusé et vantard de Roberval. « Le P. Mersenne, le premier qui ait remarqué cette courbe, proposa la recherche de la nature de cette ligne à TOUS CEUX DE L'EUROPE qu'il en crut capables, et, entre autres, à Galilée : mais AUCUN ne put y réussir. En 1634, Roberval réussit; le Père, ravi de ce succès, leur écrivit encore à TOUS et les pressa d'y repenser, en ajoutant que M. Roberval l'avait résolue sans leur dire comment. *L'année* (il leur avait donné un an) et plus étant passée sans qu'AUCUN en eût trouvé la solution, le Père leu écrivit pour la *troisième* fois, et leur déclara alors la raison de la roulette à la roue comme 3 à 1. En 1635, *sur ce nouveau secours*, il s'en trouva deux (Fermat et Descartes) qui en donnèrent la démonstration. A cette solution M. Roberval en ajouta en même temps deux autres : l'une fut la dimension du solide à l'entour de la base, l'autre l'invention des *touchantes* de cette ligne. »

Il est vrai que Galilée ne réussit pas dans la recherche des propriétés de la cycloïde ; mais il est faux que Descartes ait échoué aussi ; il est faux que le problème lui ait été proposé trois fois ; il est faux qu'il n'ait réussi la troisième fois que grâce au secours de Roberval ; il est faux que Roberval ait trouvé le premier les touchantes de la cycloïde ; enfin il est faux que tout cela se soit passé en 1635. C'est en 1638 que Descartes, en quelques traits de plume, trouve tout ce qu'on lui demande et beaucoup plus. « Mais il faut remarquer, comme l'observe Baillet, que Pascal n'a rapporté cela que longtemps après la mort de son père, et sur la foi du seul Roberval qui n'était pas toujours à l'épreuve de la dissimulation et de la hablerie, comme le témoignent encore aujourd'hui ceux qui ont eu l'honneur de le connaître. »

Nous avons rétabli les faits, mais nous sommes loin de nier l'esprit inventif et pénétrant dont Roberval donna tant de fois des preuves en géométrie.

Descartes, dans la dernière partie de sa vie, dédaigna les mathématiques comme un jeu trop facile. Cependant, malgré sa résolution, il fut encore obligé plusieurs fois, pour être agréable à ses amis, de Beaune, Frenicle de Bessy, Sainte-Croix et d'autres, de s'occuper, avec le premier, de questions de géométrie, avec les deux autres, de théorèmes d'arithmétique. De Beaune le premier a élevé la fameuse question de déterminer la nature d'une courbe par les propriétés données de sa tangente. C'est ce qu'on appelle aujourd'hui la méthode inverse des tangentes. Il fit sur ce sujet plusieurs découvertes dont Descartes le loue. De Beaune proposa encore à son ami un problème qui est devenu célèbre et qui a retenu son nom.

Il s'agissait de trouver la construction d'une courbe telle que l'ordonnée fût à la sous-tangente comme une ligne donnée à la droite interceptée entre la courbe et une ligne inclinée de 45 degrés. « Ce problème, dit Montucla, est assez difficile, même en se servant du calcul intégral. Mais le génie sait se frayer des voies particulières, et Descartes ne fut pas aussi à court à ce sujet que le dit Bernouilli dans ses *Lectiones calculi integralis*; car il reconnut ses propriétés essentielles et la construisit par le mouvement de deux règles. Il serait curieux que l'analyse par laquelle Descartes parvint à cette solution nous fût connue, mais on n'en trouve aucune trace dans ses Lettres. »

Descartes dit au P. Mersenne, en parlant de Frenicle de Bessy, que son arithmétique doit être excellente, puisqu'elle le conduit à des choses où l'analyse a bien de la peine à parvenir. Je signale aux hommes spéciaux, dans les derniers volumes de la correspondance de Descartes, un assez grand nombre de lettres où il s'agit de questions d'arithmétique : elles sont hérissées d'épines, mais celui qui, avec une préparation suffisante, n'hésiterait pas à s'y engager, y ferait sans doute plus d'une découverte inattendue : l'esprit français a là des reprises à opérer et de vieilles vérités à remettre en lumière.

On a accusé Descartes d'orgueil, on lui a reproché, du moins, de laisser trop éclater le sentiment de sa supériorité en mathématiques. Ecoutez pourtant avec quelle simplicité et quelle modestie il répond lorsqu'il n'a pas à défendre son bien et à faire respecter ses droits. « J'ai été, dit-il (VII, 111-113), très-aise de voir ce que M. de Sainte-Croix vous a écrit, et *j'y apprends plusieurs considérations touchant les nombres dont je n'avais point ouï parler.* Mais pour ce théorème (on ne sait lequel ?) qui est sans doute l'un des plus beaux qu'on puisse trouver touchant les nombres, *je n'en sais point la démonstration, et je la juge si difficile, que je n'ose entreprendre de la chercher.* »

Le peu d'importance que Descartes attacha dès lors aux questions mathématiques, nous permet d'indiquer par quelques notes rapides les problèmes principaux dont il eut encore à s'occuper jusqu'à la fin de sa vie.

Déterminer si un corps pèse plus ou moins à mesure qu'il descend vers le centre de la terre. Descartes, à l'occasion de cette question, pose (VII, 340) le premier ce principe fondamental de la mécanique « qu'il ne faut ni plus ni moins de force pour lever un corps pesant à une certaine hauteur que pour en lever un autre moins pesant à une hauteur d'autant plus grande qu'il est moins pesant. » Il admet que la pesanteur relative des corps solides est quelque peu moindre lorsqu'ils sont proches du centre de la terre, et qu'il n'en est pas de même des corps liquides.

Déterminer la grandeur que doit avoir chaque corps, de quelque figure qu'il soit, étant suspendu en l'air par l'une de ses extrémités, pour y faire ses tours et retours égaux à ceux d'un plomb pendu à un fil de longueur donnée. Chercher le point qui, dans un pendule rigide, ne se meut ni plus vite ni plus lentement que s'il était seul.

« Le problème général des vibrations (oscillations) du pendule fut agité entre Descartes, Roberval et Cavendish ; mais les efforts réunis de ces savants hommes, comme le remarque Leibniz, ne firent pas avancer beaucoup la théorie du pendule. »

Trouver la quadrature du Cercle. Descartes démontre que le problème est impossible ; néanmoins il rend justice au génie de Grégoire de Saint-Vincent, qui a tenté de le résoudre.

Notons encore, avant de passer à la physique, des discussions sur les asymétries, avec Fermat, Roberval et Carcavi; sur le problème des trois cercles, avec la princesse Elisabeth ; et sur celui des quatre sphères, avec Fermat ; enfin, la solution d'une question relative aux sections coniques, envoyée au même Fermat (1).

Il est bon de rappeler ici que Descartes eut parmi les personnes attachées à son service deux jeunes gens, Gillot et Gutschoven, qu'il forma par ses soins, et qui devinrent tous deux professeurs

---

(1) Je passe sous silence une querelle fort retentissante et accompagnée de gageure entre un élève de Descartes, Waessenaer et une sorte de charlatan nommé Stampioen, qui roulait sur les racines cubiques des binômes.

de mathématiques, celui-ci à l'Université de Louvain et le premier en Angleterre, en Hollande et à Paris.

Quand Leibniz reproche à Descartes de tenir un propos outrageant envers M. de Fermat, en disant qu'il fera résoudre ses questions par Gillot, il oublie que Gillot était un professeur distingué qui enseignait les hautes mathématiques aux officiers du prince d'Orange. Ajoutons à la liste de ses élèves la princesse Elisabeth, Schooten, et, par Schooten, le grand Huyghens.

Il y avait en 1637, à l'universté de Louvain, deux professeurs célèbres, Fromond et Plempius. Fromond, professeur d'Ecriture-Sainte, avait publié un ouvrage sur les *Météores*. Plempius était professeur de médecine et alors ami de Descartes. C'est par son entremise que notre philosophe avait fait parvenir un exemplaire du Discours et des Essais à Fromond. Quelque temps après, il reçut les observations des deux savants. Dans une des lettres inédites dont j'ai la copie, Plempius écrit à Descartes que, depuis trois semaines, il est occupé à lire et relire, méditer et peser son ouvrage. Or, après cet examen attentif et prolongé, que dit le médecin Plempius? Qu'il ne peut croire à la circulation du sang. Et il repousse cette découverte nouvelle dont Descartes s'était fait le porte-voix après l'avoir vérifiée et confirmée par ses propres expériences.

Quant à Fromond, il ne veut pas admettre du tout les principes de la physique cartésienne. La philosophie de Descartes « lui semble trop gros-
» sière de ce qu'elle considère les figures, les
» grandeurs, la situation et le mouvement,
» comme fait la mécanique. » — « Il condamne précisément, répond Descartes (VI, 348), ce que j'estime sur toutes choses digne d'être loué, et ce en quoi principalement je me préfère aux autres, et dont je me glorifie davantage, qui est de me servir d'une façon de philosopher, *où nulle raison n'est admise qui ne soit mathématique et évidente*, et dont les conclusions sont *toutes* appuyées sur des expériences très-certaines ; en sorte que tout ce que nous concluons par ces principes se pouvoir faire se fait aussi réellement toutes les fois que nous appliquons comme il faut les choses actives aux passives. » Et plus loin : « S'il méprise ma façon de philosopher à cause qu'elle est semblale à la mécanique, il me semble qu'il

fait la même chose que s'il la condamnait à cause qu'elle est vraie. »

Les objections qui viennent de France sont d'une autre nature. Là, chose digne de remarque, on admet généralement et volontiers les principes du *mathématisme* et les objections portent non sur ces principes mais sur les démonstrations que Descartes veut en tirer. Il semble que l'esprit français, ami de l'ordre, soit naturellement aussi ami du mécanisme mathématique, et que celui-ci soit sorti comme un fruit spontané du génie de notre nation. Les contradicteurs de Descartes pensent que, partant de principes justes, il raisonne quelquefois mal. Ainsi il croit avoir démontré *à priori* la loi de la réfraction; mais Fermat trouve, ou pense trouver, plusieurs paralogismes dans sa prétendue démonstration.

Nous allons rapporter, en le résumant, ce grave et long débat, parce qu'il est l'image de tous les autres et qu'on y verra, comme au vif, certains traits de mœurs des savants du XVII° siècle. Fermat trouvait, comme de Carcavi, de Beaune, et beaucoup d'autres magistrats à cette époque, non-seulement le temps de remplir tous les devoirs de sa charge, ce que font aussi les magistrats à notre époque, mais ce que ceux-ci ne

font pas, le temps de cultiver les sciences mathématiques pures et appliquées, et même de leur faire faire des progrès. Fermat n'était pas seulement un profond mathématicien ; il joignait au genie mathématique un esprit curieux des belles-lettres, un caractère aimable, une humeur enjouée, et peut-être une sincère modestie. Ce qui me fait douter un peu de sa modestie, c'est qu'elle était ironique : « M. Descartes, disait-il, ne sau-
» rait m'estimer si peu que je ne m'estime en-
» core moins. »

La lumière, on l'a vu, est, selon Descartes, l'inclination au mouvement. « Je doute premièrement, dit Fermat (1), si l'inclination au mouvement doit suivre les lois du mouvement même, puisqu'il y a autant de différence de l'un à l'autre que de la puissance à l'acte. » En second lieu, pour expliquer le mouvement de la lumière, Descartes prend comme exemple le mouvement d'une balle qui se réfléchit ou se réfracte. Mais, observe Fermat, le mouvement d'une balle est plus ou moins rapide, et la lumière, selon Descartes, pénètre *en un instant* les corps diaphanes. Peut-on ap-

---

(1) Desc., OEuv. VI, 571.

pliquer à un mouvement instantané ce qui est propre à un mouvement successif.

Mais, répond Descartes, premièrement il est impossible qu'il y ait rien en l'acte qui n'ait été en la puissance, et en second lieu « bien que l'inclination à se mouvoir se communique en un instant, elle ne laisse pas de suivre le même chemin par où le mouvement successif se doit faire. » Cette réponse ne satisfit point Fermat. Celui-ci essaya de substituer à la démonstration de Descartes une autre démonstration, également *à priori*, de la loi de la réfraction, appuyée sur ce principe *que la nature agit toujours par les voies les plus courtes*. Il pensait qu'en appliquant à ce principe le raisonnement géométrique, on pourrait prouver que la lumière se meut moins vite dans les milieux plus réfringents et, de plus, qu'on trouverait entre les sinus une autre proportion que celle qui est assignée par Descartes. Cette querelle, arrêtée alors par la réconciliation des deux adversaires, fut reprise vingt ans plus tard, c'est-à-dire huit ans après la mort de Descartes et dura encore quatre années. Clerselier et Rohault, ardents cartésiens, défendirent la démonstration de leur maître contre Fermat. Clerselier, ayant apporté dans le débat un emportement excessif, fut *blâmé* par l'Académie qui tenait ses réunions toutes les semaines chez M. de Montmort. Après cette réprimande publique, il dut faire amende honorable à M. de Fermat. La réponse de Fermat nous éclairera parfaitement sur la nature du débat et sur sa conclusion. « Vos lettres, écrit Fermat à Clerselier, me font plus d'honneur que je n'en devais raisonnablement attendre. Je n'attribue qu'à un excès de courtoisie et de civilité cet adoucissement que messieurs de votre assemblée vous ont inspiré, et je vous en rends mes très-humbles grâces.

» Pour la question principale, il me semble que j'ai dit souvent et à M. de la Chambre et à vous que je ne prétends ni n'ai prétendu être de la confidence secrète de la nature: elle a des voies obscures et cachées que je n'ai jamais entrepris de pénétrer; je lui avais seulement offert un petit secours de géométrie, au sujet de la réfraction, si elle en eût eu besoin; mais, puisque vous m'assurez, Monsieur, qu'elle peut faire ses affaires sans cela, et qu'elle se contente de la marché que M. Descartes lui a prescrite, je vous abandonne de bon cœur ma prétendue conquête de physique. Il me suffit que vous me laissiez la possession de mon problème de géométrie tout pur, *et in abstracto,* par le moyen duquel on peut trouver la route d'un mobile qui passe par deux milieux différents et qui cherche d'achever son mouvement le plus tôt qu'il pourra. Et je ne sais pas même si la merveille ne sera point plus grande en supposant que j'aie mal deviné le mouvement de la nature ; car, peut-on s'imaginer rien de plus surprenant que ce qui m'est arrivé? J'écrivis, il y a plus de dix ans, à M. de la Chambre que je croyais que la réfraction se devait réduire à ce problème de géométrie, et j'étais pour lors tout-à-fait persuadé que l'analyse de ce problème me donnerait une proportion différente de celle de M. Descartes. Et néanmoins, en tentant le problème, qui est assez difficile, dix ans après, j'ai trouvé justement la même proportion que M. Descartes. Si j'ai dit un mensonge, n'ai-je pas quelque raison de prétendre que c'est un de ces mensonges fameux, desquels il est dit dans le Tasse :

Quando sara il vero
Si bello que si possa a te preporre.

» Je suis, etc.   21 mai 1662. »

Ainsi la démonstration de Fermat vient confirmer celle de Descartes quant au rapport des sinus. Si maintenant la science expérimentale donne

raison à Fermat relativement à la vitesse de la lumière dans les milieux plus réfringents, il faut remarquer qu'il fait appel à la considération des causes finales au lieu de chercher la cause efficiente. Clerselier dit très-bien : « Ce principe, que
» la nature agit toujours par les voies les plus
» simples, n'est qu'un principe moral et non
» point physique, qui n'est point et qui ne peut
» être la cause d'aucun effet de la nature. »

Et Leibniz : « La raison de Fermat (celle aussi
» des anciens) tient encore à la considération des
» causes finales, ce qui fait qu'on cherche encore
» une raison *ab efficienti*. Il semble que l'expli-
» cation de M. Huyghens par les ondes est la plus
» profonde et la plus apparente que nous ayons
» jusqu'ici. »

La théorie de Huyghens est le perfectionnement de celle de Descartes et vraisemblablement elle ne sera jamais renversée. Fidèle aux leçons de Descartes, Huyghens ne fait appel qu'à la cause efficiente, la seule admissible dans la démonstration physique, quoiqu'elle ne suffise pas à une science supérieure.

Descartes, pressé par Mersenne, était obligé de s'occuper non-seulement de théorèmes mathématiques, mais de nombreux problèmes de physique, et souvent il lui fallait répondre « après souper à vingt questions à la fois. »

Notons quelques-unes de ses réponses les plus intéressantes.

Il pense (VI, 232) que la réfraction des sons passant de l'air dans l'eau doit se faire en s'éloignant de la normale contrairement à la direction du rayon lumineux.

A la date du 9 février 1639 (VIII, 94) nous trouvons une lettre fort remarquable, relative à l'écoulement des liquides : « Votre expérience, écrit
» Descartes à Mersenne, que le tuyau quadruple
» en hauteur ne donne que le double d'eau, est
» la plus belle et la plus utile de toutes, et je vous
» en remercie. » Je suis heureux de rencontrer ici l'occasion de rendre justice à Mersenne, qui fut au XVIIe siècle l'un des expérimentateurs français les plus infatigables et des plus féconds : c'est lui qui a trouvé la loi de l'écoulement des liquides. Quant à Descartes, il en donna peu après la démonstration qu'il tira des lois de la pesanteur (VIII, 140; IX, 90); peu de temps après, en s'appuyant sur le principe nouveau dû à Mersenne, il écrivit pour son ami Zuylichem une intéressante dissertation sur les jets d'eau, insérée au tome IX de ses Œuvres.

Il eut encore plusieurs fois l'occasion, pendant cette seconde période de sa vie, d'expliquer l'ascension des liquides dans les corps de pompes par la pesanteur de l'air.

Puisque Pascal a eu l'impardonnable tort de s'attribuer l'honneur, ou du moins une partie de l'honneur qui revient ici tout entier à Descartes, et puisque, malgré ce que nous avons dit dans notre premier volume, plusieurs personnes disputent encore à notre savant et profond philosophe cette découverte, nous sommes obligé de rentrer dans cette discussion, de manière à l'épuiser, et de donner des preuves tellement convaincantes, qu'il n'y ait plus de place pour le doute.

La physique, avant Descartes, même dans les écrits de Galilée, expliquait par l'horreur du vide l'ascension des liquides dans les pompes. Galilée paraît avoir aperçu ce que cette explication a d'insuffisant en remarquant que, au-delà de trente-trois pieds, l'eau ne monte plus; mais il se borne à affirmer *la réalité du vide*; et toute son école, Torricelli en tête, répète la même affirmation. *Affirmer et prouver le vide*, c'était combattre la philosophie régnante et enfoncer un trait nouveau dans le flanc du péripatétisme. Torricelli et, après lui, Pascal s'appliquèrent uniquement, dans leurs expériences, à montrer la réalité du vide. Ceux qui se sont occupés de ce problème historique ont presque toujours confondu deux questions parfaitement distinctes : d'une part, celle du vide, et d'autre part, celle de la pression atmosphérique. Y a-t-il, oui ou non, du vide ? Il n'y en a pas, il n'y en peut avoir, dit l'Ecole ; la nature y répugne, elle en a horreur. — Nullement, dit Torricelli : je prouve qu'il y en a. Il y en a, reprend Pascal ; voyez mes expériences ; le principe de l'horreur absolue du vide est faux, la nature a seulement une « *horreur modérée pour le vide.* » Et Pascal reste à cheval sur ce beau principe jusqu'à ce que Descartes vienne lui faire vider les arçons. C'est ici qu'on aperçoit combien l'expérience peut nous égarer, combien elle a besoin d'une lumière supérieure pour atteindre la vérité. Pascal combat pendant plusieurs années et brise des lances pour « l'*horreur modérée du vide.* » C'est l'horreur modérée du vide qui explique pour lui « l'ascension de l'eau, du mercure et des autres liqueurs dans les tuyaux. » Jusqu'en 1647, jusqu'au jour et à l'heure où Descartes arrive à Paris et lui dit que l'*horreur modérée du vide* est une idée fausse ; que c'est la pesanteur de l'air qui pousse et maintient les liquides dans les corps de pompe en leur faisant équilibre; qu'il peut s'en assurer en faisant l'expérience sur une montagne, et, puisqu'il est d'Auvergne, sur le Puy-de-Dôme; jusqu'à ce jour, jusqu'à cette heure, Pascal n'a qu'un but, qu'une idée, c'est de prouver la réalité du vide, et l'horreur modérée du vide. Or, il y avait, à cette époque, 16 ans au moins que Descartes possédait la vérité sur ce point et qu'il l'enseignait et la défendait toutes les fois que l'occasion s'en présentait. C'est ce que nous allons prouver par des textes authentiques empruntés d'une part aux œuvres de Descartes, et de l'autre, à celles de Pascal.

OEuv. de Descartes (v. VI, 204): 24 juin 1631.

Il s'agit d'expliquer pourquoi en renversant un tube rempli de mercure, ce mercure ne tombe pas, quoique le tube soit ouvert par le bas. « Pour résoudre vos difficultés, imaginez l'air comme de la laine; les fils de cette laine sont tous pesants; si bien que la laine qui est contre la terre est pressée de toute celle qui est au-dessus, jusques au-delà des nues: ce qui fait une grande pesanteur. Dans l'exemple que vous apportez, le vif argent qui est dans le tuyau ne peut commencer à descendre qu'il n'enlève toute cette laine, laquelle est fort pesante; car, le tuyau étant fermé par le haut, il n'y peut entrer de laine, je veux dire d'air, à la place de vif argent lorsqu'il descend. *Et, afin que vous ne vous trompiez pas, il ne faut pas croire que ce vif argent ne puisse être séparé (descendre) par aucune force, mais seulement qu'il y faut autant de force qu'il en est besoin pour enlever tout l'air qui est depuis là jusques au-dessus des nues.* »

8 octobre 1638 (vol. VII, p. 436), à Mersenne: Examen d'un livre de Galilée. — « Ce que Galilée attribue à la crainte du vide, ne se *doit attribuer qu'à la pesanteur de l'air.* » Remarquez bien que cette lettre est écrite à Mersenne, qui était en correspondance suivie avec les savants d'Italie, particulièrement avec Galilée et Torricelli, et que c'est Mersenne qui a demandé à Descartes cette critique des idées de Galilée. Mersenne a-t-il fait part à Galilée de *l'idée nouvelle* de Descartes? Cela est probable. Ce qu'il y a de certain, c'est que cette lettre précéda de cinq ans les premières expériences de Torricelli. Descartes ajoute : « La pesanteur de l'eau dans les pompes contrebalance celle de l'air; » et plus loin : « Je n'attribue rien du tout au vide, ni à la crainte du vide. »

16 octobre 1639 (VIII, 160), à Mersenne: « L'eau des pompes monte avec le piston qu'on tire en haut, à cause que, n'y ayant point de vide

en la nature, il ne s'y peut faire aucun mouvement qu'il n'y ait tout un cercle de corps qui se meuve en même temps, comme ici. » Suit la figure et l'explication par la pression de l'air.

Prenons maintenant les œuvres de Pascal (1). En 1643, Torricelli fait des expériences *pour établir la réalité du vide*. En 1644, on en écrit d'Italie au P. Mersenne. En 1646, sur les mémoires du P. Mersenne, Pascal fait à Rouen l'expérience de Torricelli et beaucoup d'autres, dont il fait imprimer le récit en 1647. Il ne veut qu'une chose : *prouver la réalité du vide*. Il juge ses expériences convaincantes : « La nature souffre le » vide : elle n'a pour lui qu'une horreur limitée. »

Le P. Noël, qui a admis les principes cartésiens, lui écrit, nie le vide et explique l'ascension des liquides par la pesanteur de l'atmosphère. Aussitôt les deux Pascal unissent leurs efforts contre le révérend Père, et celui-ci est par eux bafoué et berné de la belle manière. C'est alors que Descartes arrive à Paris. Il n'y a pas de vide, dit-il aux Pascal et à Roberval ; ce vide apparent est rempli par la matière subtile (l'éther ou matière impondérable des modernes) ; quant à l'ascension

---

(1). Ed. Lahure, Paris, 1860, 2 v. — V. 2e vol., p. 173-334.

des liquides, elle s'explique comme je l'ai fait voir depuis longtemps par la pesanteur de l'air, faites-en l'expérience sur le Puy-de-Dôme, elle réussira. Un immense et impertinent éclat de rire salue sa *matière subtile*. Roberval organise contre elle la persécution des quolibets (1), et tâche d'enterrer en même temps la pesanteur atmosphérique. D'après le récit de Baillet comme d'après les *lettres* (2) on voit que Descartes resta plusieurs mois à Paris en 1647; qu'il y vit fréquemment M. de Roberval et M. Pascal le jeune; qu'il eut avec celui-ci plusieurs entretiens à propos des *expériences du vide* qu'on répéta fréquemment devant eux, et que finalement, voyant l'incrédulité de celui-ci à l'endroit de la pesanteur athmosphérique, il lui conseilla l'expérience du Puy-de-Dôme. Descartes quitte Paris au mois de septembre 1647; le 15 novembre Pascal écrit à Perrier de faire l'expérience qui lui a été conseillée. Périer ne se presse pas et Pascal n'est pas plus pressé que lui. C'est le 19 septembre 1648 seulement, c'est-à-dire plus de dix mois après, que l'expérience du Puy-de-Dôme a lieu. Elle réussit : immédia-

---

(1) V. une lettre de Jacqueline Pascal parmi celles publiées par M. Libri dans le Journal des Savants, 1839 — 1841.

(2). V. Baillet, II, 285 - 346, et OEuvr. de Desc., X, 544 - 551.

tement Pascal en fait une semblable à la Tour Saint-Jacques. Alors il n'hésite plus, il rejette l'horreur limitée pour le vide. Il déclare que « tous les effets qu'on a attribués à cette horreur, » procèdent de la pesanteur et pression de l'air. » Il ajoute (II, 318). « J'ai résisté à *ces sentiments nouveaux*, tant que j'ai eu quelque prétexte pour suivre les anciens. Du premier de ces trois principes, que la nature a pour le vide une horreur invincible, j'ai passé à ce second, qu'elle en a de l'horreur, mais non pas invincible, et de là je suis *enfin* arrivé à la croyance du troisième, que la nature n'a aucune horreur du vide. » Tel est ici le défaut d'esprit philosophique de Pascal, ou telle est sa préoccupation du vide, qu'à la conclusion vraie, ces « effets procèdent de la pesanteur et pression de l'air » il en ajoute une fausse, « la nature n'a aucune horreur du vide », qu'il n'a nullement prouvée et qui ne peut l'être.

On voit clairement quelle est l'histoire des variations de son esprit sur la question qui nous occupe et quelle a été ici l'influence de Descartes. Je ne puis m'empêcher de remarquer qu'on retrouve dans Pascal des expressions familières à Descartes et que celui-ci employait certainement dans ses conversations comme dans ses écrits. On se rappelle la comparaison de l'air avec des flocons de laine, faite plus haut par Descartes : elle se retrouve dans Pascal et en termes presque identiques. Pascal ne voulant rien attribuer à ce grand homme qui n'était pas aimé de M. Roberval et dont on se moquait dans son entourage, aima mieux faire honneur de l'idée, dont il lui était redevable, à qui? A Torricelli! à Torricelli qui aurait fait « une conjecture, » mais une conjecture dont on n'avait aucune preuve, » et qu'il aurait apprise, lui Pascal, en 1647. Au lieu d'une conjecture, Descartes lui donne une affirmation précise, lui apporte une explication nette et claire, lui fournit l'idée d'une expérience très-belle et très-simple, qui a quelque chose de grandiose et porte pour ainsi dire la marque de son génie : Pascal ne dit rien de lui. Descartes eut donc raison de se plaindre du silence injurieux du jeune savant, qui avait publié dès 1648 (1) le récit de *la grande expérience du Puy-de-Dôme*, sans dire un mot de lui, sans même lui envoyer un exemplaire de sa brochure. « Je vous prie, écrit-il à de Carcavi, le 11 juin 1649, je vous prie de m'ap-

---

(1) V. en effet le Traité de l'équilibre des liqueurs, Paris 1675, Avertissement, page 164.

prendre le succès d'une expérience qu'on m'a dit que M. Pascal avait faite ou fait faire sur les montagnes d'Auvergne. J'aurais le droit d'attendre cela de lui plutôt que de vous, parce que *c'est moi qui l'ai avisé, il y a deux ans, de faire cette expérience, et qui l'ai assuré que, bien que je ne l'eusse pas faite, je ne doutais point du succès.* Mais parce qu'il est l'ami de M. Roberval qui fait profession de n'être pas le mien, et que j'ai déjà vu qu'il a tâché d'attaquer ma matière subtile dans un certain imprimé de deux ou trois pages, j'ai sujet de croire qu'il suit les passions de son ami » (X, 544).

De Carcavi lui apprend le succès de l'expérience ; Descartes récrit le 17 août 1649 : « C'est moi qui l'avais prié, il y a deux ans, de la vouloir faire, et je l'avais assuré du succès comme étant entièrement conforme à mes principes, *sans quoi il n'eût eu garde d'y penser, à cause qu'il était d'opinion contraire.* » Voilà la vérité sur les faits.

Quelles que soient maintenant les prétentions de Pascal, il reste établi par trois instruments authentiques, deux lettres à Mersenne et une lettre à Reneri, celle-ci de 1631, que Descartes le premier, plus de dix et quinze ans avant Pascal et Torricelli, a expliqué d'une manière claire, nette, positive, l'ascension les liquides dans les corps de pompe par la pression de l'air; il reste établi qu'à Paris, en 1647, devant Roberval et Pascal, il enseigna et soutint publiquement cette vérité. La question est jugée, c'est à Descartes que revient l'honneur de la découverte. Il ne peut rester de doute dans l'esprit des amis et des admirateurs de Pascal que sur un seul point : — Descartes a-t-il vraiment donné à Pascal l'idée de cette belle expérience ? Il le prétend dans ses Lettres; mais Pascal, qui est un honnête homme, n'en dit rien. — Il n'en dit rien, cela est vrai, mais cela ne prouve rien contre l'affirmation d'un homme qui certes est aussi honnête que lui. — Cependant le silence de Pascal serait un déni de justice. — Eh! bien, ce déni de justice, Pascal l'a commis, et nous allons essayer d'expliquer pourquoi; après avoir fait observer toutefois que Descartes, dédaignant cette mince gloriole pour laquelle Pascal luttait avec tant d'ardeur, ne réclama qu'au point de vue de la politesse et des convenances.

L'éducation à huis-clos que Pascal le père, par une tendresse excessive, avait donnée à son fils, dans la maison paternelle, avait fait de celui-ci un esprit sectaire. L'esprit de l'enfant, comme un jeune arbre, a besoin de s'étendre et de se développer en tous sens ; il faut qu'il soit baigné d'air et de lumière de tous côtés. Dans l'éducation en serre chaude et obscure où Pascal fut élevé, la lumière ne venait que d'un point de l'horizon. La plante maladive, en se tordant sur elle-même, prit cette direction, et garda l'habitude de ne sentir et de ne recevoir la lumière que d'un côté. En religion, Pascal fut de la secte de Port-Royal; en science, il fut de la coterie de Roberval. Tout ce qui vient de Roberval et de Port-Royal est vrai et bien, tout ce qui n'en vient pas est faux et mauvais, ou ne compte pas. C'est pour cela qu'il écrit contre les Jésuites, qui ne valent rien, c'est vrai, mais qui sont des hommes, avec cette passion si souvent inique, acceptant de Port-Royal, comme il accepte de Roberval, des documents qu'il ne contrôle pas ; c'est pour cela qu'il prône les prétendues miracles de Port-Royal; c'est pour cela, d'un autre côté, qu'il écrit une histoire de la cycloïde où il y a contre Descartes des inexactitudes outrageantes qu'il aurait pu et dû corriger; c'est pour cela aussi que, dans l'histoire de la découverte de la pesanteur athmosphérique comme cause de l'ascension des liquides dans les corps de pompe, il ne dit pas un mot du P. Noël, qui est jésuite, et pas un mot de Descartes qui est l'ennemi de M. de Roberval et, crime irrémissible, qui conserve avec les Jésuites des relations d'amitié. Il y a une sincérité relative. Il est difficile de croire, et il serait dangereux de se fier à la sincérité absolue et parfaite d'un sectaire ; il y a toujours dans une telle âme un point noir et aveugle qui l'empêche de voir le bien chez les ennemis de « la cabale. » Pascal a donné plusieurs preuves de cet aveuglement, disons le mot, de cette iniquité. N'est-ce pas lui qui a écrit cette épouvantable calomnie : « Descartes aurait bien voulu se passer de Dieu ! » S'il a dit cela, il a bien pu être injuste par réticence. Un mot de conclusion morale n'est pas ici déplacé. Il y a dans l'éducation une force capable de tordre le fer et de fausser l'acier le plus fin. L'esprit de Pascal reçut à l'origine une torsion qui alla en s'accroissant avec les années, et qui finit par retourner l'instrument et par le briser. On peut voir ici à quoi servent l'éducation commune, les voyages, les courses à travers le monde et la fréquentation de toutes sortes de gens de diverses humeurs et conditions. A côté d'un esprit large, ouvert, profondément sensé comme celui de Descartes, nous trouvons dans Pascal, avec un génie cependant presque égal, un esprit étroit, sectaire, qui finit par ne plus voir qu'une chose et par sombrer dans une sorte de monomanie religieuse voisine de la folie. Ceci soit dit sans nier la pénétration et la profondeur du génie de Pascal, l'incomparable beauté de son style et, en tout ce qui ne touche point à sa secte, l'honnêteté et la pureté de son âme.

Puisque l'examen de ce procès nous a conduit jusqu'en 1647 et 1648, donnons quelques détails sur les voyages que fit alors Descartes à Paris; nous le retrouverons encore en face de son adversaire Roberval, qui attaque sa Physique.

Descartes avait entrepris son second voyage en France en 1647 pour régler quelques affaires d'intérêt qui l'appelaient en Touraine et en Bretagne, et pour faire visite aux amis qu'il avait à Paris. Pendant que Roberval et sa coterie le poursuivaient de leurs avanies, ses amis usaient de leur influence à la cour pour lui faire donner une pension de trois mille francs, qui lui fut accordée le 6 septembre 1646, « *en considération de ses grands mérites et de l'utilité que sa philosophie et les recherches de ses grandes études procuraient au genre humain.* » On lui paya une année, comme arriéré, et il toucha encore sa pension les deux années suivantes 1648 et 1649, jusqu'à son voyage en Suède.

En 1648, il fit en France son dernier voyage à la prière des amis qui l'avaient si bien servi l'année précédente. On lui promettait une seconde pension et un emploi considérable qui lui donnerait plus d'honneur que d'occupation et lui permettrait de continuer ses travaux. Descartes préférait la solitude; mais le voyage lui était commandé « comme de la part du roi », et on lui envoyait le brevet d'une seconde pension. Il se mit en route. Ses affaires domestiques d'ailleurs l'appelaient encore en France. Les événements le servirent à merveille.

Les commencements de la Fronde donnaient des occupations à la cour, et il trouva des gens qui eurent à peine le temps de lui répondre. On ne lui paya pas la seconde pension promise, et c'est lui qui dut payer l'expédition du brevet qu'on lui avait envoyé. Ils me considéraient, dit-il, comme un animal rare et curieux, et la pensée la plus favorable que je pus avoir de leur bonne volonté, fut qu'ils m'avaient invité à dîner chez eux, et qu'il se trouvait que leur cuisine était en désordre et leur marmite renversée.

C'est à cette époque qu'il se réconcilia avec Gassendi, pendant un dîner de savants et de théologiens qui eut lieu chez le cardinal d'Estrées. Ce jour même, Roberval fit, devant toute la société, contre la physique de Descartes, une charge à fond, et on eut beaucoup de mal à le retenir dans les limites des convenances.

Roberval attaquait surtout deux choses dans la physique cartésienne, et deux choses qui sont aujourd'hui parmi les axiomes de la physique, l'univers plein et la divisibilité indéfinie de la matière. D'une part donc, il repoussait la matière subtile, il s'acharnait à prouver la réalité du vide, et l'impossibilité du mouvement dans le plein, et d'autre part, il voulait démontrer les atomes ou particules indivisibles des épicuriens.

De plus, Roberval, arrêté et retenu, malgré ses prétentions à l'indépendance, dans les idées de la scolastique, admettait une *attraction* qui relie entre elles toutes les parties de l'univers, et il développa cette idée dans son *Aristarque*. Mais, observe Descartes avec une haute raison en critiquant l'*Aristarque* de Roberval (IX, 560), s'il est « ainsi permis de feindre toutes sortes de *vertus* dans chaque corps, certainement il ne sera pas difficile d'en inventer de telles qu'on puisse par leur moyen expliquer très-facilement toutes sortes de phénomènes. » L'attraction et l'horreur du vide vont ensemble. — Telles étaient les idées arriérées de l'homme qui inspirait Pascal et qui poursuivait partout Descartes de ses clameurs insolentes.

Dans la réunion dont il s'agit plus haut, « Roberval, dit Baillet, entreprit sa démonstration d'un ton si magistral et si semblable à celui dont il avait coutume d'épouvanter les écoliers de sa classe, que M. Descartes, qui n'était point venu en France pour disputer, en parut étourdi; et la crainte de retrouver un second Voet dans ce professeur, fit qu'il aima mieux se taire que de lui laisser prendre pied sur ce qu'il pourrait lui dire pour s'embarquer dans des contestations. Il témoigna néanmoins à la Compagnie qu'il ne s'abstenait de répondre à M. de Roberval que pour l'obliger de mettre ses difficultés par écrit et qu'il s'offrait en ce cas de le satisfaire. M. de Roberval ne voulut pas se soumettre à une condition si juste, et il ne fut pas plutôt sorti de l'assemblée, que, s'imaginant pouvoir prendre droit sur le silence de M. Descartes, il se vanta partout qu'au moins une fois en sa vie il avait su lui fermer la bouche. M. Descartes ne jugea pas à propos de relever cette sotte vanité. »

« Roberval, ajoute Leibniz dans ses Remarques manuscrites sur l'ouvrage de Baillet, était un homme fier, ardent, contentieux. Descartes, sans doute, était plus profond que lui et plus capable de faire des découvertes, mais il était comme les méditatifs ont coutume d'être, et comme un homme qui, ayant beaucoup de grandes vues, ne saurait avoir le loisir de se charger la mémoire des particularités de chaque matière. Mais Roberval, n'ayant que les mathématiques en tête, et faisant profession de les enseigner, avait sa science prête et, pour ainsi dire, au bout de la langue. Cela faisait que Descartes avait de la peine à lui tenir tête dans la conversation où le monde ne juge que par le dehors. Roberval me raconta à Paris que Descartes paraissait écolier auprès de lui, et d'autres me l'ont confirmé. Il affectait de se trouver aux compagnies où Descartes venait, pour avoir occasion de le harceler, et ce fut une des raisons qui firent quitter Paris à Descartes. »

En Hollande, Descartes retrouvait d'autres ennemis. Là, Sorbière, entre autres, mordait aussi sa physique à belles dents, suivi de la meute de Voet. Dans ses lettres à Gassendi, il représentait les idées de Descartes comme « des monstres. »

Mais la vérité, plus forte que toutes les coteries, a triomphé; le jour de l'impartiale histoire s'est levé pour Descartes, et en proclamant la solidité éternelle de ses principes, elle lui rend l'honneur qui lui est dû d'avoir travaillé, avec une infatigable activité, à la solution de tous les problèmes de physique agités de son temps, d'avoir le premier établi la loi de la réfraction, expliqué l'arc-en-ciel, reconnu, proclamé et prouvé que les faits attribués à l'horreur du vide ont pour cause la pesanteur de l'air atmosphérique. Ces découvertes positives, fussent-elles seules, pourraient suffire à faire vivre son nom.

CHAPITRE IV.

Anatomie et Physiologie.

Observations anatomiques de Descartes. — Ses expérimentations physiologiques et ses expériences sur le vif. — Le *Traité de l'Homme* : la *Description des fonctions du corps humain et de la formation de l'animal*. — Analyse. — Conclusion critique.

On peut dire que le problème qui occupa le plus Descartes, dans la seconde partie de sa carrière, est celui des *fonctions* de l'organisme vivant. Il l'avait déjà étudié, sans doute, avant 1637, car dans son Monde il avait essayé une description de l'animal et expliqué la circulation du sang. Mais jusque-là, il s'était borné à l'observation anatomique et n'avait point pratiqué l'expérimentation physiologique. Il eut plus de loisir pour se livrer à l'observation et aux expériences à partir de la publication de ses Essais; et il voulait y consacrer le tout, ou du moins le meilleur de son temps. Il avait annoncé cette intention dans la sixième partie du *Discours de la Méthode :* « J'ai résolu, y dit-il, de n'employer le temps qui me reste à vivre à autre chose qu'à tâcher d'acquérir quelque connaissance de la nature qui soit telle qu'on en puisse tirer des règles pour la médecine plus assurées que celles qu'on a eues jusqu'à présent. »

Constatons bien d'abord son goût pour ces études, et prenons un aperçu de sa manière d'observer et d'expérimenter avant d'analyser et d'apprécier ses traités.

Il écrit à Mersenne en 1639 : « C'est un exercice où je me suis souvent occupé depuis onze ans. » On lui reprochait de faire des dissections : « Ce n'est pas un crime d'être curieux de l'anatomie, répond-il ; et j'ai été un hiver à Amsterdam où j'allais quasi tous les jours en la maison d'un boucher pour lui voir tuer des bêtes, et faisais apporter de là, en mon logis, les parties que je voulais anatomiser plus à loisir, ce que j'ai encore fait en tous les lieux où j'ai été. »

Un jour, c'était en 1645, un gentilhomme vint lui faire visite à Egmond et demanda à voir sa bibliothèque. Descartes le conduisit dans la cour où une sorte de hangar lui servait de laboratoire, et, tirant un rideau qui cachait un veau en dissection. « Voilà, dit-il, ma bibliothèque. »

Le médecin Leroy, son disciple, professeur à l'université d'Utrecht, venait souvent le voir à Endegeest et à Egmond, et travailler près de lui et sous sa direction, non seulement à l'anatomie, mais aux études de physiologie expérimentale instituées par Descartes. Ces études étaient encore bien imparfaites sans doute, et comme dans les langes ; mais il est bon de rappeler que la science a eu là l'un de ses berceaux. Quand Descartes eut revu et achevé une première ébauche d'un Traité des fonctions de l'animal et de l'homme, Leroy en prit la copie et en fit la matière de son cours à l'université d'Utrecht. Cette ébauche passa aussi sous les yeux de la princesse Elisabeth. Descartes avait un aide qui lui servait à la fois de prosecteur et de secrétaire, Gutschoven, lequel devint plus tard, comme nous l'avons dit, professeur de mathématiques à Louvain, et aida Clerselier à publier le Traité de la formation du fœtus. Il commença avec lui à faire des expériences sur les animaux vivants. Plusieurs fois distrait de ces travaux, il y revint toujours avec empressement et avec une sorte de passion. Avec Gutschoven encore, il fit une étude particulière de l'anatomie du cerveau sur des animaux d'abord, et particulièrement sur le mouton, puis aussi sur l'homme.

Il nous a laissé de ses observations et de ses expériences des procès-verbaux qu'il est intéressant de consulter à plus d'un titre, particulièrement peut-être au point de vue de l'histoire de la science. Nous en citerons ici quelques extraits qui donneront une idée suffisante des travaux de Descartes et de ses essais d'observation et d'expérimentation (1).

« Dans les veaux qui viennent de naître, on voit clairement que l'œsophage est attaché au côté gauche de l'artère âpre. »

« Un veau étouffé dans l'eau avait les deux ventricules du cœur entièrement remplis de sang caillé, de même que les veines, mais non pas les artères... »

Après l'examen d'un fœtus de veau, « je crois être en droit, dit-il, de conjecturer que le premier ventricule du cœur seul (le gauche) a été formé avant le nombril. »

« J'ai remarqué qu'après la naissance du fœtus, les artères ombilicales se contractent d'elles-mêmes. »

(1) V. Inédit de Desc., par Foucher de C., 2me vol. passim.

« Ayant fait cuire six œufs qu'une poule avait couvés pendant plus de quinze jours, je trouvai que dans tous ces œufs le gros bout était rempli seulement d'air; et lorsque je brisai ensuite la dure pellicule sur laquelle s'étendait une multitude de veines, il en sortit un peu d'eau. Il n'y avait aucun espace vide entre la coquille et la partie supérieure de l'œuf. Le fœtus était couché sur le côté gauche, à la partie supérieure; le côté gauche regardait la pointe de l'œuf; le poulet était recourbé sur lui-même et couvert d'une peau formée d'albumine sur laquelle paraissaient croître de petites plumes. La partie supérieure du bec était un peu blanche et commençait à se former. »

« Dans un poulet sorti spontanément de l'œuf, mais qui n'avait pas encore mangé, je remarquai que les poumons adhéraient fortement de part et d'autre aux côtés. » Suivent des observations sur le foie, le cœur, les oreillettes, les intestins, le nombril, et la comparaison du sujet avec les sujets adultes.

« Dans un œuf que la poule avait couvé pendant sept jours entiers, le bec du poulet n'était pas encore formé. Après le huitième jour, le bec était formé. Le neuvième jour, je remarquai qu'il n'y avait pas encore d'intestins, qu'un ventricule (?)

occupait la capacité inférieure du ventre, et qu'au-dessus il n'y avait que le foie et le cœur. La tête était plus grosse que le reste du corps. On ne voyait pas encore de muscles dans la poitrine. L'épine du dos se forme immédiatement après la tête. »

« Voici ce que j'ai pu remarquer dans la dissection de plus de trente poulets de tout âge que j'ai pu extraire de l'œuf : Le deuxième jour, commence à apparaître quelque chose, c'est le cœur ; le troisième jour, la tête et l'épine du dos ; le cinquième jour, on voit très-bien battre le cœur. »

Ajoutons quelques titres.

« Expériences sur les poissons. » — « Dissections de veaux de différents âges » avec des observations très-nombreuses et plusieurs très-bien faites. — « Dissection d'un bœuf. » — « Embryogénie d'un veau de deux mois, extrait de la matrice. » — « Suite de l'embryogénie du veau ; » le sujet est un veau de cinq ou six semaines, extrait de la matrice. Comparaison avec le sujet précédent. — « Anatomie de parties contenues dans le bas ventre. » — Anatomie du cerveau. » Étude faite sur le cerveau et le crâne d'un mouton.

Qu'il n'ait pas toujours bien vu, ni toujours bien expliqué les faits, c'est ce qui arrive à tout le monde; c'est ce qui devait arriver surtout à ces premiers débuts de la science biologique. Ce qu'il importe de remarquer, et ce que nous voulons mettre hors de doute, c'est qu'il est l'un des créateurs de la physiologie expérimentale.

Il a pratiqué les expériences sur le vif. « Si, ayant ouvert la poitrine d'un animal vif, dit-il, (IV, p. 450), on lie la grande artère assez proche du cœur, en sorte qu'il ne puisse descendre aucun sang de ses branches, et qu'on la coupe entre le cœur et le lien, tout le sang de cet animal, ou du moins la plus grande partie, sortira en peu de temps par cette ouverture, ce qui serait impossible, si celui qui est dans les branches de la grande artère, n'avait de passage pour entrer dans les branches de la veine cave, d'où il passe dans la cavité droite du cœur, et de là dans la veine artérieuse, aux extrémités de laquelle il doit aussi trouver des passages pour entrer dans l'artère veineuse, qui le conduit dans la cavité gauche, et de là dans la grande artère par où il sort. » Pour se rendre compte des mouvements propres du cœur, il fait des expériences sur des chiens et des lapins. « Si on coupe la pointe du cœur d'un chien vif, dit-il au même endroit, et que, par l'incision on mette le doigt dans l'une de ses concavités, on sentira manifestement qu'à toutes les fois que le cœur s'accourcira (systole), il pressera le doigt, et qu'il cessera de le presser toutes les fois qu'il s'allongera (diastole) ; ce qui semble assurer entièrement que ses concavités sont plus étroites lorsque le doigt y est plus pressé que lorsqu'il l'est moins » ; et cependant, « si l'on coupe la pointe du cœur d'un jeune lapin encore vivant, on pourra voir à l'œil ses concavités devenir un peu plus larges au moment qu'il se durcit et jette du sang. »

Le résultat de ces observations et de ces expériences bien imparfaites sans doute, mais nombreuses et déjà très-sérieuses et très-remarquables pour l'époque, le fruit de ces travaux d'anatomie et de physiologie poursuivis avec persévérance pendant près de vingt ans, se montre sous une forme arrêtée dans le traité de la *Formation du fœtus*, dont le vrai titre que nous rétablissons ici, et que nous lui donnerons désormais est: *Description des fonctions du corps humain, et principale cause de la formation de l'animal*, ouvrage rédigé en 1647 et 1648. Le traité de l'Homme, écrit antérieurement, faisait d'abord partie du Monde et avait été revu en 1636. C'est après douze ans d'études nouvelles qu'il donna la Description des fonctions du corps humain et de sa formation. Nous en avons une preuve dans une lettre à la princesse Elisabeth. Il avait promis à la princesse et commencé pour elle un traité de l'*Erudition*. Il lui demande alors (1648) la permission de ne pas l'achever, parce qu'il craint d'ameuter contre lui les gens d'école, parce qu'il a déjà touché quelque chose de ce sujet dans la préface des Principes, et enfin pour une troisième raison que voici.

« La troisième raison est, dit-il, que j'ai maintenant un autre écrit entre les mains, que j'espère pouvoir être plus agréable à Votre Altesse. C'est la Description des fonctions de l'animal et de l'homme, car ce que j'en avais brouillé il y a douze ou treize ans, qui a été vu par Votre Altesse, étant venu entre les mains de plusieurs (entres autres de Leroy) qui l'ont mal transcrit, j'ai cru être obligé de le mettre plus au net, c'est-à-dire de le refaire ; et même je me suis aventuré, mais depuis huit ou dix jours seulement, d'y vouloir expliquer la façon dont se forme l'animal dès le commencement de son origine ; je dis l'animal en général, car pour l'homme en particulier je ne l'oserais entreprendre, faute d'avoir assez d'expériences pour cet effet : au reste, je considère ce qui me reste de cet hiver comme le temps le plus tranquille que j'aurai peut-être de ma vie, ce qui est cause que j'aime mieux l'employer à cette étude qu'à une autre qui ne requiert pas tant d'attention. » (Février 1648, X, 121.)

L'ouvrage sur l'homme, dont le texte a été trouvé sans distinction de chapitres ni d'articles, sans divisions d'aucune sorte, traitait successivement de la digestion, de la circulation et de la respiration, des mouvements extérieurs, des organes des sens et des sensations, des mouvements intérieurs et des fonctions du cerveau.

La *Description des fonctions du corps humain et de la formation de l'animal* contenait les cinq parties suivantes : I. Préface. De l'organisme et de sa cause. II. Du mouvement du cœur et du sang. III. De la nutrition. IV. A l'occasion de la nutrition, Digression dans laquelle il est parlé de la formation de l'animal. V. Suite de la formation de l'animal.

Si le *Traité de l'Homme* avait été refait entièrement, nous pourrions le négliger comme une ébauche imparfaite; mais il n'en a pas été ainsi. Les deux premières parties seulement, qui traitent de la *circulation et de la nutrition*, ont été refondues et augmentées, parce que c'était sur ces deux fonctions qu'avaient porté les observations et les expériences de Descartes. Les autres parties n'ont pas été reprises, par défaut de temps peut-être, mais plutôt, pensons-nous, parce qu'elles devaient se retrouver entières et sans changements notables dans le second traité à la suite des chapitres sur la circulation, la nutrition et la formation de l'animal. Nous considérerons donc les deux ouvrages, non-seulement comme se complétant l'un l'autre, mais comme se pénétrant et se fondant en un seul. D'après cela, nous allons faire connaître les idées principales de l'auteur, suivant l'ordre où elles devaient être exposées dans l'œuvre définitive, et nous les rangerons successivement sous ces titres :

I. Préface. Utilité de l'œuvre. — De l'organisme et de sa cause. II. Du mouvement du cœur et du sang. — De la respiration. III. De la nutrition. IV et V. De la formation de l'animal. VI. Des mouvements extérieurs. VII. Des organes des sens et des sensations. VIII. Des mouvements internes et des fontions du cerveau (1).

Ire PARTIE. — PRÉFACE.

Utilité de l'œuvre. De l'organisme et de sa cause.

« Il n'y a rien à quoi l'on se puisse occuper

V. vol. IV., p. 431 sqq. et p. 535 sqq.

avec plus de fruit qu'à tâcher de se connaître soi-même ; et l'utilité qu'on doit espérer de cette connaissance ne regarde pas seulement la morale, ainsi qu'il semble d'abord à plusieurs, mais particulièrement aussi la médecine, en laquelle je crois qu'on aurait pu trouver beaucoup de préceptes très-assurés, tant pour guérir les maladies que pour les prévenir, de même aussi pour retarder le cours de la vieillesse, si on s'était assez étudié à connaître la nature de notre corps, et qu'on n'eût point attribué à l'âme les fonctions qui ne dépendent que de lui et de la disposition de ses organes. »

Il ne faut pas attribuer l'organisme, les fonctions organiques, ni les faits physiologiques, à l'âme. L'action de Dieu une fois admise à l'origine, l'organisme animal se forme, s'accroît, se reproduit, dépérit et meurt, en vertu des seules lois de la mécanique. Il pourrait être comparé à l'un des automates que construisait Vaucanson, et dans les flancs duquel un mécanicien moderne placerait une machine à vapeur qui lui imprimerait tous les mouvements nécessaires à ses différentes fonctions, y compris celle de la fabrication d'*automates semblables*. Le cœur est à la fois la chaudière et le foyer de cette machine.

IIe PARTIE.

DES MOUVEMENTS DU CŒUR ET DU SANG, ET DE LA RESPIRATION.

« On ne peut douter qu'il n'y ait de la chaleur dans le cœur, car on le peut sentir même de la main quand on ouvre le corps de quelque animal vivant ; et il n'est pas besoin d'imaginer que cette chaleur soit d'autre nature qu'est généralement toute celle qui est causée par le mélange de quelque liqueur ou de quelque levain et qui fait que le corps où elle est se dilate. » Suit l'anatomie du cœur, puis l'explication de ses mouvements.

Nous avons déjà fait remarquer que, pour Descartes, la *systole* est un mouvement, non de contraction, mais d'expansion du cœur, dû à la dilatation du sang. Le cœur est chaud ; le sang qui y afflue se dilate subitement et, en se dilatant, dilate aussi le cœur. Après cette explication erronée, vient une description exacte de la circulation du sang. Quant à la respiration, Descartes a bien compris l'usage du poumon, mais il ne pouvait deviner ce qui se passe dans le phénomène de la respiration. Il croit que « le sang s'y épaissit et s'y tempère. »

IIIᵉ PARTIE.

DE LA NUTRITION.

« Lorsqu'on sait que le sang est ainsi continuellement dilaté dans le cœur et de là poussé avec effort par les artères en toutes les autres parties du corps d'où il retourne après par les veines vers le cœur, il est aisé de juger que c'est plutôt lorsqu'il est dans les artères que non pas lorsqu'il est dans les veines qu'il sert à nourrir tous le membres.

» Pour entendre ceci distinctement, il faut considérer que les parties de tous les corps qui ont vie et qui s'entretiennent par la nourriture, c'est-à-dire des animaux et des plantes, sont en continuel changement, en sorte qu'il n'y a autre différence entre celles qu'on nomme *fluides*, comme le *sang*, les *humeurs*, les *esprits*, et celles qu'on nomme *solides*, comme les *os*, la *chair*, les *nerfs* et les *peaux*, sinon que chaque particule de celles-ci se meut beaucoup plus lentement que celles des autres; « pensée qu'il résume en ces termes remarquables : « *Les corps qui ont vie ne sont composés que de petits filets ou ruisseaux qui coulent toujours.* » De là l'accroissement ou le dépérissement suivant la nourriture, l'âge et les circonstances. La situation, la forme, la grandeur et le mouvement des diverses parties du sang « font que chacune de ces parties s'aille rendre en certains endroits du corps plutôt qu'en d'autres. »... « Car comme on voit des cribles diversement percés qui peuvent séparer les grains qui sont ronds d'avec les longs, et les plus menus d'avec les plus gros, ainsi sans doute le sang, poussé par le cœur dans les artères, y trouve divers pores par où quelques-unes de ses parties peuvent passer et non pas les autres. »

Le mécanisme de Descartes paraîtra sans doute d'une simplicité trop grande; il faut convenir au moins qu'il est parfaitement intelligible. Et quant à la simplicité, n'est-il pas probable que les mécanismes de la nature, quoique différents, se composent au fond d'éléments non moins simples que ceux que Descartes a décrits?

IVme ET Vme PARTIES.

DE LA FORMATION DE L'ANIMAL.

« Comme on voit que la vieille pâte peut faire enfler la nouvelle, et que l'écume que jette la bière, suffit pour servir de levain à d'autre bière, ainsi il est aisé de croire que les semences des deux sexes se mêlant ensemble servent de levain l'une à l'autre. » Au sein de cette fermentation le cœur commence à se former, et devient le moteur et l'ouvrier principal de toute la machine dont les pièces successivement se dessinent, croissent et s'achèvent. Les études embryogéniques faites par Descartes lui permettent de suivre assez exactement dans ses périodes essentielles, l'*histoire du fœtus*; mais il est loin, on devait s'y attendre, d'en suivre le mouvement continu, et de reproduire les détails infinis de son évolution. Quant aux explications par lesquelles il veut rendre compte de cette formation successive, ce sont de pures hypothèses tout-à-fait inadmissibles: on en jugera par un seul exemple. Voici comment il explique la formation du cœur et ses premiers mouvements: « La première chose qui arrive en ce mélange de la semence, et qui fait que toutes les gouttes cessent d'être semblables, c'est que la chaleur s'y excite, et qu'y agissant en même façon que dans les vins nouveaux lorsqu'ils bouillent, ou dans le foin qu'on a renfermé avant qu'il fût sec, elle fait que quelques-unes de ses particules s'assemblent vers quelque endroit de l'espace qui les contient, et que là se dilatant, elles pressent les autres qui les environnent, ce qui commence à former le cœur. »

« Puis, à cause que ces petites parties ainsi dilatées tendent à continuer leur mouvement en ligne droite, et que le cœur commencé leur résiste, elles s'en éloignent quelque peu et prennent leur cours vers l'endroit où se forme après la base du cerveau. » Ces particules sont remplacées par d'autres. Ainsi se forme un petit tourbillon, mais un tourbillon où la chaleur joue le premier rôle ; ainsi commence le mouvement de circulation, et, par des dilatations et contractions successives, les premiers mouvements du cœur. Les autres explications ne valent pas mieux que celle-là.

Mais cette ébauche imparfaite a été en son temps une création hardie qui a imprimé à la science expérimentale un rapide mouvement en avant. De plus, elle est inspirée par une pensée de génie que la science moderne reprend aujourd'hui pour son compte, et dont elle s'inspire, ce semble, dans ses travaux les plus récents.

Cette pensée, la voici exprimée par Descartes lui-même à la fin de son ouvrage : « Si on con-
» naissait bien quelles sont toutes les parties de
» la semence de quelque espèce d'animal en par-
» ticulier, par exemple de l'homme, on pourrait
» déduire de cela seul, *par des raisons entiè-*
» *rement mathématiques et certaines*, toute la

» figure et conformation de chacun de ses mem-
» bres, comme aussi réciproquement en con-
» naissant plusieurs particularités de cette con-
» formation, on en peut déduire quelle est cette
» semence. »

VIᵉ PARTIE.

DES MOUVEMENTS EXTÉRIEURS.

« Pour ce qui est des parties du sang qui pé-
nètrent jusqu'au cerveau, elles n'y servent pas
seulement à nourrir et à entretenir sa substance,
mais principalement aussi à y produire un certain
vent très-subtil, ou plutôt une flamme très-vive
et très-pure qu'on nomme les *esprits animaux*...
Une petite glande est située environ le milieu
de la substance de ce cerveau (c'est la glande
pinéale).... Les plus subtiles parties du sang se
peuvent écouler dans cette glande. »

« A mesure que ces esprits entrent dans
les concavités du cerveau, ils passent de là dans
les pores de sa substance et de ces pores dans les
nerfs, où, selon qu'ils entrent, ou même seulement qu'ils tendent à entrer plus ou moins dans
les uns que dans les autres, ils ont la force de
changer la figure des muscles en qui ces nerfs
sont insérés, et, par ce moyen, de faire mouvoir

tous les membres; ainsi que vous pouvez avoir vu dans les jardins de nos rois, que la seule force dont l'eau se meut en sortant de sa source, est suffisante pour y mouvoir diverses machines, et même pour les y faire jouer de quelques instruments, ou prononcer quelques paroles, selon les diverses dispositions des tuyaux qui les conduisent. »

« Et véritablement l'on peut fort bien comparer les nerfs de la machine que je vous décris aux tuyaux des machines de ces fontaines, ses muscles et ses tendons aux autres divers engins et ressorts qui servent à les mouvoir, ses esprits animaux à l'eau qui les remue, dont le cœur est la source et dont les concavités du cerveau sont les regards. De plus, la respiration et autres telles actions qui lui sont naturelles et ordinaires, et qui dépendent du cours des esprits, sont comme le mouvement d'une horloge ou d'un moulin que le cours ordinaire de l'eau peut rendre continu. Les objets extérieurs qui par leur seule présence agissent contre les organes des sens, et qui, par ce moyen, la déterminent à se mouvoir en plusieurs diverses façons, selon que les parties de son cerveau sont disposées, sont comme des étrangers qui, entrant dans quelques-unes des grottes de ces fontaines, causent eux-mêmes, sans y penser, les mouvements qui s'y font en leur présence. Enfin, quand l'*âme raisonnable* sera en cette machine, elle y aura son siége principal dans le cerveau, et sera là comme le fontainier, qui doit être dans les regards où se vont rendre tous les tuyaux de ces machines, quand il veut exciter ou empêcher, ou changer en quelque façon leurs mouvements. »

La glande pinéale « est soutenue comme en balance » au milieu du cerveau « en sorte qu'il faut fort peu de chose pour la déterminer à s'incliner et se pencher plus ou moins, tantôt d'un côté tantôt d'un autre. » Or, tous les esprits animaux ne sont pas d'égale force; ils agitent diversement la glande et la penchent tantôt dans un sens, tantôt dans un autre. Suivant la position de la glande, ils trouvent des ouvertures bouchées ou ouvertes, ou bien les ouvrent ou les bouchent eux-mêmes et coulent ainsi dans certains nerfs et point dans d'autres. Des nerfs ils passent dans les muscles où s'insèrent les nerfs; ils gonflent ces muscles, les accourcissent et font ainsi mouvoir les membres. Il n'y a donc pas besoin d'*âme* pour que cette machine se meuve; elle se meut d'elle-même. Cependant, chose qu'il faut remarquer ici, Descartes donnant au mot *idée* le sens primitif d'image, d'arrangement matériel, dit que ce mouvement a une *idée*. « Notez que l'*idée* de ce mouvement des membres ne consiste qu'en la façon dont ces esprits sortent pour lors de cette glande et qu'*ainsi c'est son idée* qui le cause. » (IV, p. 403.)

Quand il y aura une *âme* jointe à cette machine, cette âme aura la force d'agir sur cette glande, et sera ainsi une cause de mouvement, ou plutôt une cause capable de changer la direction du mouvement de la machine.

VIIe PARTIE.

DES ORGANES DES SENS ET DES SENSATIONS.

« Pour entendre après cela comment cette machine peut être incitée par les objets extérieurs qui frappent les organes des sens, à mouvoir en mille façons tous ses membres, pensez que les petits filets que je vous ai dit venir du plus intérieur du cerveau et composer la moelle des nerfs, sont tellement disposés en toutes celles de ses parties qui servent d'organe à quelque sens, qu'ils y peuvent très-facilement être mus par les objets des sens. Or, je vous dirai que quand Dieu unira une âme raisonnable à cette machine, ainsi que je prétends vous dire ci-après (V. au chap. suivant, Traité des Passions), il lui donnera son siége principal dans le cerveau, et *la fera de telle nature que, selon les diverses façons que les entrées des pores qui sont en la superficie intérieure du cerveau seront ouvertes par l'entremise des nerfs, elle aura divers sentiments.* » De là les sensations diverses de couleur, de chaleur, d'odeur, etc. Descartes décrit avec soin chacun des organes des sens, et particulièrement l'œil. Puis il parle des sensations intérieures, de la faim et de la soif, et aussi des impressions de joie et de tristesse, qui tiennent aux dispositions du nerf qui aboutit au cœur.

VIIIe PARTIE.

DES MOUVEMENTS INTÉRIEURS ET DES FONCTIONS DU CERVEAU.

« Et de ceci vous pouvez assez entendre ce qu'il y a en cette machine qui se rapporte à tous les autres sentiments intérieurs qui sont en nous. Si bien qu'il est temps que je commence à vous expliquer comment les esprits animaux suivent leur cours dans les concavités et dans les pores du cerveau (cellules cérébrales), et quelles sont les fonctions qui en dépendent.

» Premièrement, *pour ce qui est des esprits animaux*, ils peuvent être plus ou moins abondants, et leurs parties plus ou moins grosses, plus ou moins agitées et plus ou moins égales entre elles une fois que l'autre ; et c'est par le moyen de ces quatre différences que toutes les diverses humeurs ou inclinations naturelles qui sont en nous (au moins en tant qu'elles ne dépendent point de la constitution du cerveau, ni des affections particulières de l'âme), sont représentées en en cette machine. »

Par exemple, « si les esprits sont plus abondants que de coutume, ils sont propres à exciter en elle des mouvements tout semblables à ceux qui témoignent en nous de *la bonté*, de *la libéralité* et de *l'amour*. »

« Mais ces mêmes humeurs ou du moins les passions auxquelles elles disposent dépendent aussi des impressions qui se font dans la substance du cerveau. »

« La substance du cerveau étant molle et pliante, ses concavités seraient fort étroites et presque toutes fermées, ainsi qu'elles paraissent dans le cerveau d'un homme mort, s'il n'entrait dedans aucuns esprits. » Quand les concavités sont enflées par les esprits : « *Cette machine* étant disposée alors à

obéir à toutes les actions des esprits, comme un navire dont les voiles sont gonflées, cette *machine* représente le corps d'*un homme qui veille.* » Les impressions faites alors sur le cerveau se répercutent sur la *glande pinéale* et même sur les *esprits* qui passent à sa surface. « Ce sont ces figures ou
» impressions qui se tracent dans les esprits sur
» la superficie de la glande où est le siége de l'*i-*
» *magination et du sens commun* qui doivent être
» prises pour les *idées,* c'est-à-dire pour les *for-*
» *mes* ou *images* que l'âme raisonnable considé-
» rera immédiatement, lorsque étant unie à cette
» machine, elle imaginera ou sentira quelque ob-
» jet. Les traces de ces idées rayonnent en tout
» le sang, et même elles peuvent quelquefois être
» déterminées par certaines actions de la mère à
» s'imprimer sur les membres de l'enfant qui se
» forme dans ses entrailles; elles s'impriment en-
» core en une partie intérieure du cerveau qui est
» le *siége de la mémoire.* » Ces impressions, le mouvement tantôt lent, tantôt rapide des esprits, la tension ou le relâchement des cellules cérébrales, lui servent à expliquer la veille, le sommeil, les souvenirs, les songes, la folie.

« Or, avant que je passe à la description de l'âme raisonnable, je désire que vous fassiez un peu de réflexion sur tout ce que je viens de dire de cette machine. »

Et en terminant, il résume ainsi la réflexion qu'il faut faire à ce sujet : « L'organisme animal est une machine ; les fonctions suivent toutes naturellement en cette machine de la seule disposition de ses organes, ni plus ni moins que font les mouvements d'une horloge, ou autre automate, de celle de ses contrepoids ou de ses roues ; en sorte qu'il ne faut point à leur occasion concevoir en elle aucune autre âme végétative ni sensitive, ni aucun autre principe de mouvement et de vie, que son sang et ses esprits agités par la chaleur du feu qui brûle continuellement dans son cœur et qui n'est point d'autre nature que tous les feux qui sont dans les corps inanimés. »

L'ensemble des idées physiologiques de Descartes, très-insuffisant au point de vue de la science positive comme au point de vue de la métaphysique dynamiste, forme un système imparfait sans doute, mais, en un sens pourtant, un système savant. Il repousse, en effet, les fausses entités, les forces *pulsifiques*, *concoctrices*, *etc.*, qu'on faisait intervenir avant lui pour l'explication des faits, et il essaie de rendre raison de ces faits d'une manière intelligible.

La jeunesse Hollandaise s'y jeta avec ardeur. De là naquit l'iatro-mécanisme, qu'illustrèrent déjà du vivant de Descartes ses disciples Leroy et de Raey et dont Boerhaave fut dans la suite le plus illustre représentant. Il est certain, aujourd'hui plus que jamais, qu'aucun phénomène physiologique ne peut se produire indépendamment des déterminismes physico-chimiques, c'est-à-dire en dernière analyse, indépendamment des conditions et des lois mécaniques.

Cependant, ce système mécaniste ne peut rendre compte de tous les faits ; il en laisse plusieurs totalement de côté, comme l'habitude et l'irritabilité, et ce sont précisément ceux qui manifestent le plus énergiquement la force vivante, animée, de nature spirituelle.

On lui a fait un autre reproche,— et ce reproche se trouve déjà dans Malebranche, — c'est de ne pas rendre compte de l'ensemble de l'organisme. Mais de ce qu'il n'en rend pas compte, il ne s'ensuit pas qu'il ne le puisse faire. S'il semble, en effet, au premier abord que, dans le système cartésien, c'est le hasard qui de la poussière des déterminismes mécaniques fait des organismes vivants, on s'aperçoit bientôt en pénétrant plus profondément dans la pensée du maître, que, tout mouvement et toute loi venant de Dieu, le hasard n'est nulle part dans le système, que tout sort de la perfection, que tout obéit à un Dieu provident qui a imprimé à la matière le mouvement convenable pour qu'elle formât les organismes les plus admirables, et qui a établi au-dessus d'elle la mathématique, souveraine créatrice de l'ordre et de l'harmonie dans le monde vivant comme dans le monde inorganisé. Aussi, quand on lui reproche d'admettre de bien petites causes pour expliquer l'organisation de l'animal, « quelles plus grandes causes, répond-il, que les lois éternelles établies par Dieu ? » Mais alors, ce qui ne se comprend plus, ce sont les imperfections des organismes et les monstres.

En résumé, Descartes ne rend pas compte véritablement de la vie ; il démonte et explique une machine, mais cette machine n'est pas vivante. Il ne peut expliquer ni l'irritabilité des tissus vivants, ni les habitudes que contractent l'animal et la plante, ni la transmission des habitudes, ni d'un autre côté les ébauches imparfaites que présente la nature.

Nous pourrions trouver dans la science contemporaine les éléments d'une explication plus complète.

Un organisme est un tout admirablement lié ; outre les faits particuliers, il faut donc considérer le concert qu'ils forment, leur ordre et leur unité dans l'espace et dans le temps. Comme l'a fait voir avec une vive clarté et avec une grande profondeur M. Claude Bernard dans ses derniers écrits, ce concert, cette unité ne peut s'expliquer que par une « *idée*, par une idée organique et » créatrice », c'est-à-dire, ajoute M. Félix Ravaisson, par l'activité spirituelle, par l'esprit. Et si un organisme, comme celui de l'animal, est composé, ainsi que le veut encore M. Claude Bernard, d'accord avec les plus profonds physiologistes, d'une infinité d'organismes subordonnés les uns aux autres et à l'ensemble, il faut reconnaître que, dans chaque organisme, il y a une « *idée créatrice* » dominante, qui, semblable à l'idée mère d'un poème et d'une œuvre d'art, contient dans sa riche et complexe unité, une infinité d'idées qui se subordonnent à elle; qu'il y a là, par conséquent, une force spirituelle, une âme supérieure et dominante à laquelle se subordonnent et obéissent une infinité de forces secondes, analogues à elle, et qui agissent de concert avec elle, par la vertu sans doute et sous la direction de *l'unité* suprême, de l'esprit infini; enfin, que l'esprit, à des degrés divers, est la cause et la substance de l'organisme.

Le mécanisme est vrai en ce sens qu'aucun phénomène physiologique n'a lieu sans conditions physico-chimiques et mécaniques; mais, dit Claude Bernard, « dans l'être vivant tout dérive de l'*idée* qui seule dirige et crée. Les moyens de manifestation physico-chimiques sont communs à tous les phénomènes de la nature, et restent confondus pêle-mêle comme les lettres de l'alphabet dans une boîte où cette force va les chercher pour exprimer les pensées et les mécanismes les plus divers. »

Cette force qui va chercher et qui combine les déterminismes physico-chimiques et mécaniques, c'est la force seconde, c'est l'esprit imparfait, c'est l'âme créée, sollicitée par l'attrait du beau et du bien, et faisant effort pour l'atteindre et pour manifester le désir dont elle est possédée. L'âme, nous la retrouvons jusque dans les plus obscures profondeurs de la vie embryonnaire, jusque dans les derniers mouvements et les dernières palpitations de la matière inorganique. Avec Leibniz, avec la science contemporaine la plus avancée, nous rétablissons l'âme, l'esprit, dans les choses. L'univers est vivant, animé. Mais l'âme est soumise dans ses manifestations à la loi des déterminismes mécaniques, et le dynamisme de Leibniz et de la science contemporaine doit s'ajouter, sans le détruire, au mécanisme de Descartes.

CHAPITRE V.

Psychologie.

TRAITÉ DES PASSIONS.

Historique du Traité des passions. — Correspondance avec la princesse Elisabeth, la reine de Suède, Chanut et Clerselier. — Nouvelle persécution organisée à Leyde, contre Descartes.
Place du *Traité des Passions* dans l'ensemble de la Psychologie cartésienne. — Analyse critique de cet ouvrage :
1re Partie : Des passions en général et de la nature de l'âme.
2me Partie : Des six passions primitives.
3me Partie : Des passions particulières.
Appendice à la Psychologie de Descartes. — Du sommeil, des rêves, de la folie ; de l'âme des bêtes, de l'action réciproque du corps et de l'âme.

Les éléments essentiels de ce que l'on peut appeler la Psychologie de Descartes sont contenus dans le Traité des Passions, qui est dû à l'inspiration de la princesse Elisabeth. Nous allons d'abord faire connaître les événements de la vie de la princesse qui ont donné lieu à la composition de cet ouvrage et les circonstances de nature diverse au milieu desquelles il a été écrit.

La princesse palatine, comme nous l'avons raconté, avait dû quitter les Provinces-Unies à la suite du coup d'épée qui avait mis fin aux jours de d'Epinay. L'exil ne dura pas longtemps et elle fut bientôt rappelée à la Haye. Quoique son innocence eût été reconnue, quoiqu'elle eût recouvré les bonnes grâces de sa mère, elle n'était pas heureuse. La guerre civile d'Angleterre, malgré le courage déployé par le parti royal au sein duquel se distinguait comme un héros son frère le prince Rupert, menaçait déjà de tourner à la perte des Stuarts. Les malheurs de toutes sortes qui frappaient sa famille avaient ébranlé sa santé, et en 1645, les médecins lui avaient conseillé les eaux de Spa. Inquiète, attristée et souffrante, elle écrit à Descartes pour se plaindre de la fortune et demander à son maître préféré les consolations de la philosophie (1). Descartes reçoit le contre-coup des chagrins de son élève. « Je n'ai pu lire, lui répond-il, la lettre que, Votre Altesse m'a fait l'honneur de m'écrire sans avoir des ressentiments extrêmes de voir qu'une vertu si rare et si accomplie ne soit pas accompagnée de la santé, ni des prospérités qu'elle mérite. Ces déplaisirs

---

(1) V. OEuv. de Desc., vol. IX, p. 200 sqq. et *passim*.

sont d'autant plus difficiles à surmonter que souvent la vraie raison n'ordonne pas qu'on s'oppose directement à eux.. » Il juge les eaux de Spa utiles à sa santé, surtout si elle se conforme à la recommandation des médecins qui lui prescrivent de se délivrer l'esprit de toutes sortes de pensées tristes et même aussi de toutes sortes de méditations sérieuses touchant les sciences. « Qu'elle tâche d'imiter ceux qui, en regardant la verdure des bois, les couleurs d'une fleur, le vol d'un oiseau, se persuadent qu'ils ne pensent à rien. Ce n'est pas là perdre son temps, mais le bien employer, puisqu'on peut espérer ainsi une santé parfaite, fondement de tous les autres biens qu'on peut avoir en cette vie. Je sais, ajoute-t-il, que ce n'est pas tant la théorie que la pratique qui est difficile en ceci; mais la faveur extrême que Votre Altesse me fait de me témoigner qu'elle n'a pas désagréable d'entendre mes sentiments, me fait prendre la liberté de les écrire tels qu'ils sont. J'ai expérimenté en moi-même qu'un mal presque semblable, et même plus dangereux, s'est guéri par le remède que je viens de dire, car étant né d'une mère qui mourut peu de jours après ma naissance, d'un mal de poumons causé par quelques déplaisirs, j'avais hérité d'elle une toux sèche et une couleur pâle que j'ai gardées jusqu'à l'âge de plus de vingt ans et qui faisaient que tous les médecins qui m'ont vu avant ce temps-là me condamnaient à mourir jeune; mais je crois que l'inclination que j'ai toujours eue à regarder les choses qui se présentaient du biais qui me les pouvait rendre le plus agréables, et à faire que mon principal contentement ne dépendît que de moi seul, est cause que cette indisposition, qui m'était comme naturelle, s'est peu à peu entièrement passée (1). » Il lui dit ailleurs : « Il n'y a point d'événement si funeste ni si absolument mauvais au jugement du peuple qu'une personne d'esprit ne puisse regarder de quelque biais qui fera qu'ils lui paraîtront favorables. » Il ajoute : « Votre Altesse peut tirer cette consolation générale des disgrâces de la fortune qu'elles ont peut-être beaucoup contribué à lui faire cultiver son esprit au point qu'elle a fait : *c'est un bien qu'elle doit estimer plus qu'un empire.* Les grandes prospérités éblouissent et enivrent souvent de telle sorte, qu'elles possèdent plutôt ceux qui les ont qu'elles ne sont possédées par eux; et, bien

---

(1) Cependant il eut toujours la poitrine faible, et le climat de la Suède devait lui être mortel.

que cela n'arrive pas aux esprits de la trempe du vôtre, elles leur fournissent toujours moins d'occasions de s'exercer que ne font les adversités ; et je crois que *comme il n'y a aucun bien au monde, excepté le bon sens qu'on puisse absolument nommer bien*, il n'y a aussi aucun mal dont on ne puisse tirer quelque avantage ayant le bon sens. »

La princesse cherche une distraction à ses maux dans la culture des sciences, et elle voudrait bien que son maître fût près d'elle pour diriger et soutenir sa pensée. « Je ne doute pas, répond-il, que les divertissements d'étude, qui seraient fort pénibles à d'autres qu'à Votre Altesse, ne lui puissent quelquefois servir de relâche. Je m'estimerais extrêmement heureux, si je pouvais contribuer à les lui rendre plus faciles, et j'ai bien plus de désir d'aller à la Haye voir quelles sont les vertus des eaux de Spa, que de connaître ici celles des plantes de mon jardin ; » et il est prêt à quitter pour elle cette douce solitude d'Egmond à laquelle il s'attache chaque jour davantage ; mais la princesse se reprocherait de le distraire d'études et de travaux qui doivent être utiles au genre humain. Elle lui demande seulement de lui écrire. « Je m'imagine que la plupart des lettres que vous recevez d'ailleurs, lui répond-il, vous donnent de l'émotion, et, qu'avant même que de les lire, vous appréhendez d'y trouver quelques nouvelles qui vous déplaisent, à cause que la malignité de la fortune vous a dès longtemps accoutumée à en recevoir souvent de telles ; mais pour celles qui viennent d'ici, vous êtes au moins assurée que si elles ne vous donnent aucun sujet de joie, elles ne vous en donneront point aussi de tristesse, et que vous pouvez les ouvrir à toute heure sans crainte. » Descartes en ce désert « n'apprend rien de ce qui se fait au reste du monde, et n'ayant qu'un désir, celui de voir la princesse aussi heureuse qu'elle le mérite, il l'entretiendra des moyens que la philosophie nous enseigne pour obtenir cette souveraine félicité que les âmes vulgaires attendent en vain de la fortune, et que nous ne saurions avoir que de nous-mêmes. » Afin de suppléer, dit-il, au défaut de son esprit, il prendra pour texte, ou pour occasion de ses *réflexions*, le *Traité* de Sénèque *sur la vie heureuse*. Nous étudierons plus loin ces *réflexions* où Descartes a résumé sa morale. Il fait dépendre la béatitude ou souverain contentement du libre arbitre et du bon usage de la raison. « Il n'y a aucune chose qui nous puisse entièrement ôter le moyen de nous rendre heureux, pourvu qu'elle ne trouble point notre raison. Toutes les actions de notre âme qui nous acquièrent quelque perfection sont vertueuses, et tout notre contentement ne consiste qu'au témoignage intérieur que nous avons d'avoir quelque perfection. » La princesse a acquis la perfection que la science donne à l'âme, elle doit en être heureuse. « Lorsque Votre Altesse remarque les causes pour lesquelles elle peut avoir eu plus de loisir pour cultiver sa raison que beaucoup d'autres de son âge, s'il lui plaît aussi de considérer combien elle a plus profité que ces autres, je m'assure qu'elle aura de quoi se contenter. » Mais elle trouve qu'elle n'a pas consacré assez de temps à l'étude; elle se repent d'avoir laissé s'échapper bien des heures, et elle reconnaît combien elle est imparfaite. « Il ne faut pas, lui dit Descartes, mesurer le temps que nous avons pu employer à nous instruire par le nombre des heures que nous avons eues à nous, mais plutôt, ce me semble, par l'exemple de ce que nous voyons communément arriver aux autres. L'esprit s'assoupirait au lieu de se polir, s'il s'appliquait trop à l'étude. Il me semble aussi qu'on n'a point sujet de se repentir, lorsqu'on a fait ce qu'on a jugé être le meilleur au temps qu'on a dû se résoudre à l'exécution. — Au reste, encore que la vanité, qui fait qu'on a meilleure opinion de soi qu'on ne doit, soit un vice qui n'appartient qu'aux âmes faibles et basses, ce n'est pas à dire que les plus fortes et généreuses se doivent mépriser; mais *il se faut faire justice à soi-même.* »

L'âme tendre et quelque peu timorée de la princesse n'accepte pas tout à fait cet avis à la fois trop favorable pour elle et trop stoïcien en soi. Descartes répond : « Encore que la comparaison que Votre Altesse refuse de faire à son avantage, puisse assez être vérifié par l'expérience, c'est toutefois une vertu si louable de juger favorablement des autres, et elle s'accorde si bien avec la générosité qui vous empêche de vouloir mesurer la portée de l'esprit humain par l'exemple du commun des hommes, que je ne puis manquer d'estimer l'un et l'autre... Je n'oserais aussi contredire à ce que Votre Altesse écrit du repentir, vu que c'est une vertu chrétienne, laquelle sert pour faire qu'on se corrige non-seulement des fautes commises volontairement mais aussi de celles qu'on a faites par ignorance. »

Une fois qu'il est engagé dans cette recherche des moyens qui peuvent procurer une vertu accomplie et une parfaite félicité, les questions et les objections de la princesse l'amènent à s'occuper des passions. Les passions ont une grande influence sur notre vertu et sur notre bonheur. Descartes dit que le bonheur vrai, le contentement intérieur, est le sentiment de la perfection qui est en nous. Mais ici une objection s'est présentée d'elle-même à l'esprit de la princesse palatine : « La *pitié* qui est une vertu, une perfection, ne nous rend pas heureux, car elle nous fait souffrir des maux des autres. »

« On peut être heureux, même en souffrant, reprend Descartes, comme lorsque nous nous attristons pour quelque mal qui arrive à nos amis. Dans une telle occasion, la peine ne saurait être si grande qu'est la satisfaction intérieure qui accompagne toujours les bonnes actions, et principalement celles qui procèdent d'*une pure affection pour autrui*, c'est-à-dire de la vertu chrétienne qu'on nomme charité. On peut le prouver par l'exemple des tragédies. Le contentement que l'âme éprouve alors à pleurer en voyant représenter quelque action funeste, vient principalement de ce qu'il lui semble qu'elle fait une action vertueuse en ayant compassion des affligés... *Et généralement elle se plaît de sentir émouvoir en soi des passions de quelque nature qu'elles soient, pourvu qu'elle en demeure maîtresse.* »

« Mais il faut que j'examine plus particulièrement ces passions, afin de les pouvoir définir, ce qui me sera plus aisé que si j'écrivais à quelque autre ; car Votre Altesse ayant pris la peine de lire le Traité que j'ai autrefois ébauché, touchant la nature des animaux, vous savez déjà comment je conçois que se forment diverses impressions dans le cerveau. »

Nous sommes alors arrivés à l'automne de l'année 1645. Pendant l'hiver, Descartes médite sur ce sujet et il arrête ses idées sur la nature de la *passion* en général. Il lui reste à examiner chaque passion en particulier. Au mois de février 1646, il écrit à la princesse : « J'ai pensé ces jours derniers au *nombre* et à l'*ordre* de ces passions, afin de pouvoir plus particulièrement examiner leur nature ; mais je n'ai pas encore assez digéré mes opinions touchant ce sujet, pour les oser écrire à Votre Altesse, et je ne manquerai pas de m'en acquitter le plus tôt possible. »

A ce moment, un nouveau coup vient frapper l'âme tendre, fière et généreuse que Descartes voulait rendre heureuse. Un frère de la princesse, Edouard, abjure la religion protestante pour laquelle sa famille a combattu et souffert. Elle en tombe malade. Comment la consoler? Il l'essaie en lui montrant, selon sa coutume, le côté utile de cet événement dans l'état où se trouve alors l'Europe et où se trouve en particulier la famille palatine : il ajoute qu'en somme et tout considéré, il y a encore plus de biens que de maux en cette vie, si l'âme sait à la fois jouir et se rendre maîtresse des passions. Ce sera là aussi la conclusion morale de l'ouvrage qu'il achève. Au printemps, le Traité des passions est terminé; il l'envoie à la princesse. Celle-ci le remercie sans doute de la manière la plus gracieuse (1), car il lui écrit au mois de juin, une lettre où perce sa joie.

« Je reconnais par expérience, dit-il, que j'ai
» eu raison de mettre la gloire au nombre des
» passions, car je ne puis m'empêcher d'en être
» touché, en voyant le favorable jugement que
» fait Votre Altesse du petit Traité que j'en ai
» écrit. Et je ne suis nullement surpris aussi de
» ce qu'elle y remarque des défauts.

(1) Nous avons fait jusqu'ici de vains efforts pour retrouver les lettres de la princesse. Elles ne sont ni à Herford ni à Munich. M. Fouché de Careil, ce chercheur infatigable à qui nous devons tant de documents intéressants sur l'Ecole cartésienne, n'a pu non plus mettre la main sur elles.

… » C'est une matière que je n'avais jamais
» ci-devant étudiée et dont je n'ai fait que tirer le
» premier crayon sans y ajouter la couleur et les
» ornements qui seraient requis pour les faire pa-
» raître à des yeux moins clairvoyants que ceux
» de Votre Altesse. » Il en retouche quelques
traits d'après les observations de son élève, et aussi
d'après ses propres réflexions, surtout en ce qui
concerne « une je ne sais quelle langueur, dit-il,
» qui nous empêche quelquefois de mettre à exé-
» cution les choses qui ont été approuvées par
» notre jugement, et que j'ai mises au nombre
» des émotions de l'âme, qui sont excusables; »
il faut préférer de beaucoup la décision à la rapidité de l'exécution.

Il avait écrit ce traité particulièrement pour la princesse; il l'envoya néanmoins en 1647 à la reine de Suède, pour lui donner occasion de juger des qualités de celle qui avait inspiré cet ouvrage et qui pouvait le comprendre. Plus tard encore, en 1649, il fut communiqué à Clerselier. Celui-ci ayant remarqué, comme l'avait déjà fait la princesse, que l'auteur n'y expliquait pas tous les principes de physique dont il se servait, Descartes travailla à le rendre intelligible pour tout le monde et l'augmenta d'un tiers (1). C'est avec tous ces développements nouveaux qu'il le fit imprimer en 1649 chez Elzevier.

Ce Traité a pour complément naturel la dissertation sur l'Amour, que Descartes envoya à la reine de Suède en 1647.

Chanut, beau-frère et ami de Clerselier, et ambassadeur de France en Suède, avait, dès l'année 1646, saisi toutes les occasions de parler du profond philosophe à la jeune reine Christine, qui avait une passion ardente pour l'étude. « Je ne veux vous parler d'elle, écrit Chanut à Descartes, que pour vous dire qu'elle vous connaît tel que tout le monde vous doit connaître; et qu'elle entendrait aussi facilement que personne tous vos principes, ayant le sentiment merveilleusement détaché de la servitude des opinions populaires, si le fardeau du gouvernement d'un grand Etat lui laissait assez de temps. Les dernières fois que j'eus l'honneur de la voir, elle tomba, par l'occasion d'une affaire, sur une question dont elle m'obligea de dire mon sentiment. La question était de savoir, quand on use mal de l'amour ou de la haine, lequel de ces deux dérèglements ou mau-

---

(1) V. Lettre à Clerselier, X, 539; lettre du 15 avril 1649.

vais usage était le pire. Le terme d'amour était entendu à la manière des philosophes, et la question était générale. » Il ne lui dit pas quel est l'avis de la reine pour n'exercer aucune pression sur son esprit. Descartes aussitôt écrit une lettre sur l'*amour*, dans laquelle il examine trois choses : 1°. ce que c'est que l'amour, qu'il considère premièrement comme un mouvement intellectuel et raisonnable de l'âme, puis comme une véritable passion ; 2°. si la seule lumière naturelle nous enseigne à aimer Dieu ; 3°. lequel des deux dérèglements est le pire, de l'amour ou de la haine. Lorsque la Reine en eût entendu la lecture, « M. Descartes, dit-elle, autant que je le puis voir par cet écrit et par la peinture que vous m'en faites, est le plus heureux de tous les hommes, et sa condition me semble digne d'envie. Vous me ferez plaisir de l'assurer de la grande estime que je fais de lui. » Plus tard, elle lui demanda son sentiment sur le souverain bien. Il lui répondit et lui envoya en même temps tout ce qu'il avait écrit pour la princesse Elisabeth sur ce sujet et sur celui des Passions.

A l'époque où Descartes entretenait cette correspondance avec une princesse de sang royal et avec une reine, le fanatisme excitait contre lui une nouvelle persécution. Voet, désormais impuissant à Utrecht, souffla sa rage à deux théologiens, professeurs à Leyde, Revius et Triglandius. Les manœuvres furent les mêmes et nous les résumons en quelques mots. Calomnier Descartes devant les étudiants de l'Université, le faire passer pour athée et blasphémateur, le condamner comme tel dans un conciliabule de théologiens, et tâcher alors de le mettre entre les mains de la justice civile, c'est-à-dire de le livrer au bras séculier. Descartes « voulant traiter l'affaire *en douceur*, » comme s'exprime Baillet, écrivit une lettre aux curateurs de l'Université de Leyde et aux consuls de la ville pour leur demander justice des calomnies des deux professeurs de théologie. Les magistrats de Leyde furent encore plus étranges que ceux d'Utrecht. Par une singulière interprétation de la lettre de Descartes et par une violation du droit commun, ils firent défense à leurs professeurs de discuter sur les points controversés de la doctrine nouvelle et même de nommer Descartes. Celui-ci répondit « qu'il n'avait pas demandé le silence, mais réclamé justice. » « Veulent-ils donc me mettre au rang des Erostrate et des infâmes, écrit-il indigné à ses amis ? » En même temps, il fait parler par le résident de France, Brasset, à Spanheim, recteur de l'Université. Celui-ci répond, comme eût pu le faire un général des Jésuites, qu'il y a à craindre pour l'évènement si Descartes n'aime mieux souffrir et se taire que de se plaindre; et il fait entrevoir dans une perspective menaçante la condamnation du philosophe, comme pélagien, par les synodes. « Je sais, dit Descartes, combien ils révèrent en ce pays, non pas la probité et la vertu, mais la barbe, la voix et le sourcil des théologiens. » Aussi, pour couper court aux menées de ces tartufes, il prend le parti de recourir à l'autorité du prince d'Orange comme il l'a fait déjà dans l'affaire d'Utrecht et il écrit à Servien, ambassadeur de France à la Haye. Aussitôt on ôte la connaissance des démêlés élevés entre Descartes et ses ennemis à la Faculté de théologie; et les curateurs de l'Université se déclarent prêts à donner satisfaction au philosophe, et à blâmer les théologiens « qui lui ont attribué des opinions directement contraires à celles qu'il a enseignées. » Revius et Triglandius furent en effet blâmés, mais avec toute sorte de ménagements. « On a fait taire les théologiens, écrit Descartes, mais en les flattant et en se gardant de les offenser. » (6 juin 1647, vol. X, p. 56.)

Ces dogues tournèrent alors leur colère contre les disciples de Descartes, qui professaient à l'université de Leyde et surtout contre Heereboord et Du Ban. Ceux-ci auraient eu beaucoup à souffrir s'ils n'avaient été protégés par les personnages influents que le cartésianisme comptait déjà dans son sein, le grand théologien et prédicateur Heydanus, de Hooghelande et le plus puissant de tous, Zuilychem.

Telle était l'élévation sereine du caractère de Descartes que, lorsqu'il écrivit son Traité des Passions, il oublia d'y faire figurer le fanatisme.

TRAITÉ DES PASSIONS. — SA PLACE DANS L'ENSEMBLE DE LA PSYCHOLOGIE DE DESCARTES.— ANALYSE CRITIQUE.

Cet ouvrage se divise en trois parties : la première traite des passions en général et, par occasion, de la nature de l'âme; la deuxième, des six passions primitives; la troisième, des passions particulières. Avant de l'analyser et de l'apprécier, il importe de marquer la place qu'il occupe dans l'ensemble de ce que nous pouvons appeler la Psychologie de Descartes; et pour cela nous tâcherons de reconstituer d'abord cet ensemble d'après les idées qu'on peut recueillir sur ce sujet dans les Méditations, dans les Principes, dans le Traité des Passions lui-même, et dans les lettres adressées à divers personnages, notamment à la princesse Elisabeth, à Heydanus à propos des idées de Leroy, à Arnaud et à deux Anglais de distinction, Morus et Cavendish (1).

L'âme se connaît directement, par la réflexion qu'elle fait sur elle-même, comme un être pensant. Penser, c'est *entendre* et *vouloir*. Dire comme Descartes que « l'âme a pour essence et pour *être* la pensée, » c'est dire en même temps qu'elle a pour essence et pour substance l'activité libre. En d'autres termes, ce qui constitue l'âme, c'est l'acte de la pensée, l'*action* pensante, et cette *action* est à la fois intellectuelle et volontaire. De là la distinction de l'*entendement* et de la *volonté* qui ne sont cependant que des abstractions et qui ont leur racine commune et leur unité vivante dans l'action spirituelle qui est le tout de l'âme. Cette action se manifeste donc sous deux formes, qu'on peut envisager à part, sous la forme de perceptions claires

---

(1) V. vol. IX et surtout vol. X, p. 70 sqq. 157 sqq., 178 sqq. et *passim*.

et distinctes et sous la forme de déterminations libres, quoique toute perception claire et distincte implique une affirmation c'est-à-dire un fait volontaire, et quoique toute détermination libre implique une connaissance claire.

Maintenant, outre les perceptions claires et distinctes de l'entendement et les déterminations de la volonté que nous appellerons du nom commun d'*actions*, il se produit dans l'âme des pensées confuses et des impulsions aveugles causées par l'action du corps sur elle. Si l'âme était seule, sans attaches avec l'organisme corporel, elle n'aurait que des idées claires et des déterminations libres ; mais unie substantiellement au corps elle en *subit l'action*, elle éprouve ce que nous appellerons du terme général de *passions*.

D'après cela, on peut distinguer dans la science de l'âme deux parties : la première, qui ne se distingue pas de la métaphysique et dont Descartes traite en effet dans les *Méditations*, a pour objet l'être pensant et libre que la réflexion voit et touche directement, intérieurement et en lui-même ; elle étudie *l'action* spirituelle qui constitue l'âme et les *actions* diverses qui sont le rayonnement de cette action centrale : ici tout s'aperçoit en pleine lumière. La seconde partie étudie l'âme en tant que passive, la *passion*.

Or, « les mêmes faits qui sont des passions dans l'âme, sont des actions dans le corps (1); » c'est pourquoi l'étude de la *passion* est une étude complexe qui embrasse nécessairement à la fois l'âme et le corps, et la psychologie est ici inséparable de la physiologie. De plus, dans l'âme même, cette étude ne dépasse guère la région encore obscure et confuse des phénomènes ; et quand elle atteint *l'être* pensant, c'est grâce à la lumière qu'elle emprunte à l'étude métaphysique de l'âme. Pour ces deux raisons, la seconde partie de la psychologie est une branche de la physique. Aussi Descartes, de cette vue profonde qui lui a fait apercevoir en toutes choses la réalité comme à nu, a-t-il rangé cette étude dans la physique, dont elle forme le cinquième rameau, et a-t-il dit, dans la lettre qui précède son Traité, que « son dessein a été d'expliquer les passions en physicien. »

1. — *Étude métaphysique de l'âme.* — *Les actions.*

Les actions sont essentiellement les *déterminations* de la volonté; mais il faut donner aussi

---

(1) « Bien que l'agent et le patient soient souvent bien différents, » l'action et la passion ne laissent pas d'être toujours une même » chose qui a ces deux noms, à raison des deux divers sujets aux- » quels on la peut rapporter. » (Passions, 1re part., art. 1).

le nom *d'actions* aux connaissances claires et distinctes, et même aussi aux créations de l'imagination, parce que dans ces connaissances et dans ces créations il y a toujours une part d'activité volontaire et libre, et que « la dénomination se fait par ce qu'il y a de plus noble. » (*Pass.*, art. 19.)

Les volontés. — « Les volontés sont de deux sortes, car les unes se terminent en l'âme même, comme lorsque nous voulons aimer Dieu, ou généralement appliquer notre pensée à quelque objet qui n'est point matériel; les autres sont des actions qui se terminent en notre corps, comme lorsque de cela seul que nous avons la volonté de nous promener il suit que nos jambes se remuent et que nous marchons. » (*Ibid.*, art. 18). Les volontés de la première espèce sont l'amour de Dieu, l'amour du vrai, l'amour du bien, « qui sont des déterminations raisonnables de la volonté. » (Lettre à Christine, sur l'amour.) Il faut y joindre la joie intérieure, profonde et purement intellectuelle qu'un tel amour produit. Car « il y a une joie purement intellectuelle, tellement indépendante des émotions du corps, que les stoïques n'ont pu la dénier à leur sage, bien qu'ils aient voulu qu'il fût sans passion. » La réflexion, ou attention portée aux phénomènes de conscience, est une des volontés de cette sorte. Les volontés de la seconde espèce sont celles qui sont suivies de mouvements organiques : ce sont des actions dans l'âme et des passions dans le corps.

Les actes ou perceptions de l'entendement. — Les perceptions ou actes de l'entendement sont d'abord les idées et vérités premières, claires et distinctes, et ensuite les opérations intellectuelles.

Les idées et vérités premières sont innées en ce sens que la faculté qui les produit est innée, et celle-ci est innée puisqu'elle est nous-mêmes. Les idées premières ou « notions primitives qui sont comme les originaux sur le patron desquels nous formons toutes nos autres connaissances » (vol. IX, p. 125), sont de quatre sortes. 1°. L'idée d'être, c'est-à-dire de l'être absolu, infini, parfait, car c'est lui que nous pensons quand nous pensons l'être, et les idées d'ordre, de nombre, de durée, qui sont après celle de l'être les plus générales, et qui conviennent à tout ; 2°. la notion d'étendue, qui comprend celles des formes et des mouvements, et qui sert pour la connaissance de la matière ; 3°. celle de la pensée, en laquelle sont comprises les perceptions de l'entendement et les inclinations de la volonté, et qui sert pour la connaissance de l'âme; 4°. pour la connaissance de l'âme et du corps ensemble, « l'idée de leur union, de laquelle dépend celle de la force qu'a l'âme de mouvoir le corps, et le corps d'agir sur l'âme en causant ses sentiments (sensations) et ses passions. » « Cette force, cette action, est l'une des choses qui nous sont connues par elles-mêmes et que nous obscurcissons toutes les fois que nous les voulons expliquer par d'autres. » (Ibid., et Lett. à Arnaud, vol. X, p. 161).

Les *opérations* de l'entendement sont premièrement tous les actes de l'entendement par lesquels nous formons des créations imaginaires, des idées abstraites et générales, en un mot des idées *factices* en prenant pour matière les perceptions des sens ou sensations ou *idées adventices* dont il sera parlé plus bas. Ainsi l'imagination active ou créatrice — mais non l'imagination passive, — se rapporte à l'entendement et à la volonté (Pass., I, art. 20 et 26). Ce sont en second lieu les *raisonnements*, opérations par lesquelles nous assemblons des raisons, des idées claires, pour étendre notre science, et la *mémoire* qui retient les connaissances. C'est par là que s'accroît notre science sur Dieu, l'âme et le monde matériel.

II. — *Etude physique de l'âme.* — *Les passions.*

« Les passions sont des pensées confuses que
» l'âme n'a pas de soi seule, mais de ce que étant
» unie au corps, elle reçoit l'impression des mou-
» vements qui sont en lui. » Elles comprennent
1°. les *sensations* avec les *images* qui les suivent
et qui en sont comme « les ombres », avec les
douleurs et les *plaisirs* qui les accompagnent, et
2°. les *passions proprement dites*. Les *sensations* se rapportent aux objets comme la lumière
et les sons, ou à certains points de l'organisme,
comme la sensation d'une brûlure, ou, ce qui est
le cas d'une sensation interne, la faim et la soif;
tandis que les *passions* proprement dites, comme
la joie et la colère, se rapportent à l'âme même.
De cette différence essentielle en découle une
autre. On peut être trompé, et on l'est souvent, par les sensations; « on ne peut l'être
touchant les passions : elles sont si proches
et si intérieures à notre âme qu'il est impossible qu'elle les sente, sans qu'elles soient véritablement telles qu'elle les sent. » La perception sensible, la sensation, l'idée adventice, n'est
pas la connaissance, elle donne seulement *occasion*
à l'esprit de connaître. « La matière ne possède au-

cune des *qualités sensibles* que nous lui attribuons, lumière, odeur, sons, couleurs, chaleur, mais seulement des qualités intelligibles, c'est-à-dire des propriétés d'étendue, de forme, de nombre et de mouvement. » Il y a autant de sortes de sensations qu'il y a de sortes de nerfs et, dans ces nerfs, de sortes de mouvements. Ainsi les nerfs de la main ébranlés n'excitent pas les mêmes sensations que les nerfs de l'oreille ou de l'œil, « et
» les nerfs du toucher excitent autant de divers
» sentiments en l'âme qu'il y a de diverses fa-
» çons dont ils sont mus ou dont sont empêchés
» leurs mouvements ordinaires, à raison de quoi
» on a attribué aux corps diverses qualités (Prin-
» cipes). » La *sensation* est due à des vibrations nerveuses et cérébrales dont la cause est actuellement présente; l'*image* est due à ces mêmes vibrations prolongées après l'éloignement de la cause, ce que Descartes exprime en disant qu'elle est causée par le mouvement *des esprits;* car toutes les fois qu'on trouve chez lui le mot *esprits*, on peut le traduire dans notre langue contemporaine par *vibrations prolongées*. Ce sont ces vibrations qui expliquent la conservation et la réapparition des images et leur association dans la rêverie et dans les rêves. (Pass., I, 26.)

Les passions sont causées à la fois par des vibrations récentes et surtout par des vibrations prolongées, « elles sont causées, entretenues et fortifiées par quelque mouvement des esprits. »

Nous voyons maintenant quelle place occupe la passion dans l'ensemble des faits dont s'occupe la science de l'âme. La division de cette science, telle qu'elle est établie de fait par Descartes, est d'une netteté parfaite et d'une profondeur à laquelle nous a habitués son génie. D'un côté, tout ce qui part de l'âme, tous les faits dont la source est dans l'action de l'être pensant et libre ; de l'autre, tous ceux dont la source est dans l'action du corps et dans les vibrations cérébrales. Ici les faits se passent pour ainsi dire à fleur d'âme et dans une région intermédiaire qui est commune à la pensée et à l'étendue, à l'activité et au mouvement. Là les faits sont vraiment intérieurs et causés par l'âme; il y a pourtant à faire entre eux cette distinction que les perceptions de l'entendement présentent encore un caractère d'extériorité et de passivité « à cause que souvent ce n'est pas notre âme qui les fait telles qu'elles sont, et que toujours elle reçoit des choses qui sont représentées par elles, » tandis que nous expérimentons que nos volontés viennent directement de notre âme et semblent ne dépendre que d'elle » (*Pass.*, I, 17). Pour trouver véritablement l'âme dans son for intérieur, dans « son action », il faut donc aller au-delà de la région encore extérieure à certains égards de l'intelligence et pénétrer jusqu'à la volonté. C'est jusque-là que va Descartes.

Nous pouvons maintenant analyser le Traité des Passions.

1re PARTIE. — *Des Passions en général.*

Nous passons par dessus les préliminaires dans lesquels Descartes, après avoir défini la passion et l'action, comme nous l'avons dit plus haut, résume ce qu'il a écrit des fonctions de l'organisme dans ses ouvrages de physiologie, et nous arrivons immédiatement à ce qui se rapporte à la passion même.

Descartes ne traitera que des passions proprement dites « qu'on peut définir *des perceptions ou des sentiments, ou des émotions de l'âme qu'on rapporte particulièrement à elle, et qui sont causées et entretenues et fortifiées par quelque mouvement des esprits.* »... « On peut les nommer des perceptions ou des sentiments, et mieux encore des *émotions*, parce que de toutes les sortes de pensées qu'elle peut avoir, il n'y en a point d'autres qui l'agitent et l'ébranlent si fort que font ces passions. J'ajoute qu'elles se rapportent particulièrement à l'âme pour les distinguer des autres sentiments qu'on rapporte les uns aux objets extérieurs comme les odeurs, les autres à notre corps, comme la douleur, la faim. J'ajoute qu'elles sont causées, entretenues, fortifiées par quelque mouvement des esprits, afin d'expliquer leur dernière et plus prochaine cause. »

« Pour entendre plus parfaitement toutes ces choses, il est besoin de savoir *que l'âme est véritablement jointe à tout le corps et qu'on ne peut pas proprement dire qu'elle soit en quelqu'une de ses parties à l'exclusion des autres, à cause qu'il est un et en quelque façon indivisible à raison de la disposition de ses organes qui se rapportent tous l'un à l'autre, et à cause qu'elle est d'une nature qui n'a aucun rapport à l'étendue, mais seulement à l'assemblage de ses organes.* » Le corps forme un concert, une harmonie, une unité : c'est à cette harmonie et à cette unité que l'âme est unie.

» Elle exerce néanmoins particulièrement ses fonctions dans une glande fort petite, située au milieu de la substance du cerveau : » C'est à ce point central qu'elle *agit* sur le corps ; c'est là aussi, et non dans le cœur, qu'elle *subit son action*.

» Pour l'opinion de ceux qui pensent que l'âme reçoit ses passions dans le cœur, elle n'est aucunement considérable, car elle n'est fondée que sur ce que les passions y font sentir quelque altération ; et il est aisé à remarquer que cette altération n'est sentie comme dans le cœur, que par l'entremise d'un petit nerf qui descend du cerveau vers lui (1) ». Tous les mouvements nerveux se répercutent sur le point central du cerveau, « *et l'âme qui y est présente reçoit autant de diverses impressions en elle qu'il arrive de divers mouvements en cette glande.* Celle-ci peut être aussi diversement mue par l'âme. »

En même temps qu'une passion est excitée dans l'âme, le corps reçoit tous les mouvements qui conviennent à cette passion. Par exemple, un animal étrange, effroyable, est devant nous. Les nerfs de la vue, puis tout le système nerveux, sont

---

(1) Les nerfs pneumo-gastriques. — « On a cru longtemps que le cœur n'avait pas de nerfs. Cette opinion à laquelle s'étaient arrêtés d'anciens physiologistes est aujourd'hui contredite par l'anatomie. » (Claude Bernard, *Physiologie du cœur.*) On voit qu'elle l'a été, il y a plus de deux siècles, par l'anatomiste Descartes.

ébranlés : le mouvement imprimé à la glande centrale est tel que, d'une part, l'âme éprouve l'impression de la peur, et que, d'autre part, les nerfs moteurs des muscles mettent la machine animale en fuite, « laquelle fuite peut en cette façon être excitée dans le corps par la seule disposition des organes, et sans que l'âme y contribue. »

« La même impression que la présence d'un objet effroyable fait sur la glande et qui cause la peur de quelques hommes, peut exciter en d'autres le courage et la hardiesse, dont la raison est que tous les cerveaux ne sont pas disposés en même façon. » Et alors le mouvement de la glande est tel que, tandis que l'âme éprouve le sentiment de la hardiesse, le corps de lui-même se met en défense. « Car il est besoin de remarquer que le principal effet de toutes les passions dans les hommes est qu'elles invitent et qu'elles disposent leur âme à vouloir les choses auxquelles elles préparent leurs corps. » En un mot, les mouvements *reflexes* se trouvent d'accord avec les émotions de l'âme.

Mais, comme un conducteur de char qui tient son attelage sous sa main et qui en quelque sorte ne fait qu'un avec lui, l'âme peut changer les mouvements de la glande et par contre-coup ses propres passions et, par contre-coup encore et en même temps, les mouvements reflexes. Indirectement l'âme par la volonté modifie et les mouvements organiques et ses propres passions. « La volonté est tellement libre de sa nature, qu'elle ne peut jamais être contrainte; » mais « les passions ne peuvent qu'indirectement être changées par l'âme, — excepté lorsqu'elle est elle-même leur cause; — et toute l'action de l'âme consiste en ce que *par cela seul qu'elle veut quelque chose, elle fait que la petite glande à qui elle est étroitement jointe, se meut en la façon qui est requise pour produire l'effet qui se rapporte à cette volonté.* » Au lieu de la *glande pinéale*, mettez une *cellule cérébrale* ou *l'ensemble des cellules cérébrales*, et vous aurez un langage conforme à celui de la science moderne.

L'action que nous avons sur nos passions est indirecte encore d'une autre manière. « Nos passions ne peuvent pas directement être excitées ni ôtées par l'action de notre volonté, mais elles peuvent l'être indirectement *par la représentation des choses qui ont coutume d'être jointes avec les passions que nous voulons avoir, ou qui sont contraires à celles que nous voulons rejeter.*

C'est la distinction admise par les physiologistes modernes entre les mouvements causés par la volonté et les mouvements reflexes qui échappent à la volonté et sont causés par la sensibilité. (Claude Bernard, *Physiologie du cœur*.) « Ainsi, pour exciter en soi la hardiesse et ôter la peur, il ne suffit pas d'en avoir la volonté, il faut s'appliquer à considérer les raisons, les objets, ou les exemples qui persuadent que le péril n'est pas grand, qu'il y a toujours plus de sûreté en la défense qu'en la fuite; qu'on aura de la gloire et de la joie d'avoir vaincu, au lieu qu'on ne peut attendre que des regrets et de la honte d'avoir fui, et choses semblables. »

Descartes continue : « Ce n'est pas toujours la volonté d'exciter en nous quelque mouvement ou quelque autre effet qui peut faire que nous l'excitons, mais *cela change selon que la nature ou l'habitude* ont diversement joint chaque mouvement de la glande à chaque pensée. »

Nous allons voir maintenant Descartes, devançant son époque, parler le langage de la science de notre siècle, et en même temps celui de la morale de tous les temps.

« Il y a une raison particulière qui empêche l'âme de pouvoir promptement changer ou arrêter ses passions. Cette raison est qu'elles sont presque toutes accompagnées de quelque émotion qui se fait dans le cœur, et par conséquent aussi en tout le sang et les esprits, en sorte que jusqu'à ce que cette émotion ait cessé, elles demeurent présentes à notre pensée en même façon que les objets sensibles y sont présents, pendant qu'ils agissent contre les organes de nos sens. Et comme l'âme, en se rendant fort attentive à quelque autre chose, peut s'empêcher d'ouïr un petit bruit ou de sentir une petite douleur, mais ne peut s'empêcher en même façon d'ouïr le tonnerre ou de sentir le feu qui brûle la main, ainsi elle peut aisément surmonter les moindres passions, mais non pas les plus violentes et les plus fortes, sinon après que l'émotion du sang et des esprits est apaisée. Le plus que la volonté puisse faire pendant que cette émotion est en vigueur, c'est de ne pas consentir à ses effets et de retenir plusieurs des mouvements auxquels elle dispose le corps. Par exemple, si la colère fait lever la main pour frapper, la volonté peut ordinairement la retenir; si la peur incite les jambes à fuir, la volonté les peut retenir, et ainsi des autres. »

« Ce n'est qu'en la répugnance qui est entre le mouvement que le corps *par ses esprits* et l'âme *par sa volonté* tendent à exciter en même temps dans la glande, que consistent tous ces combats qu'on a coutume d'imaginer entre la partie supérieure et la partie inférieure de l'âme. Car il n'y a en nous qu'une seule âme, et cette âme n'a en soi aucune diversité de parties; la même qui est sensitive est raisonnable. »

« *Tant que la disposition qui a précédé dans les nerfs, dans le cœur et dans le sang n'est pas changée,* » la passion demeure dans l'âme, ce qui fait que celle-ci « se sent poussée presque en même temps à désirer et à ne pas désirer une même chose. C'est par le succès de ces combats, entre l'âme, d'une part, et le retentissement prolongé des vibrations nerveuses et des mouvements organiques, d'autre part, » que chacun peut connaître la force ou la faiblesse de son âme; car ceux en qui naturellement la volonté peut plus aisément vaincre les passions et arrêter les mouvements du corps qui les accompagnent, ont sans doute les âmes les plus fortes. Mais, ajoute Descartes, il y en a qui ne peuvent éprouver leurs forces, parce qu'ils ne font jamais combattre leur volonté avec ses propres armes, mais seulement avec celles que lui fournissent quelques passions pour résister à quelques autres. Ce que je nomme les propres armes de la volonté ou de l'âme sont des jugements fermes et déterminés touchant la connaissance du bien et du mal, suivant lesquels elle a résolu de conduire les actions de sa vie. Les âmes les plus faibles de toutes sont celles dont la volonté ne se détermine point ainsi à suivre certains jugements, mais se laisse continuellement emporter aux passions présentes, lesquelles étant souvent contraires les unes aux autres, *la tirent tour à tour à leur parti et, l'employant à combattre contre elle-même, mettent l'âme au plus déplorable état qu'elle puisse être.* »

Il faut donc avoir des « jugements fermes et déterminés, appuyés sur la connaissance de la vérité, suivant lesquels on règle ses actions. »

Et ici va apparaître une action admirable que l'âme exerce à la longue sur le corps. « Encore que chaque mouvement de la glande semble avoir été joint *par la nature* à chacune de nos pensées et à chacune de nos passions, *on les peut toutefois joindre à d'autres par habitude;* et ceux même qui ont les plus faibles âmes pourraient acquérir un empire très-absolu sur toutes leurs passions, si on employait assez d'industrie à les dresser et à les conduire. »

2ᵐᵉ ET 3ᵐᵉ PARTIES. — *L'ordre et le dénombrement des passions; les six passions principales.* — *Les passions particulières.*

Pour procéder méthodiquement dans la recherche du nombre et de l'ordre des passions Descartes fait une très-belle remarque: c'est que les objets qui meuvent les sens n'excitent pas en nous diverses passions à raison de toutes les diversités qui se trouvent en eux, mais seulement en raison des diverses façons qu'ils peuvent nuire ou profiter; et que l'usage de toutes les passions consiste en cela seul qu'elles disposent l'âme à vouloir les choses que la nature dicte nous être utiles, et à persister en cette volonté. Dès lors, il suffit d'examiner par ordre en combien de diverses façons qui nous importent nous pouvons être émus par les objets extérieurs. Il fera le dénombrement de toutes les principales passions selon l'ordre dans lequel elles peuvent être ainsi trouvées.

La première qui se présente est L'ADMIRATION, OU ÉTONNEMENT ; si un objet nouveau s'offre à nous, il importe qu'avant même de le connaître comme bon ou mauvais à notre égard, nous y soyons attentifs, c'est pourquoi l'âme alors est *surprise* et *admire* pendant que le corps se met en garde. L'étonnement est un *excès* d'admiration qui rend immobile. L'admiration n'a pas de contraire, car si l'objet n'a rien qui nous surprenne nous le considérons sans passion.

Puis viennent, lorsque nous connaissons l'objet comme bon ou mauvais à notre égard, l'AMOUR, et la HAINE, le DÉSIR, la JOIE et la TRISTESSE. Telles sont les six passions principales. Toutes les autres en dérivent. A l'ADMIRATION est jointe l'*estime* ou le *mépris* selon que c'est la grandeur d'un objet ou sa petitesse que nous admirons. Et nous pouvons ainsi nous estimer ou nous mépriser nous-mêmes : d'où viennent les passions et ensuite les habitudes de *magnanimité* ou d'*orgueil*, et d'*humilité* ou de *bassesse*. »

« Mais quand nous estimons ou méprisons d'autres objets que nous considérons comme des causes libres, de l'estime vient la *vénération* et du simple mépris le *dédain*. »

L'AMOUR et la HAINE ont aussi diverses nuances dont il sera traité.

Au DÉSIR se rapportent, suivant que l'objet est plus ou moins difficile à obtenir ou à fuir, l'*espérance* et la *crainte*, dont la *jalousie* est une espèce ; la *sécurité* et le *désespoir* ; l'*irrésolution* ; le *courage* ou la *hardiesse*, dont l'*émulation* est une espèce; la *lâcheté* qui est contraire au courage comme la *peur ou l'épouvante* l'est à la hardiesse; enfin le *remords* (distinct du repentir), si on s'est déterminé à quelque action avant que l'irrésolution fût ôtée. Le remords ne regarde pas le temps à venir comme les passions précédentes, mais le présent ou le passé.

De la JOIE et de la TRISTESSE naissent, lorsque le bien ou le mal tombent à d'autres que nous en estimons dignes ou indignes, la *moquerie*, l'*envie*, la *pitié;* lorsque nous avons fait le bien ou le mal librement, la *satisfaction de la conscience*, ou le *repentir;* lorsque le bien ou le mal ont été accomplis par d'autres, la *faveur* ou l'*indignation;* si le bien nous a été fait, la *reconnaissance ;* si le mal, la *colère*. De plus, le bien qui est ou qui a été en nous, étant rapporté à l'opinion que les autres en peuvent avoir, excite en nous de la *gloire*, et le mal de la *honte*. Enfin quelquefois la durée du bien cause l'*ennui* ou le *dégoût*, au lieu que celle du mal diminue la tristesse; et du mal passé vient l'*allégresse* qui est une espèce de joie.

Sans doute les passions « sont en nombre indéfini » et il est impossible de les faire entrer toutes dans une classification; mais Descartes pense avoir mis dans la sienne « toutes les principales; » ce que ne font pas ceux qui les rangent en deux classes sous l'*appétit concupiscible* et sous l'*appétit irascible*. « Comme l'âme a non-seulement les facultés de désirer et de se fâcher, mais celles d'admirer, d'aimer, d'espérer, de craindre, et ainsi de recevoir en soi chacune des autres passions, ou de faire les actions auxquelles ces passions la poussent, je ne vois pas pourquoi ils ont voulu les rapporter toutes à la concupiscence et à la colère. »

La classification de Descartes est peut-être encore aujourd'hui, même après les essais des psychologues anglais et des physiologistes français, la plus rationnelle et la plus compréhensive. Dans ses cadres peuvent trouver place et s'ordonner toutes les passions.

Maintenant avant de suivre le psychologue et le moraliste dans les détails de la deuxième et de la troisième partie du Traité des Passions, résumons en quelques mots les titres du physiologiste.

Descartes a découvert les nerfs pneumo-gastriques; il a reconnu le rôle important que ces nerfs et le cœur remplissent dans le phénomène complexe de la passion, et le rôle non moins important que joue le retentissement prolongé des vibrations nerveuses; il a aperçu les rapports incessants d'action et de réaction du cœur et du cerveau, les deux pièces maîtresses de l'organisme; il a vu enfin que le cerveau est le siége exclusif où l'âme reçoit la passion, quoique le cœur en soit ému. Mais il n'a pas été plus loin, et pour le détail ses explications sont tout-à-fait insuffisantes ou plutôt tout-à-fait inadmissibles. Il serait très-facile de le montrer en citant, par exemple, ce qu'il dit de quelques « émotions » et de la « pâmoison, » et en le mettant en regard des explications que M. Claude Bernard, dans la « *Physiologie du cœur* » donne de « l'émotion et de la syncope. » Mais il nous paraît inutile d'insister sur ce que la science physiologique de Descartes a d'incomplet; et les lecteurs penseront sans doute qu'il sera plus profitable de montrer le grand philosophe avec toute la puissance de son génie observateur et profond dans la psychologie des passions. Pour cela, il importe surtout de le citer : c'est ce que nous allons faire en intervenant par nous-même le moins possible.

L'admiration. — « On peut dire de l'admiration qu'elle est utile en ce qu'elle fait que nous apprenons et retenons en notre mémoire les choses que nous avons auparavant ignorées. Encore qu'une chose, qui nous était inconnue, se présente à notre entendement ou à nos sens, nous ne la retenons point pour cela en notre mémoire, si ce n'est que l'idée que nous en avons soit fortifiée en notre cerveau par quelque passion, ou bien aussi par l'application de notre entendement que notre volonté détermine à une attention et réflexion particulière.

» Lorsque cette passion est excessive et qu'elle fait qu'on arrête seulement son attention sur la première image des objets qui se sont présentés, sans en acquérir d'autre connaissance, elle laisse après soi une habitude qui dispose l'âme à s'arrêter en même façon sur tous les autres objets qui se présentent, pourvu qu'ils lui paraissent tant soit peu nouveaux. Et c'est ce qui fait durer la maladie de ceux qui sont aveuglément curieux, c'est-à-dire qui recherchent les raretés seulement pour les admirer, et non point pour les connaître : car ils deviennent peu à peu si admiratifs, que des choses de nulle importance ne sont pas moins capables de les arrêter que celles dont la recherche est plus utile. »

L'amour. — « On distingue communément deux sortes d'amour, l'une desquelles est nommée amour de bienveillance, c'est-à-dire qui incite à vouloir du bien à ce qu'on aime; l'autre est nommée amour de concupiscence, c'est-à-dire qui fait désirer la chose qu'on aime. Mais il me semble que cette distinction regarde seulement les effets de l'amour, et non point son essence; car sitôt qu'on s'est joint de volonté à quelque objet, de quelque nature qu'il soit, on a pour lui de la bienveillance.

» L'amour qu'un bon père a pour ses enfants est si pur, qu'il ne désire rien avoir d'eux, et ne veut point les posséder autrement qu'il fait, ni être joint à eux plus étroitement qu'il est déjà; mais les considérant comme d'autres soi-même, il recherche leur bien comme le sien propre, ou même avec plus de soin, pour ce que se représentant que lui et eux font un tout, dont il n'est pas la meilleure partie; il préfère souvent leurs intérêts aux siens, et ne craint pas de se perdre pour les sauver. L'affection que les gens d'honneur ont pour leurs amis est de cette nature, bien qu'elle soit rarement si parfaite; et celle qu'ils ont pour leur maîtresse en participe beaucoup, mais elle participe aussi un peu de l'autre.

» Lorsqu'on estime l'objet de son amour moins que soi, on n'a pour lui qu'une simple affection; lorsqu'on l'estime à l'égal de soi, cela se nomme amitié; et lorsqu'on l'estime davantage, la passion qu'on a peut être nommée dévotion. Or, la différence qui est entre ces trois sortes d'amour paraît principalement par leurs effets; car, d'autant qu'en toutes on se considère comme joint et uni à la chose aimée, on est toujours prêt d'abandonner la moindre partie du tout qu'on compose avec elle pour conserver l'autre. Ce qui fait qu'en la simple affection l'on se préfère toujours à ce qu'on aime; et qu'au contraire en la dévotion l'on préfère tellement la chose aimée à soi-même qu'on ne craint pas de mourir pour la conserver.

» Nous appelons communément bien ou mal ce que nos sens intérieurs ou notre raison nous font juger convenable ou contraire à notre nature; mais nous appelons beau ou laid ce qui nous est ainsi représenté par nos sens extérieurs, principalement par celui de la vue, lequel seul est plus considéré que tous les autres; d'où naissent deux espèces d'amour, à savoir celle qu'on a pour les choses bonnes, et celle qu'on a pour les belles, à laquelle on peut donner le nom d'agrément, afin de ne pas la confondre avec l'autre, ni aussi avec le désir, auquel on attribue souvent le nom d'amour.

» Il est vrai qu'il y a diverses sortes d'agréments,

et que les désirs qui en naissent ne sont pas tous également puissants ; car, par exemple, la beauté des fleurs nous incite seulement à les regarder, et celle des fruits à les manger. Mais le principal est celui qui vient des perfections qu'on imagine en une personne qu'on pense pouvoir devenir un autre soi-même ; car avec la différence du sexe, que la nature a mise dans les hommes ainsi que dans les animaux sans raison, elle a mis aussi certaines impressions dans le cerveau qui font qu'en certain âge et en certains temps on se considère comme défectueux, et comme si on n'était que la moitié d'un tout, dont une personne de l'autre sexe doit être l'autre moitié ; en sorte que l'acquisition de cette moitié est confusément représentée par la nature comme le plus grand de tous les biens imaginables. Et encore qu'on voie plusieurs personnes de cet autre sexe, on n'en souhaite pas pour cela plusieurs en même temps, d'autant que la nature ne fait point imaginer qu'on ait besoin de plus d'une moitié. Mais lorsqu'on remarque quelque chose en une qui agrée davantage que ce qu'on remarque au même temps dans les autres, cela détermine l'âme à sentir pour celle-là seule toute l'inclination que la nature lui donne à rechercher le bien qu'elle lui représenté comme le plus grand qu'on puisse posséder; et cette inclination ou ce désir qui naît ainsi de l'agrément est appelé du nom d'amour, plus ordinairement que la passion d'amour, qui a ci-dessus été décrite. Aussi a-t-il de plus étranges effets, et c'est lui qui sert de principale matière aux faiseurs de romans et aux poètes.

» La joie est une agréable émotion de l'âme en laquelle consiste la jouissance qu'elle a du bien que les impressions du cerveau lui représentent comme sien. Je dis que c'est en cette émotion que consiste la jouissance du bien, car en effet l'âme ne reçoit aucun autre fruit de tous les biens qu'elle possède; et pendant qu'elle n'en a aucune joie, on peut dire qu'elle n'en jouit pas plus que si elle ne les possédait point. J'ajoute aussi que c'est du bien que les impressions du cerveau lui représentent comme sien, afin de ne pas confondre cette joie, qui est une passion, avec la joie purement intellectuelle, qui vient en l'âme par la seule action de l'âme, et qu'on peut dire être une agréable émotion excitée en elle même, en laquelle consiste la jouissance qu'elle a du bien que son entendement lui représente comme sien. Il est vrai que pendant que l'âme est jointe au corps, cette joie intellectuelle ne peut guère manquer d'être accompagnée de celle qui est une passion; car sitôt que notre entendement s'aperçoit que nous possédons quelque bien, encore que ce bien puisse être si différent de tout ce qui appartient au corps qu'il ne soit point du tout imaginable, l'imagination ne laisse pas de faire incontinent quelque impression dans le cerveau, de laquelle suit le mouvement des esprits qui excite la passion de la joie. »

Ici se présente la question principale agitée dans la *Lettre sur l'Amour, à la Reine de Suède*. Pouvons-nous éprouver pour Dieu la passion de l'amour? « Dieu est un pur esprit, » et il n'y a rien en lui qui soit objet des sens et de l'imagination; c'est pourquoi certains philosophes se persuadent qu'il n'y a que la religion chrétienne qui, nous enseignant le mystère de l'Incarnation, fait que nous sommes capables de l'aimer. Mais Descartes est assuré, car il l'a éprouvé en lui-même, que la seule philosophie nous apprend à aimer Dieu, non-seulement de cet amour purement intellectuel qui est un mouvement raisonnable de la volonté, mais de cet amour sensible qui est précédé de mouvements dans les nerfs et dans le sang. Que faut-il faire pour cela? Il faut *connaître* et *se représenter* les œuvres infinies de Dieu et les bienfaits immenses dont il nous a comblés. « Cela suffit pour exciter de la chaleur autour du cœur et causer en nous une passion véritable. » « J'ose dire, ajoute-t-il, qu'au regard de cette vie, c'est la plus ravissante et la plus utile passion que nous puissions avoir. Celui qui éprouve cette joie extrême pense avoir assez vécu de ce que Dieu lui a fait la grâce de parvenir à de telles connaissances, et, se joignant entièrement à lui de volonté, *il l'aime* si parfaitement, qu'il ne désire plus rien au monde, sinon que la volonté de Dieu soit faite, ce qui est cause qu'il ne craint plus ni la mort, ni les douleurs, ni les disgrâces. Et il aime tellement le divin décret, que même lorsqu'il en attend la mort ou quelque autre mal, si par impossible il le pouvait changer, il n'en aurait pas la volonté ; et son amour le rend parfaitement heureux. » Paroles admirables qui montrent que, sans mystères et sans révélations, l'âme humaine, par son propre essor, sur les ailes de l'intelligence et de l'amour, peut s'élever directement jusqu'à Dieu, le connaître et l'aimer, se purifier et se fortifier par cette connaissance et par cet amour.

Après l'amour de Dieu vient l'amour des hommes. « Les âmes les plus généreuses sont naturellement portées à faire de grandes choses, et elles n'estiment rien de plus grand que de faire du bien aux autres hommes. » — Ici arrêtons-nous quelques instants à ces admirables pages sur *la générosité*.

L'âme généreuse peut trouver son bonheur en elle-même. « Et il est certain que pourvu que notre âme ait toujours de quoi se contenter en son intérieur, tous les troubles qui viennent d'ailleurs n'ont aucun pouvoir de lui nuire; mais plutôt ils servent à augmenter sa joie, en ce que voyant qu'elle ne peut être offensée par eux, cela lui fait connaître sa perfection. Et afin que notre âme ait ainsi de quoi être contente, elle n'a besoin que de suivre exactement la vertu. Car quiconque a vécu en telle sorte en reçoit une satisfaction qui est si puissante pour le rendre heureux, que les plus violents efforts des passions n'ont jamais assez de pouvoir pour troubler la tranquillité de son âme. » Y a-t-il beaucoup de psychologues qui aient pénétré à ces profondeurs?

Ecoutez maintenant le moraliste qui a observé le monde : « Il y a une humilité vicieuse directement opposée à la générosité, et il arrive souvent que ceux qui ont l'esprit le plus bas sont les plus arrogants et les plus superbes, en même façon que les plus généreux sont les plus modestes et les plus humbles. Mais, au lieu que ceux qui ont l'esprit fort et généreux ne changent point d'humeur pour les prospérités ou adversités qui leur arrivent, ceux qui l'ont faible et abject ne sont conduits que par la fortune, et la prospérité ne les enfle pas moins que l'adversité les rend humbles. Même on voit souvent qu'ils s'abaissent honteusement auprès de ceux dont ils attendent quelque profit ou craignent quelque mal, et qu'en même temps ils s'élèvent insolemment au-dessus de ceux desquels ils n'espèrent ni ne craignent aucune chose. »

Si je ne me trompe, il me semble que de l'étude du livre des Passions se dégage non-seulement un psychologue et un moraliste éminent, mais un écrivain de premier ordre.

La générosité n'est pas seulement une passion, mais une vertu ; « il faut remarquer que ce qu'on nomme *communément* (1) des vertus sont des habitudes en l'âme, qui la disposent à certaines pensées, en sorte qu'elles sont différentes de ces pensées, mais qu'elles les peuvent produire et réciproquement être produites par elles. » Les vices

---

(1) Pour Descartes il n'y a qu'une vertu, c'est la résolution inébranlable de bien faire.

sont aussi des habitudes dans l'âme. Les *pensées* qui dépendent des *habitudes* n'ont pas besoin, pour être excitées, de l'agitation des esprits.

« Une bonne naissance dispose à la générosité. Cette vertu est en quelque sorte dans le sang. » Mais « il est certain néanmoins que la bonne institution sert beaucoup pour corriger les défauts de la naissance, et que si on s'occupe souvent à considérer ce que c'est que le libre arbitre, et combien sont grands les avantages qui viennent de ce qu'on a une ferme résolution d'en bien user, comme aussi, d'autre côté, combien sont vains et inutiles tous les soins qui travaillent les ambitieux, on peut exciter en soi la passion et ensuite acquérir la vertu de la générosité, laquelle est comme la clef de toutes les autres vertus et un remède général contre tous les dérèglements des passions. »

« Ceux qui sont les plus généreux, et qui ont l'esprit le plus fort, en sorte qu'ils ne craignent aucun mal pour eux et se tiennent au-delà du pouvoir de la fortune, ne sont pas exempts de compassion lorsqu'ils voient l'infirmité des autres hommes, et qu'ils entendent leurs plaintes ; car c'est une partie de la générosité que d'avoir de la bonne volonté pour un chacun. Mais la tristesse de cette pitié n'est pas amère, et, comme celle que causent les actions funestes qu'on voit sur un théâtre, elle est plus dans l'extérieur et dans le sens que dans l'intérieur de l'âme, laquelle a cependant la satisfaction de penser qu'elle fait ce qui est de son devoir, en ce qu'elle compatit avec les affligés. Et il y a en cela de la différence, qu'au lieu que le vulgaire a compassion de ceux qui se plaignent, à cause que les maux qu'ils souffrent sont fort fâcheux, le principal objet de la pitié des plus grands hommes est la faiblesse de ceux qu'ils voient se plaindre, à cause qu'ils n'estiment point qu'aucun accident qui puisse arriver soit un si grand mal qu'est la lâcheté de ceux qui ne le peuvent souffrir avec constance ; et bien qu'ils haïssent les vices, ils ne haïssent point pour cela ceux qu'ils y voient sujets, ils ont seulement pour eux de la pitié. »

Que de pages d'une psychologie tantôt fine et délicate, comme sur le rire, la moquerie, la vénération ! tantôt large et profonde comme sur la tranquillité de la conscience, la satisfaction morale, le courage, la lâcheté, l'ingratitude ! Ces belles analyses ne sont guère susceptibles d'être elles-mêmes analysées et il faudrait tout citer. Obligés de nous borner, nous ne pouvons cependant nous refuser au désir de reproduire encore quelques pages d'une observation pénétrante et d'un style nerveux et concis à faire envie à Tacite.

« Pour *l'ingratitude*, elle n'est pas une passion, car la nature n'a mis en nous aucun mouvement des esprits qui l'excite; mais elle est seulement un vice directement opposé à la reconnaissance, en tant que celle-ci est toujours vertueuse et l'un des principaux liens de la société humaine; c'est pourquoi ce vice n'appartient qu'aux hommes brutaux et fortement arrogants, qui pensent que toutes choses leur sont dues; ou aux stupides, qui ne font aucune réflexion sur les bienfaits qu'ils reçoivent; ou aux faibles et abjects, qui, sentant leur infirmité et leur besoin, recherchent bassement le secours des autres, et après qu'ils l'ont reçu, ils les haïssent, pour ce que, n'ayant pas la volonté de leur rendre la pareille, ou désespérant de le pouvoir, et s'imaginant que tout le monde est mercenaire comme eux, et qu'on ne fait aucun bien qu'avec espérance d'en être récompensé, ils pensent les avoir trompés.

« *L'impudence* ou l'effronterie, qui est un mépris de honte et souvent aussi de gloire, n'est pas une passion, pour ce qu'il n'y a en nous aucun mouvement particulier des esprits qui l'excite : mais c'est un vice opposé à la honte, et aussi à la gloire, en tant que l'une et l'autre sont bonnes, ainsi que l'ingratitude est opposée à la reconnaissance, et la cruauté à la pitié. Et la principale cause de l'effronterie vient de ce qu'on a reçu plusieurs fois de grands affronts ; car il n'y a personne qui ne s'imagine, étant jeune, que la louange est un bien, et l'infamie un mal beaucoup plus important à la vie qu'on ne trouve par expérience qu'ils sont, lorsqu'ayant reçu quelques affronts signalés, on se voit entièrement privé d'honneur, et méprisé par un chacun. C'est pourquoi ceux-là deviennent effrontés, qui, ne mesurant le bien et le mal que par les commodités du corps, voient qu'ils en jouissent après ces affronts tout aussi bien qu'auparavant, ou même quelquefois beaucoup mieux, à cause qu'ils sont déchargés de plusieurs contraintes auxquelles l'honneur les obligeait, et que si la perte des biens est jointe à leur disgrâce, il se trouve des personnes charitables qui leur donnent. »

Nous avons dit qu'il n'avait pas mis le fanatisme au nombre des passions ; il l'a cependant dessiné en quelques coups de crayon énergiques dans l'esquisse consacrée à la satisfaction de la conscience.

« La *satisfaction* qu'ont toujours ceux qui suivent constamment la vertu est une habitude en leur âme, qui se nomme tranquillité et repos de conscience; mais celle qu'on acquiert de nouveau, lorsqu'on a fraîchement fait quelque action qu'on pense bonne, est une passion, à savoir une espèce de joie, laquelle je crois être la plus douce de toutes, pour ce que sa cause ne dépend que de nous-mêmes. Toutefois, lorsque cette cause n'est pas juste, c'est-à-dire lorsque les actions dont on tire beaucoup de satisfaction ne sont pas de grande importance ou même qu'elles sont vicieuses, elle est ridicule ou ne sert qu'à produire un orgueil et une arrogance impertinente : ce qu'on peut particulièrement remarquer en ceux qui, croyant être dévots, sont seulement bigots et superstitieux c'est-à-dire qui, sous ombre qu'ils vont souvent à l'église, qu'ils récitent force prières, qu'ils portent les cheveux courts, qu'ils jeûnent, qu'ils donnent l'aumône, pensent être entièrement parfaits, et s'imaginent qu'ils sont si grands amis de Dieu, qu'ils ne sauraient rien faire qui lui déplaise, et que tout ce que leur dicte leur passion est un bon zèle, bien qu'elle leur dicte quelquefois les plus grands crimes qui puissent être commis par des hommes, comme de trahir des villes, de tuer des princes, d'exterminer des peuples entiers, pour cela seul qu'ils ne suivent pas leurs opinions. »

Nous pensons maintenant avoir donné aux psychologues une idée suffisante et surtout leur avoir inspiré le désir de faire par eux-mêmes la connaissance de ce profond Traité des Passions, le dernier grand ouvrage qu'ait produit Descartes, le fruit savoureux et exquis de son génie en pleine maturité.

Un dernier trait achèvera de montrer toute la largeur et toute la hardiesse de ce génie. Il juge « toutes les passions bonnes de leur nature, et utiles, » sauf peut-être la lâcheté; « il n'y a que leurs excès qui soient à craindre et à éviter. » Elles sont la source des joies les plus vives, « et sa philosophie n'est point assez farouche pour en rejeter l'usage (1). »

Le Traité des Passions a été conçu et exécuté sur le plan le plus vaste. Son auteur se propose de faire connaître non-seulement tous les antécédents, mais tous les effets physiologiques de la passion. En ce qui concerne les antécédents, il ne lui suffit pas de faire remarquer les phénomènes d'innervation et de circulation qui la précèdent

---

(1). Cf. Passions et Lettres, vol. X, 128 et *passim*.

immédiatement, il essaie de remonter jusque dans la vie embryonnaire pour en interroger les mystères et pour y trouver le secret de ces goûts étranges, ou de ces passions imprévues qui éclatent quelquefois dans une vie calme comme un coup de foudre dans un ciel serein. Quant à ses effets, il les poursuit de retentissement en retentissement sur tous les organes intérieurs, le foie, l'estomac, la rate, les poumons, puis sur la physionomie et dans tous les mouvements et tous les faits extérieurs, rires, sanglots, soupirs, tremblements, larmes, regards, changements de couleur, qui la trahissent et qui l'expriment.

Voilà ce qu'a fait ou tenté le physiologiste. Le psychologue, pour employer un mot que Descartes serait fort étonné de trouver dans une histoire de ses pensées, a étudié à fond la passion en général et les diverses passions en particulier. Sa méthode d'observation n'est point celle des psychologues de l'école de Reid et de Victor Cousin. Il ne se contente pas de décrire et de classer les phénomènes et de concevoir au delà une cause et une substance mystérieuse. Il part de la cause et de la substance qu'il observe directement intérieurement et en elle-même : il part de la métaphysique. De cette façon il montre non-seulement la cause mais la raison des faits. Cette raison est dans la nature même de l'âme qui est *pensée*, c'est-à-dire entendement et volonté, et, à un degré inférieur, perception et appétit.

Au point de vue élevé où il s'est placé, les deux sciences, distinguées plus tard, et avec tant de peine par Jouffroy et son école, s'unissent et se fondent dans l'unité d'une science supérieure qui est la physiologie de la pensée. Sans doute, c'est sans organe qu'on *entend* et qu'on *veut*, mais ce n'est pas sans organe qu'on *sent* et qu'on *pâtit*. Il y a ici une union naturelle entre la pensée et l'étendue, entre l'activité spirituelle et le mouvement; et ce sont les lois de cette union que recherche la physique dans la science qui est la dernière et la plus haute de ses parties.

Il n'était peut-être pas inutile de faire ressortir cette hardiesse et cette profondeur, et de montrer à l'Ecole française que si, en ces derniers temps, elle a été devancée par l'Ecole anglaise dans cette science complexe que nous avons appelée la physiologie de la pensée, elle reprendra d'anciennes et glorieuses traditions en poursuivant comme Descartes et en menant de front les études de psychologie et de physiologie.

En résumé, le Traité des Passions est l'œuvre, d'un physiologiste de mérite qui a fait avancer la science de son temps, d'un observateur attentif et profond de la nature morale, d'un phlilosophe hardi, et d'un écrivain qui, pour l'énergie et la concision du style, se place à côté des plus grands.

Nous ajouterons ici quelques aperçus qui se trouvent épars dans les ouvrages de Descartes et qui, réunis, pourront servir à compléter l'ensemble de ses idées sur l'âme (1).

Le *sommeil* vient de ce que le cœur envoie moins d'esprits animaux au cerveau. Les *rêves* sont causés par le mouvement des esprits animaux agitant les endroits du cerveau où sont les empreintes des sensations antérieures. Dans la *folie*, l'âme n'est pas atteinte; « la *folie* tient uniquement aux mauvaises dispositions des organes. » Mais peut-être tient-elle encore à autre chose. Quant à *l'âme des bêtes*, Descartes fait à l'un de ses correspondants, Morus, la seule concession qu'on puisse relever sur ce point dans ses écrits (V. vol. X, p. 205). « Quoique je regarde

---

(1) V. Ed. de 1724, vol. I, p. 258; Ed. Cousin, X, p. 157, sqq.; vol. XI, Premières pensées, etc.; vol. IV, Traité de l'H. et Description des fonctions, etc.

comme une chose démontrée, lui dit-il, qu'on ne saurait prouver qu'il y ait des pensées dans les bêtes, je ne crois pas qu'on puisse démontrer que le contraire ne soit pas, *parce que l'esprit humain ne peut pénétrer dans le cœur pour savoir ce qui s'y passe.* »

En ce qui concerne *l'union de l'âme et du corps*, il dit à Arnaud (X, 164), « que *c'est l'inclination de la volonté qui meut le corps*, et que nous avons une connaissance claire de notre union avec le corps et de notre action sur lui, car autrement jamais l'âme n'inclinerait sa volonté à vouloir mouvoir les membres. » En réfléchissant à ce passage et à ce qu'il dit de l'union de l'âme avec l'unité organique, il est permis de croire que Descartes, qui déjà reconnaissait pour cause et pour substance vraie du mouvement l'action immatérielle de Dieu, et qui admettait des créatures intelligentes peuplant l'univers sans bornes, aurait fini par admettre, comme une solution plus simple, dans tous les phénomènes d'étendue et de mouvement l'action de forces secondes créées par Dieu. Si l'inclination de la volonté, qui est une pensée, suffit pour mouvoir le corps, ce mouvement vient donc d'une pensée ? et si le corps obéit à une pensée, à une inclination de la volonté, n'est-ce pas que dans le corps il y a quelque chose qui correspond à la volonté et à la pensée, quelque chose d'analogue à l'âme ? En tout cas, et c'est par là que nous terminerons, on voit que Descartes est loin d'autoriser la théorie des causes occasionnelles ou celle de l'harmonie préétablie : le corps agit sur l'âme, et l'âme agit sur le corps directement et sans intermédiaire. Avec son robuste et admirable bon sens, Descartes se borne à affirmer, et il affirme énergiquement, un fait positif et certain. C'est une affirmation que doit recueillir précieusement l'historien de la philosophie.

CHAPITRE VI.

La Morale de Descartes.

Les sciences pratiques dans la philosophie cartésienne. — Historique des lettres de Descartes sur la Morale; fin de son histoire; sa mort à Stockholm. — Exposition de la morale de Descartes. — Conclusion.

La philosophie de Descartes, essentiellement pratique, a pour but, nous le savons, de soulager l'homme dans ses travaux, de le défendre contre les maladies, et de le conduire à la perfection morale et à la félicité en cette vie, autant du moins que cela dépend de la puissance humaine.

En travaillant de ses mains à la taille des verres et en inventant des machines nouvelles pour réaliser dans la pratique les perfectionnements théoriques qu'il avait indiqués dans sa *Dioptrique*, il avait montré dès 1637, que sa philosophie voulait être utile aux hommes. Il se proposait, dans la seconde partie de sa carrière, de chercher des machines capables d'asservir les forces de la nature : ces forces sont du mouvement, et le mouvement, l'homme peut toujours s'en rendre maître. Ce ne fut là qu'une idée et un désir que la mort jalouse l'empêcha de réaliser et qu'il n'eût pu accomplir peut-être quand même il eût vécu plus longtemps; mais il faut tenir compte aux hommes du désir sincère qu'ils ont de faire le bien et aussi des idées justes qu'ils sèment sur leur route avant d'en trouver le terme. En médecine il ne réussit pas mieux qu'en mécanique; mais là, il n'y a pas seulement à tenir compte à Descartes d'une idée juste et d'un désir ardent du bien, il faut le louer d'une suite continue d'efforts, d'observations et d'expérimentations qui avaient pour but de pénétrer les mécanismes simples et primitifs dont la combinaison constitue l'organisme vivant. Il espérait, ces mécanismes connus, pouvoir réparer par des moyens faciles à trouver la machine du corps humain, comme nous réparons une machine que notre art a construite. Si ce ne fut là qu'un beau rêve, Descartes, du moins, en disséquant avec ses élèves, et en instituant sous leurs yeux des expériences physiologiques, imprima à la science expérimentale une impulsion féconde.

Il pratiqua aussi l'art du médecin. Comme on le savait curieux de l'anatomie et fort versé en physiologie, on le consultait souvent. Quoique fort réservé et n'ayant nul désir de passer pour faire de la médecine, il refusait rarement le conseil qu'on lui demandait, il ne le refusait jamais à ses amis, et dirigeait quelquefois des opérations chirurgicales. Il n'était pas ami de la saignée, sauf dans les cas d'absolue nécessité ; il mettait les remèdes qu'on tire des plantes au-dessus de ceux que les chimistes composent, et préférait la diète et l'exercice à tous les remèdes. Il attribuait à l'âme une grande influence sur la santé, et pensait qu'on peut se guérir de beaucoup de maladies par la volonté, en se rendant maître de ses pensées. Nous avons vu précédemment les conseils qu'il donne à la princesse Elisabeth sur l'hygiène morale du corps. « Choisissez pour vous guérir, lui dit-il ail-
» leurs, la diète et l'exercice, les meilleurs de tous
» les remèdes, après toutefois ceux de l'âme. Et je
» ne sache point de pensée plus propre pour la
» conservation de la santé que la forte persuasion
» et ferme croyance que l'architecture de nos
» corps est bonne et que lorsqu'on est une fois
» sain on ne peut pas aisément tomber malade. »
Si la médecine peut influer sur la santé de l'âme,

la morale exerce une influence plus grande encore sur la santé physique.

Avant de faire connaître les principes et les règles de morale qui se trouvent contenus dans la correspondance de Descartes avec la princesse Elisabeth et la reine de Suède, il faut achever l'historique de cette correspondance et poursuivre jusqu'à la mort du grand philosophe le récit des relations d'amitié et de dévouement qu'il entre tint avec la princesse palatine.

Dès que Descartes fut connu de la reine de Suède, il saisit avec empressement toutes les occasions de lui écrire; c'est ainsi qu'il composa et lui fit parvenir ses lettres sur l'*amour* et sur le *souverain bien*, qui sont de petits traités, et qu'il répondit à toutes les questions qu'elle lui adressa par l'intermédiaire de Chanut. Outre le respect dû à une tête couronnée, un motif puissant poussait Descartes à nouer ces relations, c'était son désir de servir la princesse Elisabeth. Il était facile alors de prévoir la fin de la guerre de Trente Ans. La maison palatine, écrasée ou dispersée par la guerre, n'avait d'espoir que dans la protection des puissances victorieuses. La Suède protestante, grâce au secours de la France, était devenue la puissance prépondérante du Nord;

en acquérant du crédit auprès de Christine, Descartes pouvait servir la famille de l'électeur palatin et faire quelque chose pour le bonheur de la princesse Elisabeth (1).

« J'ai reçu une lettre de Suède, écrit-il à la princesse au mois de juin 1647. La façon dont M. l'ambassadeur décrit la Reine, avec les discours qu'il rapporte d'elle, me la font tellement estimer, qu'il me semble que vous seriez digne de la conversation l'une de l'autre. Il y en a si peu au reste du monde qui en soient dignes, qu'il ne serait pas malaisé à Votre Altesse de lier une fort étroite amitié avec elle. Outre le contentement d'esprit que vous en auriez, *cela pourrait être à désirer pour diverses considérations.* »

Pendant ses voyages à Paris, il songe aussi à la servir, mais à la cour de France son crédit n'est pas grand. Il entrevoit heureusement la possibilité d'acquérir une influence sérieuse à la cour de Suède. Chanut lui écrit que la Reine a essayé de lire ses *Principes* sans réussir à les bien comprendre, mais qu'elle doit les relire prochainement à la chasse. Descartes espère plus d'approbation de

---

(1) V. OEuv. de Desc., éd. de 1724, le Ier vol. des Lettres presque en entier. Ed. Cousin, vol. X, p. 55, 67, 135, 211, 520, sqq. et *passim*.

cette seconde lecture que de la première. « Vous me direz peut-être, écrit-il, que je me donne en ceci trop de vanité, mais je vous prie d'en attribuer la faute à l'air de Paris plutôt qu'à mon inclination ; car je crois vous avoir déjà dit autrefois que cet air me dispose à concevoir des chimères au lieu de pensées de philosophe. J'y vois tant d'autres personnes qui se trompent en leurs opinions et en leurs calculs, qu'il me semble que c'est une maladie universelle. L'innocence du désert d'où je viens me plaisait beaucoup davantage. »

Revenu en effet dans son désert, il reprend le Traité de l'*érudition* qu'il avait commencé pour la princesse, traité resté inachevé et que nous possédons sans doute jusqu'au point où il a été conduit, dans le *Dialogue sur la recherche de la vérité par la lumière naturelle* (1).

Elisabeth cependant craint d'avoir reçu un affront. Quelque temps avant la conclusion de la paix de Westphalie, elle a écrit à la Reine Christine en faveur de sa famille, et quatre mois après elle attend encore une réponse. Bientôt Descartes doit la consoler d'un coup bien autrement cruel.

(1) Cousin, vol. XI, p. 533 sqq.

Il a appris le « dénoûment funeste des tragédies d'Angleterre. Je me promets que Votre Altesse, dit-il, étant accoutumée aux disgrâces de la fortune, et s'étant vue soi-même depuis peu en grand péril de sa vie, ne sera pas si surprise, ni si troublée d'apprendre la mort d'un de ses proches, que si elle n'avait point reçu auparavant d'autres afflictions. Et bien que cette mort si violente semble avoir quelque chose de plus affreux que celle qu'on attend en son lit, toutefois, à le bien prendre, elle est plus glorieuse, plus heureuse et plus douce, en sorte que ce qui afflige particulièrement en ceci le commun des hommes doit servir de consolation à Votre Altesse; car c'est beaucoup de gloire de mourir en une occasion qui fait qu'on est universellement plaint, loué et regretté de tous ceux qui ont quelque sentiment humain. Et il est certain que sans cette épreuve, la clémence et les autres vertus du Roi dernier mort, n'auraient jamais été tant remarquées ni tant estimées qu'elles sont et seront à l'avenir par tous ceux qui liront son histoire. Je m'assure aussi que sa conscience lui a plus donné de satisfaction pendant les derniers moments de sa vie, que l'indignation, qui est la seule passion triste qu'on dit avoir remarquée en lui, ne lui a causé de fâcherie. Et pour ce qui est de la douleur, je ne la mets nullement en compte, car elle est si courte, que si les meurtriers pouvaient employer la fièvre, ou quelque autre des maladies dont la nature a coutume de se servir pour ôter les hommes du monde, on aurait sujet de les estimer plus cruels qu'ils ne sont lorsqu'ils les tuent d'un coup de hache. Mais je n'ose m'arrêter longtemps sur un sujet si funeste ; j'ajoute seulement qu'il vaut beaucoup mieux être entièrement délivré d'une fausse espérance que d'y être inutilement entretenu.

» Pendant que j'écris ces lignes, je reçois des lettres d'un lieu d'où je n'en avais point eues depuis sept ou huit mois, et une entre autres que la personne à qui j'avais envoyé le Traité des Passions, il y a un an, a écrite de sa main pour m'en remercier. Puisqu'elle se souvient après tant de temps d'un homme si peu considérable comme je suis, il est à croire qu'elle n'oubliera pas de répondre aux lettres de Votre Altesse, bien qu'elle ait tardé quatre mois à le faire. Elle me remercie en termes exprès du Traité des Passions ; mais elle ne fait aucune mention des lettres auxquelles il était joint, et l'on ne me mande rien du tout de ce pays-là qui touche Votre Altesse. De quoi je ne puis deviner autre chose, sinon que les conditions de la paix d'Allemagne n'étant pas si avantageuses à votre maison qu'elles auraient pu être, ceux qui ont contribué à cela sont en doute si vous ne leur en voulez point de mal, et se retiennent pour ce sujet de vous témoigner de l'amitié.

» J'ai toujours été en peine, depuis la conclusion de la paix, de n'apprendre point que M. l'Electeur, votre frère, l'eût acceptée, et j'aurais pris la liberté d'en écrire plus tôt mon sentiment à Votre Altesse si j'avais pu m'imaginer qu'il mît cela en délibération. Mais pour ce que je ne sais point les raisons particulières qui le peuvent mouvoir, ce serait témérité à moi d'en faire aucun jugement. Je puis seulement dire, en général, que lorsqu'il est question de la restitution d'un Etat occupé, ou disputé par d'autres qui ont les forces en main, il me semble que ceux qui n'ont que l'équité et le droit des gens qui plaident pour eux, ne doivent jamais faire leur compte d'obtenir toutes leurs prétentions, et qu'ils ont bien plus de sujet de savoir gré à ceux qui leur en font rendre quelque partie, tant petite qu'elle soit, que de vouloir du mal à ceux qui leur retiennent le reste; et encore qu'on ne puisse trouver mauvais qu'ils disputent leur droit le plus qu'ils peuvent, pendant que ceux qui ont la force en délibèrent, je crois que lorsque les conclusions sont arrêtées, la prudence les oblige à témoigner qu'ils en sont contents, encore qu'ils ne le fussent pas, et à remercier non-seulement ceux qui leur font quelque chose, mais aussi ceux qui ne leur ôtent pas tout, afin d'acquérir par ce moyen l'amitié des uns et des autres, ou du moins d'éviter leur haine, car cela peut beaucoup servir par après pour se maintenir. Outre qu'il reste encore un long chemin pour venir des promesses jusqu'à l'effet, et que si ceux qui ont la force s'accordent seuls, il leur est aisé de trouver des raisons pour partager entre eux ce que peut-être ils n'avaient voulu rendre à un tiers que par jalousie les uns des autres, et pour empêcher que celui qui s'enrichirait de ses dépouilles ne fût trop puissant, la moindre partie du Palatinat vaut mieux que tout l'Empire des Tartares ou des Moscovites, et après deux ou trois années de paix, le séjour en sera aussi agréable que celui d'aucun autre endroit de la terre. Pour moi qui ne suis attaché à la demeure d'aucun lieu, je ne ferais aucune difficulté de changer ces provinces, ou même la France, pour ce pays-là, si j'y pouvais trouver un repos aussi assuré, encore qu'aucune autre raison que la beauté du pays ne m'y fît aller; mais il n'y a point de séjour au monde si rude ni si incommode auquel je ne m'estimasse heureux de passer le reste de mes jours, si Votre Altesse y était, et que je fusse capable de lui rendre quelque service. »

Au mois de mars 1649, on lui fait de la part de la Reine des ouvertures relatives à un voyage ou plutôt à une excursion en Suède, car il ne s'agit d'abord que d'une promenade dans le but de présenter ses hommages à la Reine « qui désire le voir et s'entretenir avec lui sur la philosophie. » « J'ai demandé un délai, écrit-il à la princesse, pour plusieurs considérations et particulièrement afin que je puisse avoir l'honneur de recevoir les commandements de Votre Altesse avant que de partir. J'ai déjà si publiquement déclaré le zèle et la dévotion que j'ai à votre service, qu'on aurait plus de sujet d'avoir mauvaise opinion de moi, si on remarquait que je fusse indifférent en ce qui vous touche, que l'on n'aura si on voit que je recherche avec soin les occasions de m'acquitter de mon devoir. Ainsi je supplie très-humblement Votre Altesse de me faire tant de faveur, que de m'instruire de tout ce en quoi elle jugera que je lui puis rendre service, à elle ou aux siens, et de s'assurer qu'elle a sur moi autant de pouvoir, que si j'avais été toute ma vie son domestique. Je la supplie aussi de me faire savoir ce qu'il lui plaira que je réponde, s'il arrive qu'on se souvienne des lettres de V. A. touchant le Souverain Bien, dont j'avais fait mention l'an passé dans les miennes, et qu'on ait la curiosité de les voir. Je fais mon compte de passer l'hiver en ce pays-là, et de n'en revenir que l'année prochaine ; il est à croire que la paix sera pour lors en toute l'Allemagne ; et si mes désirs sont accomplis, je prendrai au retour mon chemin par le lieu où vous serez. »

Au mois d'avril, Chanut, en allant en France, passe par la Hollande et presse vivement Descartes d'entreprendre le voyage de Suède. « Si cette promenade, lui dit Descartes, était aussi courte que celle de votre logis au bois de la Haye, j'y serais bientôt résolu, mais je ne crois pas que je parte d'ici de plus de trois mois. » Il attend, en effet, les ordres de Son Altesse. En attendant, il essaie de sonder le terrain avant d'y mettre le pied. « Je désire savoir, écrit-il à Chanut, si la reine désire connaître autre chose de moi que mon visage, si elle continue dans le désir d'examiner mes opinions et si elle en peut prendre le loisir, ou si elle a eu seulement quelque curiosité qui lui soit déjà passée. » Un homme né dans les jardins de la Touraine, ajoute-t-il, et qui habite aujourd'hui un pays comparable à la Terre promise, sinon pour la qualité de son miel, du moins pour l'abondance de son lait, ne peut facilement se résoudre à aller vivre au pays des ours, entre les rochers et les glaces.

Quand l'amiral Fleming vient se mettre à sa disposition pour le conduire en Suède, il n'est pas encore prêt. Au mois de juin, « il a préparé son petit équipage et tâché de vaincre toutes les difficultés qui se présentent à un homme de sa sorte et de son âge, lorsqu'il doit quitter sa demeure ordinaire pour s'engager en un long chemin. » Mais une pensée l'arrête encore, écrit-il au savant Freinshemius. Il voudrait savoir si ses ennemis ne l'ont pas décrié en Suède. De plus, ne va-t-on pas accuser la reine d'être pédante, et d'appeler près d'elle des gens d'une autre religion?

Il est prêt à ce voyage, mais il veut que sa présence à Stockholm puisse être utile au but qu'il se propose.

Rassuré de ce côté, il n'attend plus que les instructions de la princesse. Celle-ci accepte d'avance les services que Descartes est disposé à lui rendre; mais elle craint qu'il ne se nuise à lui-même. Connaissant les dispositions peu bienveillantes de certaines personnes qui entourent Christine, elle l'engage à apporter beaucoup de réserve dans ses conversations, à ne parler de la famille palatine à la reine de Suède que dans le plus grand secret, et à ne rien écrire sur ce sujet à qui que ce soit, car ses lettres pourraient être lues avant de quitter la Suède et lui porter préjudice à lui-même. « Je ne craindrai point d'écrire ouvertement, répond Descartes, tout ce que j'aurai fait ou pensé sur ce sujet. Ne pouvant avoir aucune intention qui soit préjudiciable à ceux pour qui je serai obligé d'avoir du respect, et tenant pour maxime que les voies justes et honnêtes sont les plus utiles et les plus sûres, encore que les lettres que j'écrirai fussent vues, j'espère qu'elles ne pourront être mal interprétées, ni tomber entre les mains de personnes qui soient si injustes que de trouver mauvais que je m'acquitte de mon devoir. »

Convaincu qu'il peut servir la princesse, et la servir en agissant ouvertement et avec loyauté, il n'hésite plus, il partira.

Si je ne me trompe, des rêves brillants vinrent caresser cette imagination qui était restée jeune et ardente sous les neiges de l'âge et malgré les travaux de la pensée. Relever la maison palatine en faisant de Christine l'amie d'Elisabeth, unir par les liens de l'amitié deux âmes qu'il jugeait également belles, et rendre la princesse heureuse par cette amitié, il y avait là de quoi tenter le côté héroïque et romanesque de l'âme de Descartes. Sans s'abuser sur les difficultés de l'entreprise, il voulut la tenter. Sans fermer les yeux sur les périls du voyage et sur les dangers d'un séjour en Suède, malgré les craintes et les tristes pressentiments de ses amis, il quitta la Hollande (1).

Le voyage s'accomplit heureusement. Aussitôt qu'il est arrivé à Stockholm et qu'il a vu la reine, il écrit à la princesse. « Je n'ai encore eu l'honneur de la voir que deux fois. Avec la générosité et la majesté qui éclatent en toutes ses actions, on y voit une douceur et une bonté qui obligent tous ceux qui aiment la vertu, d'être entièrement dévoués à son service. Une des premières choses qu'elle m'a demandées, a été si je savais de vos nouvelles ; et je n'ai pas craint de lui dire d'abord ce que je pensais de Votre Altesse. »

---

(1) Ses amis, craignant de ne plus le revoir, obtinrent qu'il fît faire et qu'il leur laissât son portrait.

Mais cette jeune reine fantasque ne lui a pas dit un mot de philosophie. Elle n'a maintenant de passion que pour le grec et d'amour que pour les vieux livres. Il espère que cela passera. Quoi qu'il arrive, il assure la princesse de son inaltérable dévouement.

La reine lui donna six semaines de liberté pour prendre terre et le dispensa des assiduités des courtisans. Cependant comme Descartes était gentilhomme, elle trouva tout naturel de l'inviter à danser les ballets dans les divertissements de la cour. Il s'excusa de son mieux ; mais il lui fallut composer quelques scènes de comédie et des vers pour les fêtes qui furent données en l'honneur de la conclusion de la paix de Munster. Il s'y prêta de bonne grâce et écrivit une sorte de pastorale allégorique, dans laquelle il trouva sans doute occasion de faire allusion au Palatinat et à la princesse Palatine. Les vers qu'il inséra dans cette pièce « furent trouvés si beaux qu'on eut de la peine à les croire le fruit d'un âge aussi mûr » (Baillet). Après les fêtes et les divertissements, la reine songea à la philosophie ; mais, comme tout était étrange chez elle, elle pria Descartes de venir au château tous les deux jours à cinq heures du matin : on était en plein hiver (décembre 1649).

Descartes avait été reçu chez l'ambassadeur, il habitait avec lui et avec sa famille une jolie maison qu'on montre encore à Stockholm et qui porte son nom. Il se rendait le matin à l'heure indiquée, par un froid rigoureux, au palais, dans la bibliothèque où l'attendait la Reine. De quoi entretenait-il cet esprit mobile et fantasque incapable de se fixer? De philosophie, de religion, de politique, de sciences, de lettres, un peu de tout. Elle lui demanda un jour le projet d'une Académie qu'elle avait l'intention de fonder. Descartes, par son bon sens et sa haute raison, paraît avoir rapidement pris de l'influence sur l'esprit de la Reine; plus tard, celle-ci lui fit honneur de sa conversion. Il touchait au but de ses désirs, il allait pouvoir faire sans doute quelque chose pour la princesse à laquelle il était si dévoué. Mais il avait dû rompre avec toutes ses habitudes, il n'était point d'une forte santé, de plus, toujours prêt à rendre service, il s'était beaucoup fatigué à soigner l'ambassadeur gravement malade d'une pleurésie; le 2 février 1650, il fut atteint lui-même d'une fluxion de poitrine ; c'est cette fluxion de poitrine qui, mal soignée par un médecin inepte et malveillant, l'emporta en quelques jours. Du Ryer, médecin français en qui

Descartes avait confiance, était alors absent. La Reine envoya au malade ses médecins. Le principal était Van Wulen, un Hollandais qui malheureusement était anti-cartésien et même ennemi de Descartes. Van Wulen voulut saigner Descartes qui s'y refusa en disant qu'il avait vécu pendant quarante ans en santé sans cela. A partir de ce moment, Van Wulen se contenta d'assister, d'un air indifférent et narquois, aux progrès de la maladie en répétant ce vers, impie dans la bouche d'un médecin :

Invitum qui servat, idem facit occidenti.

C'est le troisième et le quatrième jour de la maladie que Descartes eut à lutter ainsi contre les médecins qui voulaient le saigner. « Messieurs, répétait-il, épargnez le sang français. » Les trois jours suivants il eut le délire. Toutes ses pensées avaient pour objet la misère de l'homme, la piété et la gloire de Dieu. Le huitième jour il redevint maître de sa raison, et il remercia l'ambassadeur et madame Chanut de tous les soins qu'il en avait reçus. Le neuvième jour il se crut mieux et voulut se lever; mais à peine assis dans un fauteuil devant le feu, il se sentit près de défaillir. « Ah! mon cher Schluter, dit-il à son valet de chambre, c'est pour le coup qu'il faut partir! » Schluter effrayé le remit dans son lit et courut avertir l'ambassadeur. A partir de ce moment Descartes jugea son état sans remède et se prépara à quitter ce monde. Le P. Vioguè, aumônier de la maison, fut appelé. Descartes ne pouvant plus parler ne reçut pas les derniers sacrements, mais il s'était confessé et avait communié le jour même où il était tombé malade. Il s'entretint par signes avec l'aumônier et avec son ami Chanut. Celui-ci, interprétant le langage muet de ses gestes et de ses regards, et pénétrant au fond de son cœur, dit aux personnes qui s'étaient réunies dans la chambre : « que son ami se retirait content » de la vie, satisfait des hommes, plein de con- » fiance en la miséricorde de Dieu, et passionné » pour aller voir à découvert et posséder la vé- » rité qu'il avait recherchée toute sa vie. » Le prêtre dit alors les prières des agonisants. Elles n'étaient point achevées que Descartes rendit son âme à Dieu « sans mouvement, dit Baillet, et dans une tranquillité digne de l'innocence de sa vie. » Il mourut le 11 février, à quatre heures du matin, âgé de cinquante-trois ans.

Ainsi s'éteignit sous le ciel inclément du Nord ce flambeau qui avait éclairé le monde; mais la lumière qu'il a projetée et propagée poursuivra sa route en ondes radieuses et éternelles.

Chanut fit élever à son ami, dans un cimetière de Stockholm, un tombeau, dont il ne reste plus rien. En 1666, un riche financier, d'Alibert, avec lequel Descartes, étant à Paris en 1648, avait jeté le plan d'un véritable Conservatoire des arts et métiers, voulut faire quelque chose d'éclatant pour l'illustre philosophe, dont l'amitié avait été un bien précieux et un honneur pour lui. Il fit revenir à ses frais ses cendres à Paris. En 1667, elles furent solennellement déposées à Sainte-Geneviève. Mais un ordre capricieux de Louis XIV empêcha de prononcer l'éloge funèbre du grand mort (1).

Cent ans plus tard, à Stockholm, un monument lui fut élevé par Gustave III, alors prince de Suède, dans une des églises de la ville. La pensée du monument est très-belle. Un génie découvre le globe du monde d'une main et de l'autre tient un flambeau qui s'éteint : le génie de Descartes qui a éclairé le monde s'éteint dans le mort (2).

---

(1) Le crâne de Descartes est resté en Suède. V. B. Jacob. Bergquist, *Dissertatio historica de Cartesio, ejusque cranio.* Lundæ, 1808.

(2) Ce monument est dû au ciseau de Sergel.

Une réflexion triste à ajouter à toutes celles que cette mort inspire, c'est que la famille de Descartes ne paraît nulle part dans les honneurs qui sont rendus à l'homme qui a illustré le nom qu'elle porte. Elle ne se montre qu'une fois : c'est pour réclamer l'argent et l'héritage du mort, et pour abandonner comme une marchandise de vil prix tous ses papiers à ceux qui veulent les prendre. Nous avons fait l'histoire de ces précieux manuscrits, pieusement recueillis par Chanut, et envoyés par lui en France, à Clerselier (1). Dans le nombre et parmi les plus précieux, étaient les lettres *sur la vie heureuse, sur le souverain bien, sur l'amour de Dieu*, dans lesquelles Descartes a donné les principes de sa morale, et que nous allons maintenant analyser.

Disons seulement, avant de commencer, que la princesse Elisabeth, pour laquelle il se dévoua et pour laquelle il mourut, conserva toujours pour son maître respecté et bien aimé la plus tendre vénération.

(1) Histoire de Descartes avant 1637, p. XXIII et suiv.

*Analyse des lettres de Descartes sur la morale
et particulièrement des deux opuscules
sur la vie heureuse et sur le souverain Bien.*

Dieu, qui est la perfection infinie, établit par un acte de volonté absolument libre ce qui est Bien ; et il crée les âmes raisonnables pour le Bien ainsi déterminé. Le ressort intérieur de la volonté, ou mieux encore la volonté elle-même, est l'amour de ce Bien. Si la volonté, comme nous l'avons vu dans le Traité des Passions, est ce qu'il y a de plus profond dans l'âme, si elle est l'âme même, le fond dernier de notre être est l'amour du Bien. Cependant la volonté sans la raison n'est encore que la spontanéité ; éclairée par l'entendement, elle est la liberté. Vouloir librement le Bien, c'est le vouloir en sachant ce que l'on veut. Maintenant à mesure que l'âme fait des progrès vers le Bien, à mesure qu'elle acquiert des perfections nouvelles, elle entre davantage en possession d'elle-même et jouit d'un contentement intérieur plus grand : ce contentement est la félicité. La félicité n'est que le sentiment de la perfection qui est en nous. Notre perfection consistant dans la raison et le libre arbitre, nous accroissons notre perfection en élargissant le cercle où se meuvent cette raison et ce libre arbitre, en nous affranchissant de plus en plus de l'ignorance et de la fatalité de la passion.

L'âme, par sa nature, ne tend qu'au bien. Si elle était affranchie du corps, elle n'aurait que des volontés raisonnables ; unie à l'organisme, elle éprouve des mouvements aveugles, des passions, qui tendent souvent à l'égarer. Mais elle peut toujours se retenir sur le bord de l'abîme, parce qu'elle possède un libre arbitre que rien ne peut forcer. Elle peut s'abstenir du mal par la résolution énergique et inébranlable de faire toujours ce que la raison lui dictera comme étant bien. Cette résolution énergique et inébranlable de faire toujours *ce qui nous sera connu* comme bien est la vertu.

La vertu, on le voit, implique la science, c'est-à-dire la philosophie. La vertu véritablement parfaite impliquerait une science parfaite. Ne pouvant tout connaître, que faut-il donc au moins que nous sachions ?

En métaphysique, il faut savoir que Dieu existe, qu'il est l'être infini, absolu, parfait, que tout vient de lui, que notre être est un don de sa main, qu'il est provident et que comme tel, ses décrets sont infaillibles et sa bonté digne d'amour.

Il faut savoir ensuite que l'âme est distincte du corps, immortelle et capable d'une infinité de contentements qui ne sont point en cette vie.

En physique, il faut savoir que l'univers est infini et peuplé de créatures intelligentes, que les cieux n'ont pas été faits uniquement pour le service de la terre, ni la terre, uniquement pour le service de l'homme; que l'univers est un tout harmonieux dont nous sommes les membres, une unité dont chacun de nous est une fraction, et dans le sein de laquelle sont d'autres unités qui nous intéressent plus particulièrement, l'humanité, la patrie, la famille. Il faut savoir encore que nous ne pourrions subsister seuls.

Outre ces vérités générales il faut en posséder d'autres particulières relatives aux passions et aux mœurs, savoir en quoi consistent ces passions, en quoi elles peuvent nous aider ou nous être contraires, savoir jusqu'à quel point nous devons suivre les mœurs de ceux avec qui nous avons à vivre.

En possédant ces vérités et celles qui s'en déduisent on fera le bien et on sera heureux: « Ainsi, en se considérant comme une partie du public, on prend plaisir à faire du bien à tout le monde et même on ne craint pas d'exposer sa vie pour le service d'autrui, lorsque l'occasion s'en présente, jusque-là qu'on voudrait aussi perdre son âme, s'il se pouvait, pour sauver les autres; en sorte que cette considération est la source et l'origine de toutes les plus héroïques actions que fassent les hommes. Et on est porté plus naturellement à avoir cette considération lorsqu'on aime Dieu comme il faut, car alors s'abandonnant entièrement à sa volonté, on se dépouille de ses propres intérêts et on n'a point d'autres passions que de faire ce qu'on croit lui être agréable; en suite de quoi on a des satisfactions d'esprit et de contentement qui valent incomparablement davantage que toutes les petites joies passagères qui dépendent des sens. »

Le but suprême de la philosophie est de nous rendre plus heureux en nous rendant plus parfaits. La morale est la philosophie à la poursuite de ce but.

Ici se place une distinction entre le souverain Bien et la félicité. « Le souverain Bien consiste en l'exercice de la vertu, ou ce qui revient au même, en la possession de toutes les perfections dont l'acquisition dépend de notre libre arbitre: La félicité est la satisfaction d'esprit qui suit cette acquisition. » Mais ces deux choses dans la réalité sont unies et « toutes deux peuvent être dites la fin de nos actions. » Le souverain bien est certainement la *fin* suprême qu'il faut rechercher, mais le contentement d'esprit qui en revient étant l'attrait qui fait que nous le recherchons, est aussi, à bon droit, nommé notre *fin*.

Aux yeux de la raison et dans la réalité des choses, le *Bien* et la félicité sont unis si intimement qu'on peut affirmer que c'est toujours par ignorance que nous faisons le mal. « *Omnis peccans est ignorans*. Il suffit de bien juger pour bien faire. » Mais, dira-t-on, s'il en est ainsi la pratique du bien devient un calcul égoïste, et le mot de *devoir* n'a plus de sens. — La pratique du bien n'est point un calcul égoïste, car le bien en soi, le bien absolu, identique à la perfection, nous déborde de toutes parts. Vouloir le bien c'est vouloir ce qui est plus que nous; c'est être prêt à s'immoler pour ce qui n'est pas nous, pour ce qui vaut mieux que nous; c'est être prêt « à perdre son âme pour sauver les autres. » L'immolation et le sacrifice ne peuvent s'appeler égoïsme. Quant au mot *devoir*, il a toujours un sens, au regard seulement il est vrai de la volonté imparfaite; mais quelle volonté humaine n'est pas imparfaite? De là le commandement : « *Nous devons* rechercher le souverain Bien, c'est-à-dire la perfection. »

Tout homme jouissant de sa raison et de sa liberté peut être parfaitement heureux. La raison lui apprendra à borner ses désirs selon sa condition et à dédaigner les biens de la fortune ; et il sera heureux de la volonté de bien faire. De même qu'un petit vase peut être aussi bien rempli qu'un grand, un homme dans la plus infime condition peut être aussi heureux que les grands de la terre, car l'âme résolue au bien recèle dans ses profondeurs des trésors infinis de joie et de félicité. C'est dans la résolution inébranlable de bien faire qu'est la vertu, c'est en elle aussi qu'est la source intarissable de toute félicité. C'est là qu'on trouve la paix sereine, la félicité calme et profonde que nul souffle du dehors ne peut troubler. Le libre arbitre qui est notre perfection la plus grande est aussi la source de notre félicité la plus profonde et la plus douce. En morale comme en métaphysique, Descartes, au terme de ses recherches et au plus profond de l'être, retrouve toujours la *volonté libre*.

- Telle est la morale de Descartes. C'est le stoïcisme épuré, attendri et complété par l'amour, par l'esprit de dévoûment et de sacrifice. Par cette haute et sublime doctrine, il consola et fortifia l'âme de la princesse Elisabeth, prête à se livrer au désespoir : il raffermit et il fit refleurir cette plante battue des orages.

Les préceptes particuliers qui se dégagent de ces principes généraux abondent dans les lettres de Descartes et surtout dans sa correspondance avec son élève préférée. Au-dessous de sa morale générale, Descartes a donc aussi sa morale particulière : nous allons en faire connaître les idées et les règles les plus intéressantes.

Descartes maintient dans ses lettres l'autorité absolue de la raison et son indépendance vis-à-vis de toute puissance extérieure. Elle est un don de Dieu, et ce serait une impiété de l'abaisser devant une autorité quelle qu'elle soit, même établie de Dieu ; car Dieu ne peut être contraire à lui-même ni enseigner rien qui contredise la raison. « Comme
» nous avons été premièrement hommes, il n'est
» pas croyable que, faits chrétiens, quelqu'un
» embrasse sérieusement et tout de bon des opi-
» nions qu'il juge contraires à la raison qui le fait
» homme pour s'attacher à la foi. » (X, 87.)

C'est pour donner à l'esprit toute son indépendance et pour lui rendre sa droiture naturelle, qu'il fait parfois une si rude guerre aux livres, non à tous sans doute, mais à ceux qui, loin d'éclairer l'âme, ne sont propres qu'à obscurcir la lumière naturelle. La lettre à Voet contient sur les lectures à faire et sur la manière de diriger ces lectures des indications et des règles précieuses (XI, 42 sqq.). Il nous apprend là ce qu'il pense des pédants, et trace d'eux un portrait qui ne dut pas faire rire Voet et ses acolytes.

Une lettre à la princesse Palatine donne un avis utile sur la distribution du travail intellectuel, sur ce que Auguste Comte appelait l'hygiène cérébrale. Il conseille à la princesse de ne pas trop se fatiguer aux méditations métaphysiques : « La
» principale règle que j'ai toujours observée en
» mes études, dit-il (IX, 134), et celle que je
» crois m'avoir le plus servi pour acquérir quel-
» ques connaissances a été que je n'ai employé
» que fort peu d'heures par jour aux pensées qui
» occupent l'imagination (aux mathématiques),
» et fort peu d'heures par an à celle qui occu-
» pent l'entendement seul (à la métaphysique),
» et que j'ai donné tout le reste de mon temps
» au relâche des sens et au repos de l'esprit. »
Au point de vue où s'est placé Descartes, les maximes de logique deviennent des préceptes de morale, et *les Règles pour la direction de l'esprit* sont indispensables à consulter.

Ce n'est pas seulement la direction de l'intelligence qui intéresse le bien de l'âme, c'est surtout le bon usage de la liberté.

« L'âme bien dirigée peut acquérir un pouvoir absolu sur ses passions ; mais cependant la force d'âme ne suffit pas sans la connaissance de la vérité. » C'est par la méditation du vrai, que l'âme se défend contre la passion, ou substitue une passion à une autre. La conception et la contemplation de l'idéal fait ici notre force.

Le Traité des Passions est rempli de conseils utiles sur l'art de se rendre maître des mouvements physiologiques et des passions. Voici un passage qui les résume : « J'ai mis entre les remèdes des passions la préméditation et l'industrie, par laquelle on peut corriger les défauts de son naturel en s'exerçant à séparer en soi les mouvements du sang et des esprits d'avec les passions auxquelles ils ont coutume d'être joints. Mais le remède le plus général et le plus aisé à pratiquer contre tous les excès des passions, c'est que, lorsqu'on se sent ainsi le sang ému, on doit être averti, et se souvenir que tout ce qui se présente à l'imagination tend à tromper l'âme... Et il faut que la volonté se porte principalement à considérer et à suivre les raisons qui sont contraires à celles que la passion représente. »

La morale sociale de Descartes se résume dans la justice, l'amitié, le dévouement et le sacrifice. « L'amitié est le principal bien de la vie. » Rappelons ici que si Descartes n'était pas mort prématurément en Suède, d'Alibert, le riche trésorier qui fit revenir plus tard ses restes mortels à Paris, aurait établi, d'après le plan que notre philosophe lui avait remis, un Conservatoire des arts et métiers qui aurait eu des succursales dans les principaux quartiers de Paris et où on aurait fait des cours publics et pratiques aux ouvriers des divers corps d'états (1).

En politique, Descartes eut occasion d'exprimer un avis à la princesse sur les livres de Machiavel et de Hobbes. Il condamne les maximes féroces du premier et flétrit le despotisme hideux du sêcond… « Machiavel, dit-il, n'a écrit que pour les usurpateurs, qui s'étant établis par le crime, ne peuvent se maintenir que par le crime. C'est pourquoi il veut qu'on dissimule, qu'on trahisse, que pour régner on se dépouille de toute humanité et qu'on devienne le plus farouche des animaux. Mais c'est faire un mauvais livre que d'y donner de tels préceptes qui, au bout du compte,

---

(1) V. Baillet, vol. II, p. 433 et 434.

ne sauraient assurer ceux auxquels il les donne; car ceux-ci, comme il l'observe lui-même, ne peuvent se garder du premier qui voudra négliger sa vie pour se venger d'eux. » Au prince de Machiavel et au despote de Hobbes, il oppose un prince à la fois juste et ferme, énergique et bienveillant. Quelle que soit la forme du gouvernement, il faut que le prince se soumette à la justice et à l'humanité; il y a du reste son intérêt, car les moyens les plus justes et les plus honnêtes sont aussi les meilleurs et les plus utiles. Qu'il soit fidèle à sa parole, *qu'il abaisse les grands*, qu'il se fasse respecter et aimer par sa justice, qu'il soit ferme, résolu, inflexible après avoir mûrement réfléchi et pris conseil; QU'IL LAISSE AU PEUPLE SA RELIGION, qu'il ne soit pas l'esclave de la superstition, et qu'il livre, s'il le faut, bataille un jour de Sabbat. Avant tout qu'il soit homme de bien, que jamais il ne feigne d'être l'ami de ceux qu'il veut perdre, afin de les mieux surprendre : « l'amitié est une chose trop sainte pour en abuser ainsi (1). »

Il paraît indifférent à la forme politique. Au fond dans la pratique il aime les libres institutions de la Hollande. Il en fait l'éloge dans la lettre au

---

(1) V. éd. 1734, 1er vol., p. 76, sqq. Ed. Cousin, IX, 590, sqq.

très-célèbre Gisbert Voet. Il estime et il aime les honnêtes et tranquilles bourgeois d'Amsterdam.

Mais il estime peu les militaires, voyant que c'est « l'amour de la licence » qui pousse la plupart de ceux qui prennent cette carrière. La guerre, qu'il avait aimée dans sa jeunesse, ne lui paraît plus, dans son âge mûr, qu'une cruelle nécessité.

Nous n'ajouterons plus qu'un mot sur sa morale religieuse, et ce mot nous servira de conclusion. Descartes enseigne et inspire l'amour de Dieu, et cette passion est à ses yeux la source des joies les plus douces que l'homme puisse goûter en cette vie. C'est là le trait dominant de sa morale. De l'amour de Dieu découlent l'amour des hommes et tous les sentiments purs et généreux; l'amour de Dieu enseigne tous les devoirs.

Ces belles et sereines idées sur l'amour de Dieu et des hommes, qu'on trouve dans l'Evangile, avant l'Evangile, dans Socrate et Platon, avant Socrate encore, et dès la plus haute antiquité, dans les livres de l'Inde et de la Perse, Descartes les retrouve par la puissance de la méditation. Des livres où elles apparaissent, comme une bienfaisante lumière, elles rayonnent sur l'humanité; mais elles rayonnent aussi du dedans de nous-mêmes, et Descartes les retrouve pures et brillantes dans sa calme et profonde pensée, et au fond de sa belle âme.

CHAPITRE VII.

Descartes, son caractère et son génie. — Ensemble de sa philosophie. — Son rôle dans l'histoire de la philosophie française et dans l'histoire générale de l'esprit humain.

Nous touchons au terme de la carrière que nous voulions parcourir. Nous avons fait connaître, autant que cela a dépendu de nous, l'âme et la doctrine de Descartes. Mais comme les détails en toute chose font d'ordinaire perdre la vue de l'ensemble, il nous reste à réunir les traits épars de cette physionomie à la fois énergique et tendre, héroïque et méditative, à rassembler dans un cadre restreint les éléments essentiels de cette philosophie et à en apprécier la valeur et le rôle historique.

Les deux traits dominants de l'âme de Descartes sont la force de la volonté et l'étendue de la raison. Cette force de volonté enfante les résolutions énergiques et persévérantes, et d'abord la résolution mère et inspiratrice de toutes les autres, celle de bâtir en philosophie sur des fondements nouveaux, de refondre complètement et comme d'un seul jet la science tout entière. Cette entreprise, l'une des plus vastes qui aient jamais été tentées, il la poursuit sans relâche depuis sa seizième année jusqu'à sa mort; nul accident ne l'arrête ou ne le fait dévier, nul obstacle ne le rebute, nul mauvais vouloir, nulle persécution n'est capable de l'ébranler, ni seulement d'altérer la calme sérénité de son âme. De là vient la sincérité, parfois un peu rude, et la loyauté absolue de son caractère. Qu'aurait-il à cacher, ne voulant que le vrai et le bien, et le voulant avec résolution ? L'âme de Descartes est d'une sincérité parfaite avec les autres et, ce qui est plus rare, avec elle-même (1).

Cette volonté est soutenue par le bon sens le plus ferme et le plus pénétrant. Sa marche calme et continue est celle d'une force parfaitement raisonnable et sûre d'elle-même, qui a mesuré la carrière, qui sait ce qu'elle veut, et qui, ne voulant que le bien, tend vers lui avec constance sans s'arrêter ni reculer jamais.

Cette raison à la fois étendue et pénétrante

(1) L'unique exception signalée à propos du mouvement de la Terre est plus apparente que réelle : elle s'explique et se justifie par la notion que Descartes se fait du mouvement. V. plus haut, p. 161.

qui voit comme à nu le fond des choses est en proportion exacte avec cette volonté puissante; bien plus, elle semble être un instrument au service de celle-ci, et créé par elle, pour arriver au but qu'elle poursuit. Dans son âme comme dans sa doctrine la volonté est la pièce maîtresse et le ressort moteur de tout : de là l'union consubstantielle, l'unité, de cette intelligence et de cette volonté, de ce caractère et de ce génie. Quand on envisage Descartes par le dehors, il semble qu'on aperçoit dans sa vie et en lui-même des disparates et des contrastes, et qu'on découvre, d'un côté, un homme romanesque et quelque peu étrange qui a la passion des voyages et le besoin du mouvement, mais à qui tout ce remuement ne sert de rien, et un méditatif qui dans les intervalles de repos s'enfonce dans des spéculations abstraites et sans rapport avec la vie réelle. Mais quand on pénètre dans l'intérieur de cette *pensée*, on s'aperçoit que cette activité impatiente, et que cette imagination remuante sont au service de l'esprit le plus positif qui ait jamais été. S'il se déplace, c'est qu'il veut voir; s'il court le monde, c'est qu'il veut l'observer; s'il se retire au désert, c'est qu'il veut étudier et interroger la nature en physicien, plus encore qu'en métaphysicien : pas un seul de ses mouvements n'a été perdu pour la science positive. La volonté fermement résolue à trouver le vrai et le bien a conduit tous ses pas.

Cette volonté, éprise du bien, explique aussi le mouvement harmonieux de toutes les facultés de son âme et leur progrès continu vers la perfection.

En même temps que sa science s'étend et que son horizon s'élargit, on voit, en effet, se développer dans Descartes l'esprit de dévouement et de sacrifice, un plus grand amour des hommes et de Dieu. C'est que la source commune et profonde de toute science, de toute vertu, de toute perfection, est « la volonté libre. »

Le génie de Descartes, comme sa volonté, a pour attributs l'étendue et la profondeur.

La marque de l'ouvrier est sur son œuvre.

La philosophie est la science ramenée à l'unité. La science est une: elle part de principes clairs et distincts qui contiennent tout le reste et d'où tout le reste se déduit clairement. Tout doit se prouver, sauf les principes clairs par eux-mêmes. Il n'y a donc d'autre méthode de la science que l'intuition et la déduction.

L'observation et l'induction préparent les matériaux de la science; elles ne donnent pas la science véritable. Celle-ci a sa source et son origine dans les principes clairs.

En cherchant ces principes, l'esprit s'aperçoit lui-même et aperçoit Dieu, l'esprit infini, l'être parfait et absolu. Tout a sa raison et sa cause ; il faut donc arriver, et on arrive, à une raison qui rend raison d'elle-même, à une cause qui est cause de soi et de tout le reste, c'est-à-dire à la perfection de l'être absolu qui est par soi. La perfection, en effet, peut rendre compte de tout le reste et d'elle-même. Descartes cependant me semble chercher plus profondément encore la cause et la raison de tout, et trouver cette cause et cette raison dans la volonté absolument libre. Quel peut être l'objet d'une volonté que rien ne gêne, que rien ne limite, sinon la perfection absolue de l'être? Dieu se veut lui-même en voulant la perfection absolue, et c'est pour cela que Descartes a dit qu'en un sens très-vrai Dieu est cause de soi. Cette vue de Descartes est la clef de ce qu'il y a de plus profond dans sa doctrine. C'est par elle que cette doctrine, au lieu d'être un pur rationalisme, est le spiritualisme véritable. Ce qu'il y a de plus intérieur, de plus profond dans l'esprit, ce n'est pas la raison, c'est la volonté. Cela est vrai pour l'homme et cela est vrai pour Dieu.

Tout vient de Dieu. Sa volonté absolument libre établit ce qui est bien et ce qui est vrai, et elle crée nos âmes pour ce vrai et pour ce bien. Notre volonté tend donc naturellement au bien, et notre raison est juge souverain et infaillible du vrai et du faux.

Tout ce que la raison conçoit clairement et distinctement est donc vrai. Dès lors, il y a une distinction réelle entre la pensée et l'étendue, entre l'âme et le corps. La matière est étendue pure et pure quantité, et la physique se ramène à la géométrie et à la mécanique.

L'étendue et le mouvement, essentiels à la matière, sont des créations de l'esprit infini, et s'expliquent par l'action immatérielle de Dieu, sans l'intermédiaire d'aucune force seconde. C'est Dieu qui, directement, a donné le mouvement à la matière et lui en conserve toujours la même quantité. La conservation de l'univers est une création continue.

Dieu étant l'esprit infini, le monde est sans bornes et tout peuplé de créatures raisonnables.

Maintenant la matière étant quantité pure, et les lois mathématiques étant des créations de la volonté divine, la mécanique et la géométrie doivent expliquer et expliquent tous les phénomènes matériels. Les mondes innombrables qui roulent dans l'espace infini sont les produits des lois mécaniques.

Ces mêmes lois qui rendent compte des mouvements des grands corps célestes, expliquent ceux du plus léger atome; elles expliquent aussi la formation des organismes les plus compliqués et les plus délicats, comme la formation des corps les plus simples et les plus élémentaires.

L'âme libre et raisonnable, qu'étudie la métaphysique, étant unie *substantiellement* à un corps, les mouvements volontaires et les passions doivent s'expliquer à la fois par la métaphysique et par la mécanique. Ici apparaît de nouveau, comme cause de mouvement, l'action immatérielle et spirituelle. De même que Dieu meut la matière, l'âme a le pouvoir de mouvoir *par la seule inclination de sa volonté* le corps organisé auquel elle est unie.

Mais la philosophie ne se borne pas à la spéculation; elle a un but pratique, celui de rendre les hommes meilleurs et plus heureux. La Mécanique et la Médecine, en soulageant l'homme dans ses travaux et dans ses maladies, sont les auxiliaires de la Morale qui a pour objet *le souverain bien* et veut conduire l'homme à la perfection et à la félicité qui en est le fruit. Cette perfection morale et cette félicité dépendent uniquement *du libre arbitre*. Ainsi se ferme et s'achève par la volonté infiniment libre de l'homme le cercle des choses ouvert par la volonté infiniment et absolument libre de Dieu.

Plus d'une idée importante sans doute fait défaut à cette philosophie ; il lui manque une science qui dépend de la métaphysique, l'esthétique ; il lui manque *en physique* la considération et l'étude de ce qui est la source intérieure du mouvement ; il lui manque pour les choses de l'âme tout l'important ensemble des études historiques. Mais elle a établi la Science et le Spiritualisme sur leur base éternelle. De plus elle est ouverte au progrès, et Descartes lui-même, nous l'avons vu en étudiant sa psychologie et sa morale, élevait sa pensée sur des horizons nouveaux. Ses disciples immédiats, Leibniz surtout, ont complété et achevé sa pensée sur certains points, et aujourd'hui son Ecole véritable se propose de la compléter et de l'achever sur d'autres points encore.

Mais avant de considérer les conséquences et les suites de cette doctrine, il nous paraît utile de jeter un regard en arrière et d'en indiquer les antécédents historiques.

Platon et Aristote, Aristote surtout, avaient considéré l'action spirituelle comme la source du mouvement et de la vie dans la nature. « Aristote vit de plus, et Platon du reste ne l'avait pas ignoré, que l'activité complète et parfaite, d'où venait toute autre activité, où remontait tout mouvement, était l'*activité de la pensée,* de laquelle la nature entière dépendait par conséquent, et qui, indépendante de tout, suffisait elle seule à tout et à elle-même. » (Ravaisson). Platon, de plus, avait étudié profondément l'amour.

Démocrite et plus tard Epicure avaient eu l'idée d'expliquer les choses de la nature par le mouvement et par le choc. Avant eux Pythagore, tout plein du sentiment profond de l'universelle harmonie, avait proclamé que le concert des choses, ou Cosmos, est le résultat des lois des nombres. Kepler, au commencement du XVIIe siècle, avait confirmé cette pensée profonde par ses immortelles découvertes. Telles sont les idées principales qui paraissent être entrées, comme à son insu, dans la pensée de Descartes et qui devinrent le ferment secret de sa doctrine. De plus sa pensée avait reçu une vive impulsion de toutes les découvertes physiques et mathématiques de l'époque de la Renaissance. Ajoutons enfin que Montaigne et les douteurs du XVIe siècle avaient montré la nécessité d'établir la philosophie sur des bases plus solides que celles qu'on lui avait données jusqu'alors.

Mais Platon, sous le nom d'*idées*, avait fait des réalités véritables des abstractions par lesquelles nous mesurons les choses. Aristote paraît n'avoir eu de l'action spirituelle qu'il appelle « *acte* » qu'une notion confuse; il ne lui a pas donné son vrai nom, la volonté. « Qu'entendre » par cette *perfection (entéléchie)* ou par cet *acte* » qui devaient rendre raison de tout? On est tenté » de dire avec Leibniz : Il se sert trop de son acte » qui ne nous dit pas grand'chose. » (Ravaisson). Toutes les *formes substantielles* et les *qualités occultes* étaient sorties de cet « acte » obscur et confus. Démocrite, ni Epicure, ni personne avant Descartes, n'avait eu l'idée des lois mathématiques du mouvement et du choc; et le hasard, c'est-à-dire ce qu'il y a de plus anti-scientifique, était au cœur même de l'épicuréisme et du mécanisme antique. Pythagore avait eu, il est vrai, l'idée des « nombres » qui maintenaient l'universelle harmonie, mais ces « nombres » ne s'appliquaient à rien de visible ni de tangible, et son mathématisme restait comme en l'air et dans le vide. Kepler, malgré son génie, ne réussit pas à combler cette lacune. Les découvertes de la

Renaissance étaient incomplètes et fragmentaires, et c'était aussi le cas des découvertes particulières de Galilée : il leur manquait une vue d'ensemble, capable de les relier, de les coordonner et de les féconder. Enfin, le scepticisme de Montaigne était plus nuisible qu'utile à la science, il ne pouvait imprimer d'impulsion salutaire qu'à un esprit profond et sensé, capable d'en apercevoir le vice et d'en trouver le remède.

« Descartes, dit très-bien M. Félix Ravaisson, vit la réalité comme à nu. Sous cette confusion de formes équivoques (formes substantielles), semi-logiques et semi-personnelles, il vit de grandes lignes à tirer, une grande distinction à faire : d'un côté, la pensée; de l'autre, l'étendue. » D'un côté donc, dans le monde vrai de l'*être*, il met la pensée, c'est-à-dire l'entendement et la volonté; de l'autre, dans le monde *des phénomènes*, l'étendue avec la forme et le mouvement, c'est-à-dire la *quantité* telle que les géomètres la considèrent.

Dans l'âme, il montre que la perfection la plus grande, et en même temps ce qu'il y a en elle de plus intérieur et de plus profond, ce qui est véritablement elle-même, c'est la volonté; et il aperçoit que cette volonté est *infinie*. De même en

Dieu il met comme attribut souverain la *volonté infiniment et absolument libre.*

A la matière conçue comme quantité, il applique le premier les lois de la mathématique; le premier aussi il découvre les lois essentielles du mouvement et quelques-unes des lois principales du choc; et il disperse tous les fantômes des qualités occultes. Il relie dans un vaste ensemble, dans une unité vivante et féconde les découvertes de ses prédécesseurs et les siennes. Il montre qu'il n'y a qu'une méthode pour conduire à la science vraie, et que cette méthode est sûre ; et du même coup, il tranche le scepticisme dans sa racine.

Un mérite supérieur encore peut-être à ces mérites divers c'est d'avoir proclamé les droits souverains de la raison.

Ici il a eu plus d'un glorieux précurseur, notamment en France, la patrie par excellence de la pensée libre et hardie, et pour ne nommer que les plus illustres, Abailard, Ramus, Calvin. L'esprit français a porté en quelque sorte Descartes et l'a mis de niveau et presque de plain pied avec son entreprise philosophique. Aucun philosophe cependant, aucun théologien, ni en France, ni dans les pays voisins, ni dans l'antiquité, n'avait proclamé avec cette hardiesse simple et naturelle, avec cette netteté, avec cette précision, l'autorité absolue et infaillible de la raison.

A partir de ce moment, cette autorité est reconnue partout, et, dès le XVIIe siècle, les penseurs les plus illustres, et parmi eux Bossuet, Malebranche et Fénelon, suivent la trace de Descartes, et déclarent ne vouloir s'en rapporter comme lui qu'aux lumières de la raison.

Dès-lors aussi, sous l'inspiration de l'idée qui fait consister l'être dans la pensée, sous l'impulsion de la Méthode qui veut tout ramener aux idées claires et tout déduire, la doctrine cartésienne fait effort pour se compléter. Berkeley achève la guerre commencée contre les formes substantielles et toutes les entités logiques. Leibniz montre dans l'action spirituelle la source intérieure, la cause et la substance du mouvement. Plus tard, l'école allemande non-seulement ajoute l'esthétique à cette philosophie ; mais, prenant pour point de départ la conscience que l'esprit a de lui-même, continue et développe les vues profondes de Descartes sur la volonté, et aboutit à cette conclusion que tout est le produit d'une activité libre, ou spontanée, soumise dans ses manifestations à la loi des déterminismes mécaniques. C'est là qu'aboutit aussi la pensée française, fidèle, en quelques-uns de ses plus grands représentants, au spiritualisme de Descartes et de Leibniz.

Pendant que la métaphysique cartésienne se complète et s'achève, la physique, arrachée aux préjugés antiques et comme transportée dans un monde nouveau par la conception de l'enchaînement mathématique des faits, se signale par les conquêtes immortelles des Huyghens, des Newton, des Leibniz, et plus tard, au XVIIIe siècle, par les découvertes des grands géomètres et des grands physiciens français : elle marche pendant deux siècles à pas de géant dans la carrière que Descartes lui a ouverte. Aujourd'hui, les diverses sciences entre lesquelles se partage le domaine de la physique, s'inspirent, sans bien s'en rendre compte toujours, de la pensée immortelle de Descartes, qui est passée dans la substance même de l'esprit moderne.

D'un côté, par l'idée de l'activité spirituelle identique à l'être et par l'idée de la volonté infinie, et de l'autre par l'idée du mécanisme mathématique, Descartes a imprimé à la métaphysique et à la philosophie naturelle l'impulsion la plus féconde qu'elles aient jamais reçue.

De plus, en proclamant l'autorité souveraine de la raison, il a frappé un de ces grands coups dont les contre-coups portent si loin qu'il est impossible d'en assigner la limite. Le retentissement s'en est fait sentir au XVIIIe siècle sur la philosophie morale et politique, et bientôt après sur les institutions civiles. Les grands philosophes spiritualistes de ce temps, disciples de Descartes et fidèles à sa pensée plus qu'on ne le croit communément, Montesquieu, Rousseau et Turgot, pour ne nommer que ceux-là, sont les vrais auteurs de la Révolution; et la Révolution a été un immense et glorieux effort pour placer, par les seules forces de la raison, la société sur sa base véritable.

Descartes n'est pas un révolutionnaire politique, il est plus que cela, il est l'initiateur de la pensée moderne, il est le grand promoteur de l'évolution qu'accomplissent les nations de l'Occident et qui les mènera pacifiquement désormais, il faut l'espérer, à la conquête de ce que réclame la raison, c'est-à-dire à la conquête de la justice et du droit. Il a donné à la raison confiance en elle-même, il a inspiré à l'esprit humain une généreuse inquiétude qui l'empêche de se reposer ailleurs que dans la possession de ce qui est vrai et bien.

Aussi longtemps que l'esprit de l'homme prendra un point d'appui dans la conscience qu'il a de sa pensée et de sa libre volonté pour s'élever à Dieu, pour pénétrer jusqu'à la substance des choses et pour découvrir les lois du monde moral; aussi longtemps qu'il trouvera dans les mathématiques un instrument pour découvrir les lois de l'univers physique; aussi longtemps qu'il aura la conscience de ses droits et de son inviolable autorité, il se souviendra de Descartes. La raison humaine porte désormais la marque de ce génie libre, hardi et puissant. L'histoire gardera sa trace et ne l'oubliera jamais.

FIN

TABLE DES MATIÈRES.

PRÉFACE. — Le *Saturday Review* : Achèvement de notre travail. — M. *Frédérik Morin* : Le progrès de l'humanité s'accomplit-il par révolution ou par évolution? — M. *Paul Janet* : Y a-t-il deux hommes en Descartes? Comment faut-il écrire l'histoire des savants et des philosophes?.................................. 1

CHAP. Ier. — LES MÉDITATIONS. — Plan des travaux de Descartes. — Histoire des Méditations, des Objections et des Réponses. — Analyse et pensée fondamentale des Méditations. — Analyse des Objections et des Réponses. — Bourdin et le Scepticisme bigot. — Hobbes et le Matérialisme. — Gassendi et le Sensualisme. — Mersenne, les Géomètres et la Géométrie. — Caterus et la Métaphysique. — Arnaud, la Métaphysique et la Théologie. — Conclusion....................................... 15

CHAP. II. — LES PRINCIPES. — Historique : Descartes et les Jésuites, Descartes et Voet, Descartes et la princesse Elisabeth de Bohême. — Introduction aux Principes : Définition, méthode, utilité, division, résultats pratiques de la Philosophie. — Analyse et examen critique des Principes :

1re PARTIE : Métaphysique. — Ordre des preuves de l'existence de Dieu. — Les causes finales. — La liberté. — La préordination divine.

2e PARTIE : Principes des choses naturelles. — La matière. — L'étendue et le mouvement. — Lois du mouvement et du choc. — Le mécanisme et le dynamisme.

3e PARTIE : La mécanique céleste, les tourbillons, les mondes tombants.

4e PARTIE : Les phénomènes physiques et chimiques. — La pesanteur, la lumière, la chaleur, les marées. — Les combinaisons chimiques. — Rejet de l'attraction. — Propagation du mouvement par le choc. — Conclusion........................... 105

CHAP. III. — TRAVAUX DE MATHÉMATIQUE ET DE PHYSIQUE. — MATHÉMATIQUE. — Descartes et Fermat : Méthode des plus grandes et des moindres quantités; Méthode des tangentes. — Descartes, Roberval et Pascal : les propriétés de la cycloïde. — Roberval trouve l'aire de la cycloïde. — Descartes, le premier, considère les cycloïdes d'une manière générale et, le premier aussi, trouve

leurs tangentes. — Descartes et de Beaune : la Méthode inverse des tangentes. — Problèmes divers. — Descartes et ses élèves.
PHYSIQUE. — Descartes et Plempius : la circulation du sang. — Descartes et Fromond : le mécanisme. — Descartes et Fermat : la démonstration *à priori* de la loi de la réfraction. — Descartes et Mersenne : la loi de l'écoulement des liquides. — Descartes et Pascal : cause de l'ascension des liquides dans les corps de pompe découverte pour la première fois par Descartes : l'expérience du Puy-de-Dôme conseillée par lui à Pascal. — Descartes et Roberval : le plein, la matière impondérable, l'attraction...... 184

CHAP. IV. — ANATOMIE ET PHYSIOLOGIE. — Observations anatomiques de Descartes. — Ses expérimentations physiologiques et ses expériences sur le vif. — Le *Traité de l'Homme* : la *Description des fonctions du corps humain et de la formation de l'animal*. — Analyse. — Conclusion critique................ 252

CHAP. V. — PSYCHOLOGIE. — TRAITÉ DES PASSIONS. — Historique du Traité des passions : Correspondance avec la princesse Elisabeth, la reine de Suède, Chanut et Clerselier ; Nouvelle persécution organisée à Leyde, contre Descartes.

Place du *Traité des Passions* dans l'ensemble de la Psychologie cartésienne. — Analyse critique de cet ouvrage :

1re PARTIE : Des passions en général et de la nature de l'âme.

2me PARTIE : Des six passions primitives.

3me PARTIE : Des passions particulières.

Appendice à la Psychologie de Descartes. — Du sommeil, des rêves, de la folie ; de l'âme des bêtes ; de l'action réciproque du corps et de l'âme............................ 261

CHAP. VI. — LA MORALE DE DESCARTES. — Les sciences pratiques dans la philosophie cartésienne. — Historique des lettres de Descartes sur la Morale ; fin de son histoire ; sa mort à Stockholm. — Exposition de la morale de Descartes. — Conclusion..... 321

CHAP. VII. — Descartes, son caractère et son génie. — Ensemble de sa philosophie. — Son rôle dans l'histoire de la philosophie française et dans l'histoire générale de l'esprit humain.... 355

FIN DE LA TABLE.

www.ingramcontent.com/pod-product-compliance
Lightning Source LLC
Chambersburg PA
CBHW050544170426
43201CB00011B/1560